# 中国法院2023年度案例

国家法官学院　最高人民法院司法案例研究院／编

## 刑事案例四

（妨害社会管理秩序罪、贪污贿赂罪、渎职罪）

中国法制出版社
CHINA LEGAL PUBLISHING HOUSE

## 《中国法院2023年度案例》通讯编辑名单

刘晓虹 北京市高级人民法院
王 凯 北京市高级人民法院
董 扬 天津市高级人民法院
童若涵 河北省高级人民法院
崔铮亮 山西省高级人民法院
杨智勇 内蒙古自治区高级人民法院
周文政 辽宁省高级人民法院
苏 浩 吉林省高级人民法院
王 妍 黑龙江省高级人民法院
牛晨光 上海市高级人民法院
缪 芳 江苏省高级人民法院
左一凡 江苏省高级人民法院
谷昔伟 江苏省南通市中级人民法院
宋婉龄 江苏省无锡市中级人民法院
杨 治 浙江省高级人民法院
李 波 浙江省高级人民法院
刘伟玲 安徽省高级人民法院
杨 宇 福建省高级人民法院
章光园 江西省高级人民法院
李 宁 山东省高级人民法院
张 琦 河南省高级人民法院
宋淼军 湖北省高级人民法院
黄 娅 湖北省宜昌市中级人民法院
唐 竞 湖南省高级人民法院
李 雪 广东省高级人民法院
邹尚忠 广西壮族自治区高级人民法院
韦丹萍 广西壮族自治区高级人民法院
李周伟 海南省高级人民法院
闫帅锋 重庆市高级人民法院
任 梦 四川省高级人民法院
杨俊杰 云南省高级人民法院
石 瑾 云南省昆明市中级人民法院
伍席芳 贵州省高级人民法院
余长智 贵州省贵阳市中级人民法院
王丽萍 西藏自治区高级人民法院
郑亚非 陕西省高级人民法院
张旦旦 甘肃省高级人民法院
王 晶 青海省高级人民法院
康 莹 宁夏回族自治区高级人民法院
石孝能 新疆维吾尔自治区高级人民法院
吉 雄 新疆维吾尔自治区高级人民法院生产建设兵团分院

# 序

法治是治国理政的基本方式，司法是法治体系的重要基石。党的二十大报告指出，要坚持走中国特色社会主义法治道路，建设中国特色社会主义法治体系、建设社会主义法治国家。加快建设公正高效权威的社会主义司法制度，努力让人民群众在每一个司法案件中感受到公平正义。人民法院始终坚持以习近平新时代中国特色社会主义思想为指导，深入学习贯彻习近平法治思想，围绕“公正与效率”这一主题，践行新时代能动司法理念，把加强司法案例研究作为加快建设公正高效权威社会主义司法制度，坚持为大局服务、为人民司法的重要途径，通过发布具有普遍指导意义的典型案例，统一法律适用，提高审判质效，提升司法公信力，努力让人民群众在每一个司法案件中感受到公平正义。

“中国法院年度案例系列”丛书，是国家法官学院和最高人民法院司法案例研究院精选全国各高级人民法院每年选送的优秀案例，深入挖掘典型案例内在价值编辑的实用精品丛书，旨在总结提炼典型案例的裁判规则和裁判方法，发挥司法规范、指导、评价、引领的重要作用，大力弘扬社会主义核心价值观，增强全民法治意识和法治素养，展现新时代我国司法领域新发展、新成就。

本丛书自2012年编辑出版以来，已连续出版12年，每年年初出版，受到读者广泛好评。本丛书出版之初有15个分册。近年来，为顺应审判执行实践需要，更加全面反映我国司法审判执行工作的发展进程，响应读者需求，2014年度新增金融纠纷、行政纠纷、刑事案例3个分册，2015年度将刑事案例调整为刑法总则案例、刑法分则案例2个分册，2016年度新增知识产权纠纷分册，2017年度新增执行案例分册，2018年度将刑事案例扩充为4个分册，2022年度将土地纠纷（含林地纠纷）分册改为土地纠纷（含环境资源案例）分册。在全国各级人民法院的大力支持下，丛书编委会现编辑出版《中国法院2023年度案例系列》丛书，共23个分册。

“中国法院年度案例系列”丛书以开放务实的态度、简洁明快的风格，追求“好读有用”，主要体现出以下特色：一是选编案例来源广泛、时效性强。

国家法官学院和最高人民法院司法案例研究院每年通过各高级人民法院汇集全国范围内上一年度审结生效的典型案例近万件，使该丛书有广泛的精选基础，可及时、定期提供全国范围内新近发生的多种类型的新型、疑难案例。二是由法官释理说法，全方位深度挖掘案例价值。大多数案例由主审法官撰写“法官后语”，深入阐释案例的裁判思路和相关考量，充分发挥典型案例在司法裁判、类案参考、法学研究、行为指引、宣示教育等方面的价值，力求引发读者的共鸣与思考，为读者提供借鉴和启迪。三是编排依次以案由和法律适用问题为序，方便读者检索。丛书充分体现“以读者为中心”的理念，每册内容主要根据案由分类编排，每个案例主要围绕法律适用问题，用一句话精要概括裁判规则、裁判思路或争议焦点，以其作为主标题，让读者能一目了然，迅速找到所检索的目标案例。四是注重裁判文书再加工，高度提炼案例内容。案例编写突出争议焦点以控制篇幅，剔除无关信息，尽可能在有限的篇幅内为读者提供更多与争议焦点、所查类案相关的有效、有益信息。

中国法制出版社始终全力支持“中国法院年度案例系列”丛书的出版，给了作者和编辑们极大的鼓励。2023年，这套丛书将继续提供数据库增值服务。购买本书，扫描前勒口二维码，即可在本年度免费查阅往年同类案例数据库。我们在此谨表谢忱，并希望通过共同努力，逐步完善，做得更好，真正探索出一条编辑案例书籍、挖掘案例价值的新路径，更好地服务司法审判高质量发展、服务法治社会建设、服务学习研究法律的读者。

“中国法院年度案例系列”丛书既是法官、检察官、律师等法律工作者的办案参考和司法人员培训的实用教材，也是社会大众学法用法的经典案例读本，同时是教学科研机构与人员从事案例研究的良好系列素材。当然，案例作者和编辑在编写、编审过程中也难以一步到位实现最初的愿望，客观上会存在各种不足甚至错误，欢迎读者批评指正。我们愿听取各方建议，不断拓宽深化司法案例研究领域，立足新发展阶段，推动实现中国特色司法案例事业的高质量发展。

国家法官学院

最高人民法院司法案例研究院

2023年5月

# 目　录

## Contents

## 一、妨害社会管理秩序罪

### （一）扰乱公共秩序罪

## 三、渎职罪

# 一、妨害社会管理秩序罪

## （一）扰乱公共秩序罪

1

### 暴力袭击执行公务的辅警行为性质的认定

——范某妨害公务案

**【案件基本信息】**

1. 裁判书字号

福建省南平市政和县人民法院（2021）闽0725刑初96号刑事判决书

2. 案由：妨害公务罪

**【基本案情】**

2021年4月13日晚，被告人范某等酒后在某街与他人发生纠纷，后在某酒店门口双方又相遇发生拉扯，在场民警、辅警与现场群众一起拉劝；辅警魏某将被告人范某朝济圣堂药店方向拉劝，其间范某推了辅警魏某一下，双方摔倒在地，被告人范某起身后，抬起左脚朝倒在地上的辅警魏某踢去，并朝辅警魏某头部打了一拳。经鉴定，辅警魏某的伤情为轻微伤。

**【案件焦点】**

本案公诉机关指控被告人的行为构成袭警罪，但本案被告人暴力袭击的对象是民警带领下执行职务的辅警，对被告人的行为，应如何定性。

**【法院裁判要旨】**

福建省南平市政和县人民法院经审理认为：袭警罪的对象是特定的主体即正在执行职务的人民警察，本案被告人袭击的是在民警带领下执行职务的辅警，根据《中华人民共和国人民警察法》（以下简称《警察法》）第二条第二款“人民警察包括公安机关、国家安全机关、监狱、劳动教养管理机关的人民警察和人民法院、人民检察院的司法警察”的规定，辅警不是法定意义上的人民警察。被告人范某袭击配合人民警察依法执行职务的辅警，其行为构成妨害公务罪。公诉机关指控罪名不当，应予以纠正。

福建省南平市政和县人民法院依照《中华人民共和国刑法》（以下简称《刑法》）第二百七十七条第一款、第六十七条第三款，《中华人民共和国刑事诉讼法》第十五条之规定，作出如下判决：

被告人范某犯妨害公务罪，判处拘役五个月。

宣判后，被告人范某未上诉，检察机关未提起抗诉。该判决已发生法律效力。

**【法官后语】**

《中华人民共和国刑法修正案（十一）》的颁布和施行，将暴力袭警行为从妨害公务罪的规则体系下分离出来，形成了独立成罪的袭警罪。袭警罪的设立体现了我国刑法体系的自我完善、刑事政策的综合考量以及社会治理的现实需求。

本案被告人醉酒后与他人发生争吵，破坏社会秩序。民警接报后与辅警到现场进行劝阻，被告人在醉酒状态下暴力袭击依法执行职务的辅警。对此，产生了两种不同的意见。

第一种意见认为，本案被害人虽是辅警，但其在民警的指挥下对被告人范某醉酒寻衅滋事的行为进行劝阻，亦属执法行为。事发时，民警与辅警的执法行为应当视为一个整体的执法行为，具有一体性和整体性，不可分割。被告人范某对辅警的殴打，实际上侵害了警察的执法行为，此时辅警魏某在法律上等同于警察。依据我国《刑法》的相关规定，被告人范某“暴力袭击正在依法执行职务的人民警察”，其行为已构成袭警罪。

第二种意见认为，警务辅助人员不是人民警察，不具备执法主体资格，不能直接参与公安执法工作，应当在公安民警的指挥和监督下开展辅助性工作。因此，如果人民警察在场，辅警是配合警察依法执行职务，对辅警进行袭击的，符合《刑法》第二百七十七条第一款的规定，可以认定为妨害公务罪。如果警察不在场，因辅警不具有执法主体资格，也不属于妨害公务罪的行为对象，对辅警袭击造成伤害结果的，可以适用《刑法》第二百三十四条的规定，认定为故意伤害罪。如果行为人在执法现场，既对依法执行职务的警察又对辅警袭击的，可以按照吸收犯原理，作为一罪处理，不实行数罪并罚。

笔者同意第二种意见。理由如下：

首先，对于“人民警察”概念的范围，我国法律已有明确规定。根据《警察法》第二条第二款的规定，人民警察包括公安机关、国家安全机关、监狱、劳动教养管理机关的人民警察和人民法院、人民检察院的司法警察。其中，公安警察又包括治安警察、交通警察、刑事警察等。

其次，袭警罪所保护的法益系人民警察在执行职务时所体现的警察执法权，因此，对人民警察身份范围的确定，也应以其能否体现警察执法权为标尺。认定辅警身份的根本标准，也在于其在执行职务时能否代表与人民警察同等程度的执法权，这种代表性应由其实质执法性与公众认知可能性两方面来评判：

第一，从实质执法性上看，辅警应在公安机关与人民警察的指挥和监督下，协助开展执法执勤、行政管理、技术支持等勤务工作，辅警职责范围内往往不涉及人民警察的核心执法工作。

第二，从公众认知可能性上看，辅警的证件、制服和标识较之人民警察亦有很大差别，尤其是辅警制服上明显的“辅警”袖标，能够从外观上使一般社会公众对其辅警身份有明确认知。由此可见，辅警在对警察执法权的代表性上，远远低于正式的人民警察。

最后，从袭警罪的刑罚设定上看，因其比妨害公务罪的法定刑更高，在罪名认定上更应从严把控。辅警属公安机关的合同制员工，不享有行政编制，并不属于国家机关工作人员，将袭击依法执行公务的辅警的行为划定为妨害公务罪的可追责范围内，是将其辅警身份拟制为国家机关工作人员的结果。如进一步将辅警身份拟制为人民警察，不但会造成对其身份的双重拟制，而且会使袭警罪的对象范围过于宽泛，有损刑法的谦抑性原则。

基于此，辅警不宜被拟制为人民警察，袭击依法执行职务的辅警的，以妨害公务罪追责即可。

编写人：福建省政和县人民法院　宋政

2

# 暴力袭击并非“正在依法执行职务”的人民警察，不构成袭警罪

——王某袭警案

## 【案件基本信息】

1. 裁判书字号

北京市第三中级人民法院（2021）京03刑终489号刑事裁定书

2. 案由：袭警罪

## 【基本案情】

2021年3月11日23时许，某派出所民警将涉嫌故意毁坏财物的王某传唤

至北京市公安局平谷分局执法办案中心，在执法办案中心门口等待进入办案区时，王某对分局刑侦支队民警张某进行殴打，致张某右眼受伤。经鉴定，张某身体所受损伤程度属轻微伤。案发当日，王某被民警查获。后公诉机关指控王某构成袭警罪。王某及其辩护人提出被害民警张某当日未穿警察制服、未出示相关证件，在王某多次询问张某是不是警察时其从未回应，且系张某先动手推搡王某，张某不属于依法执行职务的人民警察，故王某的行为不构成袭警罪。二审法院经审理认为原判事实不清、证据不足，发回一审法院重新审理。后原公诉机关撤回对王某的起诉，一审法院准许撤诉。

【案件焦点】

1. 王某的行为是否构成袭警罪①；2. 对人民警察“正在依法执行职务”的理解与认定。

【法院裁判要旨】

北京市平谷区人民法院经审理认为：王某暴力袭击正在依法执行职务的人民警察，其行为已构成袭警罪，故判决：

被告人王某犯袭警罪，判处有期徒刑十个月。

宣判后，被告人王某持原审辩解提起上诉。北京市第三中级人民法院经审理认为：原判决认定王某犯袭警罪的事实不清，证据不足，裁定撤销原判决并发回北京市平谷区人民法院重新审判。

---

① 2015年刑法修正案（九）第二十一条增设“暴力袭击正在依法执行职务的人民警察，依照第一款的规定从重处罚”，2020年刑法修正案（十一）第三十一条删除了从重处罚的规定，修改刑法第二百七十七条第五款为“暴力袭击正在依法执行职务的人民警察，处三年以下有期徒刑、拘役或者管制；使用枪支、管制刀具，或者以驾驶机动车撞击等手段，严重危及其人身安全的，处三年以上七年以下有期徒刑”。至此，暴力袭警行为从妨害公务罪的从重处罚情节变为独立犯罪，袭警罪被正式载入我国刑法。

在重新审理过程中，北京市平谷区人民检察院向北京市平谷区人民法院提交撤诉决定书，决定撤回起诉。北京市平谷区人民法院裁定：准许北京市平谷区人民检察院撤回起诉。后北京市平谷区人民检察院作出不起诉决定书，认为北京市公安局平谷分局认定的犯罪事实不清、证据不足，不符合起诉条件，决定对王某不起诉。

【法官后语】

袭警案件中，应当准确界定和区分是正在依法执行职务的人民警察被殴打，还是被殴打的被害人系人民警察，在此基础上判断行为人的行为是否构成袭警罪。

袭警罪的客观方面是“暴力袭击正在依法执行职务的人民警察”。其中，“依法执行职务”是指国家机关工作人员在国家规定的范围内，运用其合法职权从事公务活动。具体到人民警察这一执法主体，其依法执行职务指的是人民警察在法律规定的合法职权范围内进行执法活动，并且其执行职务的方式、程序应当符合人民警察执法规范化的要求。人民警察依法执行职务应以职务行为的合法性为前提，否则，就丧失了成立袭警罪的大前提。

本案二审法院经审理后认为原判决认定王某犯袭警罪的事实不清，证据不足。事实不清之处主要在于原判未查清未穿警察制服、未出示警察证件、未表明警察身份的民警张某当晚的行为是否是在“维护现场秩序”，从而导致未查清张某是否为正在依法执行职务的人民警察。

综观本案控辩双方的争议焦点以及一、二审法院对案件事实、定性和适用法律的不同认识，其实质在于对人民警察“正在依法执行职务”的不同认识与考量。结合本案的具体情形，笔者认为为了正确把握袭警罪中“正在依法执行职务”的认定和处理，司法实践中应从以下方面来分析论证：

一、人民警察依法执行职务需在其合法职权范围内

根据人民警察法的相关规定，公安机关的人民警察应当按照职责分工依法

履行职责①。人民警察的职务行为应当在其职务权限范围内进行，不应当任意扩大。如公安机关的治安警察、刑事警察、交通警察、消防警察、监狱警察等各自有其不同的职务权限，其在执行职务时一般不能越权。人民警察依法执行职务需要在合法职权范围内，如果不在合法职权范围内则不属于依法执行职务。

职务行为是否在合法职权范围内，一是看本职工作的职权范围，二是看案发时具体的执法环境。

就本职工作的职权范围而言，合法的职务行为原则上应当属于实际工作岗位的职权范围内。首先，张某作为分局刑侦支队民警，根据法律规定，预防、制止和侦查违法犯罪活动应系其具体的职权范围；此外，张某在事发现场出现系为处理另一刑事案件，其并非办理王某等人治安案件，就其本职工作职权以及当晚具体的工作任务而言，其对王某等人并无执法权。

就案发时具体的执法环境而言，当现场环境缺乏解决矛盾冲突的紧急性与必要性时，超出本职工作范围以外的行为难以被认定为合法的职务行为。在案执法录像证实，案发前张某在执法办案中心院内（非核心办案区域）来回走动，其间并无任何以人民警察身份维持现场秩序的行为；从现场实际情况看，王某等人在执法办案中心院内靠墙站立，在王某就拿回手机与其他民警的交涉过程中，王某并无过激行为，王某周围有众多着警察制服的民警维持秩序，现场秩序处于派出所民警的控制能力下，刑侦支队民警张某无主动上前帮助其他民警维持秩序的紧急性和必要性。

---

① 《中华人民共和国人民警察法》第六条规定，公安机关的人民警察按照职责分工，依法履行下列职责：(1) 预防、制止和侦查违法犯罪活动；(2) 维护社会治安秩序，制止危害社会治安秩序的行为；(3) 维护交通安全和交通秩序，处理交通事故；(4) 组织、实施消防工作，实行消防监督；(5) 管理枪支弹药、管制刀具和易燃易爆、剧毒、放射性等危险物品；(6) 对法律、法规规定的特种行业进行管理；(7) 警卫国家规定的特定人员，守卫重要的场所和设施；(8) 管理集会、游行、示威活动；(9) 管理户政、国籍、入境出境事务和外国人在中国境内居留、旅行的有关事务；(10) 维护国（边）境地区的治安秩序；(11) 对被判处拘役、剥夺政治权利的罪犯执行刑罚；(12) 监督管理计算机信息系统的安全保护工作；(13) 指导和监督国家机关、社会团体、企业事业组织和重点建设工程的治安保卫工作，指导治安保卫委员会等群众性组织的治安防范工作；(14) 法律、法规规定的其他职责。

二、人民警察依法执行职务需满足法定的行为要件

合法职务行为的行为要件，往往在法律上规定为一定的条件与方式，即有关人员在执行职务时应当符合法律上规定必须遵守的重要条件与方式。具体到人民警察这一执法主体，除法律规定的特殊情形外，人民警察执行职务时应当着警察制服并出示人民警察证，明确表明自己人民警察的身份，其言行举止也应当符合人民警察的形象，保持警容严整，举止端庄①。在执法者缺少必要的行为要件时，如未着警察制服、未出示人民警察证、未按照法律规定的程序开展工作时，其行为可能不被视为正在依法执行职务。

职务行为是否满足法定的行为要件，一是看执法必要程序，二是看执法人行为表现。

就执法必要程序而言，人民警察执行职务行为时应当着警察制服（法律规定可着便装的情况除外）、出示警察证件、表明警察身份并就其职务行为向被执行人依法作出说明，做到执行手续完备。在案执法录像证实，案发当时，张某未着警察制服，其左手持黄色马甲（犯罪嫌疑人所穿特定服饰），后在王某向其他民警追回其手机的交涉过程中，张某突然上前大力推挡王某令其向后退，其本人并未向王某表明自己系人民警察，也未向王某出示警察证，后王某一直在追问并试图确认张某的身份，在王某与张某发生冲突的整个过程中，面对王某多次大声询问张某是否是人民警察时，在场其他着警服的民警也未清楚、明确地告知张某是人民警察且在依法执行职务。在屡次问话无人回应的情况下，王某出手打张某一拳，致使张某右眼受轻微伤。

就执法人行为表现而言，人民警察执行职务应当做到规范、文明，言行举止应当符合人民警察的形象。本案中，张某首先推搡王某，其言行举止不符合人民警察执法规范，加之其未穿警察制服、未出示警察证件，王某没有认识到

---

① 《中华人民共和国人民警察法》第二十三条规定，人民警察必须按照规定着装，佩带人民警察标志或者持有人民警察证件，保持警容严整，举止端庄。《公安机关人民警察证使用管理规定》第四条规定，人民警察证是公安机关人民警察身份和依法执行职务的凭证和标志。公安机关人民警察在依法执行职务时，除法律、法规另有规定外，应当随身携带人民警察证，主动出示并表明人民警察身份。

张某警察身份具有可能性。

综上分析，案发时被害民警张某的行为难以被认定为“正在依法执行职务”。本案现有证据只能证明王某在执法办案中心院内（非办案区域）殴打张某，造成张某轻微伤的后果，不能证明王某暴力袭击正在依法执行职务的人民警察张某，认定王某构成袭警罪的事实不清，证据不足。当然，本案行为人王某确实存在动手殴打他人的违法行为，在造成他人轻微伤后果的情况下，根据法律规定，以行政处罚的方式追究王某的责任更能做到行为与处罚相当。

袭警罪的设立有其必要性、科学性、合法性，必须牢牢把握设立袭警罪的立法意旨、政策精神与司法理念，袭警罪保护的是“正在依法执行职务”的人民警察，因此人民警察在执行职务的过程中应当依法办事，严守程序，文明执法。司法办案人员应当更加准确理解袭警罪的保护范围，防止罪名滥用。

**编写人：北京市第三中级人民法院　袁冰　程序**

3

# 如何准确把握袭警罪中的“暴力袭击”

## ——李某某袭警案

**【案件基本信息】**

1. 裁判书字号

河南省平顶山市中级人民法院（2022）豫04刑终62号刑事判决书

2. 案由：袭警罪

**【基本案情】**

2021年4月14日23时许，被告人李某某在高某某位于某小区的家中饮酒时，二人发生争执，后高某某报警。公安局某分局某派出所民警韩某光、辅警马某等人赶至事发现场，在接处警过程中，李某某拒绝配合，辱骂公安民警并踢踹韩某光、马某腿部，给现场处警工作带来一定阻碍。

【案件焦点】

对“暴力袭击”的情节把握和危害后果程度上的准确认定。

【法院裁判要旨】

河南省平顶山市卫东区人民法院经审理认为：被告人李某某暴力袭击正在依法执行职务的人民警察，其行为已构成袭警罪，应予惩处。公诉机关指控罪名成立，予以支持。李某某的辩护人提出的李某某构成袭警罪的证据不充分，情节轻微不应按犯罪处理的辩护意见，经查，李某某对正在依法执行职务的民警实施辱骂踢踹等人身攻击，符合袭警罪的构成要件，且有多名证人证言、李某某鞋底照片、民警带脚印的制服照片、执法记录仪视频光盘等证据在案佐证，故对该辩护意见不予采纳。李某某认罪悔罪，且自愿签署《认罪认罚具结书》，依法可以从宽处罚。李某某已因本案被公安机关行政拘留七日，其被行政拘留的时间应予折抵相应刑期。根据被告人的犯罪事实、犯罪性质、情节和对社会的危害程度，依照《中华人民共和国刑法》第二百七十七条第五款、第六十七条第三款、第五十二条、第五十三条、第六十一条，《中华人民共和国刑事诉讼法》第十五条，《中华人民共和国行政处罚法》第三十五条第一款之规定，判决如下：

被告人李某某犯袭警罪，判处有期徒刑六个月。

宣判后，被告人李某某不服，上诉称：其案发时属醉酒状态，且暴力情节较轻，未造成严重后果，不应当构成袭警罪。河南省平顶山市中级人民法院经审理后认为：原判认定事实清楚，证据确实、充分，定罪准确，审判程序合法。醉酒的人犯罪应当负刑事责任，但上诉人李某某酒后控制力减弱，考虑案发时段接近凌晨，其行为暴力程度较轻，没有造成严重后果，一审时其自愿认罪认罚，原判量刑偏重，参照类案的处罚情况，依法予以纠正。上诉人李某某及其辩护人所提不构成袭警罪的理由不能成立，不予采纳。于 2022 年 1 月 29 日作出（2022）豫04刑终62号刑事判决：

一、维持河南省平顶山市卫东区人民法院（2021）豫0403刑初365号刑事判决中对上诉人（原审被告人）李某某的定罪部分；

二、撤销河南省平顶山市卫东区人民法院（2021）豫0403刑初365号刑事判决中对上诉人（原审被告人）李某某的量刑部分；

三、上诉人（原审被告人）李某某犯袭警罪，判处拘役三个月。

## 【法官后语】

袭警罪保护的法益是民警的公务，成立本罪只要求行为对人民警察合法职务行为造成了妨碍，或者说使民警职务行为的执行变得困难，不要求发生民警职务行为被彻底中断或执行失败的结果，也不要求发生对民警造成实际伤害结果。但在实践中，如何把握袭警罪“暴力袭击”的程度，决定着本罪的定罪量刑。

从法教义学上来讲，“暴力袭击”主要可以从以下两个方面来判断：

第一，暴力的特点方面。暴力袭击应当具有突发性、瞬时性和意外性三个特点。突发性是指行为人对警察实施了突然攻击行为，在具体的行为特点上表现为行为的快速迅捷，强调暴力的突袭性有利于限制袭警罪的成立范围。瞬时性是指暴力的突发性往往伴随瞬时性特征，这种瞬时性会导致警察根本就来不及防备。在执法过程中，如果行为人有一些持续性的辱骂行为或者推搡行为，但行为呈现一定的稳定性，那么就不能认定该行为为袭警罪中的暴力。暴力的瞬时性特征，可以是从无到有的类型。例如，在警察执法的过程中，行为人突然实施暴力，并且这种暴力达到了对警察的人身安全具有侵害或者侵害危险的程度，进而对公务的执行造成了妨害，也侵犯了社会秩序。这样从无到有的暴力，其本身的暴力程度就已达到袭警罪要求的暴力程度，并且在这种情况下，暴力体现了突发性和瞬时性的特征。意外性是指警察作为执法主体，对在执法过程中被执法对象可能实施的暴力应该具有一定的预见性，没有预见性的暴力袭击才是袭警罪应当规制的暴力。从本案来看，被告人李某某在高某某家中饮酒，二人本是朋友关系，发生争执以后人民警察到现场处警，将二人劝开以后，本想将双方均带至公安机关接受询问，此时双方情绪已趋于稳定，且矛盾并未完全激化，现场无失控情况，李某某在被民警带到警车的途中，对民警采取的暴力袭击行为，符合以上三个有关暴力的特征。

第二，暴力的程度方面。在刑法中，条文表述上明显带有“暴力”一词的罪名不在少数，如故意伤害罪、强奸罪等。首先，从实践情况来看，袭警罪中的暴力在实践中多表现为轻微暴力，但这也并不影响袭警罪的认定，而刑法其他暴力犯罪对暴力程度要求较高，一般都需要达到轻伤以上；其次，袭警罪的暴力为特定情形下的暴力，即对正在依法执行职务的人民警察实施暴力，才属于袭警罪中的“暴力”，否则就构成故意伤害罪、故意杀人罪等暴力犯罪。综上，相较于其他暴力犯罪，袭警罪定罪时对暴力程度的认定要低些，而对暴力发生的时间有特定要求。这是袭警罪中的暴力与其他暴力犯罪的暴力的重要区别。

本案中，被告人李某某在接受公安机关出警时，出言辱骂民警，且在民警在场的情况下，动手殴打第三人，主观动机较为明显。民警在将其带至警车时，其突然对四名民警发动攻击，虽然系采用辱骂和踢打的方式且未造成民警轻微伤以上的后果，但其突然袭击的行为致使民警对其的抓捕和带离现场的合法执法活动产生了较为明显的阻挡，符合前文所分析的袭警罪犯罪构成要件。

**编写人：河南省平顶山市中级人民法院　曹秋凤**

4

# 在“单招考试”中组织作弊应认定为组织考试作弊情节严重

## ——王某某、芮某某组织考试作弊案

**【案件基本信息】**

1. 裁判书字号

上海市黄浦区人民法院（2020）沪0101刑初796号刑事判决书

2. 案由：组织考试作弊罪

**【基本案情】**

2020年3月，被告人王某某为实现其子王某在“2020年普通高等学校运动训练、武术与民族传统体育专业招生考试”（即俗称“单招考试”）中取得较好成绩的目的，通过被告人芮某某联系了考生严某等人，要求上述人员在前述考试中，如遇其子王某，则故意让球给王某，芮某某因此获利2.1万元。同年6月9日，被告人王某某、芮某某又共谋，考试当日由芮某某在考场内寻找与王某对赛的考生，安排让球及谈妥报酬等事宜，事后由芮某某向王某某报账。次日，被告人芮某某在与王某考试对赛中故意让王某赢球，又当场收买与王某对赛的多名考生，故意让王某赢球。

**【案件焦点】**

“单招考试”是否属于普通高等学校招生考试，在“单招考试”中组织作弊是否属于组织考试作弊情节严重。

**【法院裁判要旨】**

上海市黄浦区人民法院经审理认为：被告人王某某、芮某某在普通高等学校招生考试中组织作弊，其行为已构成组织考试作弊罪，且属情节严重，依法应予刑事处罚。公诉机关指控被告人王某某、芮某某犯组织考试作弊罪的罪名均成立。关于涉案考试不属普通高等学校招生考试，本案不应认定为情节严重的意见，经查，涉案考试全称为“2020 年普通高等学校运动训练、武术与民族传统体育专业招生考试华东考区乒乓球项目考试”，属于“2020 年普通高等学校运动训练、武术与民族传统体育专业招生考试”，是普通高等学校招生工作的一部分，也是普通高等学校运动训练、武术与民族传统体育专业招生的核心途径，该考试决定了考生能否进入普通高校就读，取得相应的学位学历证书，且最终通过该考试进入高校就读的学生毕业后取得的学历学位等均和通过统一高考进入高校就读的学生没有差异，该考试的性质、地位、作用以及对高校招生工作的实际功效、影响，均和全国统一普通高等学校招生考试没有明显差距，认定其属于“普通高等学校招生考试”既符合一般语义理解，亦符合其实质属性。故公诉机关未予指控情节严重有误，本院予以纠正。关于芮某某的辩护人提出芮某某系从犯的辩护意见，经查，被告人王某某、芮某某经事先共谋，由被告人芮某某在王某某无法进入考场的情况下，积极主动寻找与王某某之子王某对赛的考生，谈妥让球及报酬的相关事宜，组织对赛的考生进行作弊，其在共同犯罪中起主要作用，不应认定为从犯，辩护人的上述辩护意见不予采纳。被告人王某某能主动投案并如实供述自己的罪行，系自首，可以从轻处罚。被告人芮某某能如实供述自己的罪行，退出全部违法所得，可以从轻处罚。两名辩护人据此提出的对被告人从轻处罚并适用缓刑的相关辩护意见，予以采纳。

上海市黄浦区人民法院依照《中华人民共和国刑法》第二百八十四条之一第一款，第二十五条第一款、第六十七条第一款、第三款，第五十二条，第五十三条，第七十二条第一款、第三款，第七十三条，第六十四条及《最高人民法院、最高人民检察院关于办理组织考试作弊等刑事案件适用法律若干问题的解释》第一条、第二条第一项之规定，作出如下判决：

一、被告人王某某犯组织考试作弊罪，判处有期徒刑三年，缓刑三年，并处罚金人民币5万元；

二、被告人芮某某犯组织考试作弊罪，判处有期徒刑三年，缓刑三年，并处罚金人民币5万元；

三、违法所得予以追缴。

一审宣判后，被告人王某某、芮某某均未提出上诉，检察机关亦未提起抗诉。该判决已发生法律效力。

**【法官后语】**

本案的争议焦点为涉案“单招考试”是否属于“普通高等学校招生考试”。在“普通高等学校招生考试”中组织作弊，依法属组织考试作弊情节严重，应当判处三年以上七年以下有期徒刑，并处罚金。本案生效判决认为持肯定意见。具体理由如下：

第一，从考试内容和实质看，“单招考试”属于“普通高等学校招生考试”的组成部分。《最高人民法院、最高人民检察院关于办理组织考试作弊等刑事案件适用法律若干问题的解释》（以下简称《解释》）将在“高考”中组织作弊作为从重处罚情节，是因为“高考”的关注度、影响力、涉及面等超过一般法律规定的国家考试，故应认定为情节严重。“单招考试”全称为普通高等学校运动训练、武术与民族传统体育专业招生考试，是普通高等学校特定专业招生的最主要途径，普通高等学校的特定专业主要就是通过该考试招生，单招考试成绩直接决定参加考试的学生能否进入普通高校就读，最终学生通过该考试进入高校就读毕业后取得的学历学位等均与通过统一高考进入高校就读的学生没有差异。从关注度看，特定专业的考生及家庭对该考试的关注与参与统一高考的考生对统一高考的关注并无差别；从影响力看，单招考试决定考生能否进入高校就读取得相应文凭，对考生的影响亦与统一高考一致；从涉及面看，单招考试系特定专业核心招生方式，招生广度甚至超过一定地区的统一高考。认定“单招考试”属于“普通高等学校招生考试”既符合一般语义认知，亦符合其实质属性。

第二，从法律规定上看，相关行政法规已将“单招考试”纳入“普通高等学校招生考试”进行管理。高等教育法第十九条规定，高级中等教育毕业或者具有同等学力的，经考试合格，由实施相应学历教育的高等学校录取，取得专科生或者本科生入学资格。“单招考试”符合上述规定，通过该考试合格的学生，由实施相应学历教育的高等学校录取，取得专科生或者本科生入学资格。《2020年普通高等学校运动训练、武术与民族传统体育专业招生管理办法》中亦明确“普通高等学校运动训练、武术与民族传统体育专业招生考试是普通高等学校招生工作的一部分”。《2020年普通高等学校招生工作规定》《普通高等学校招生违规行为处理暂行办法》等规定中，均对“单招考试”等特殊类型的考试进行了规定。长期实践中，教育行政单位将“单招考试”等普通高校特殊类型考试作为高考的一个类型进行管理，教育部下发的多个通知中，均明确普通高校特殊类型招生是高校招生考试工作的重要组成部分。故此，从法律规定和管理构架看，“单招考试”也是“高考”的组成部分。

第三，从法理角度上看，《解释》第一条第三款“前款规定的考试涉及的特殊类型招生、特殊技能测试、面试等考试，属于‘法律规定的国家考试’”是“注意规定”而非“法律拟制”。法律拟制是指将原本不符合某种规定的行为也按照该规定处理，一般表述为“……的，依照本法……的规定定罪处罚”。《解释》在起草过程中，就特殊类型招生、特殊技能测试、面试等考试是否属于“法律规定的国家考试”曾存在不同理解，为此制定机关专门听取了教育部、人力资源和社会保障部等单位的意见，最终将此类型考试认定为法律规定的国家考试。这种认定并非突破法律规定的拟制，而是对考试性质的明确，即单招考试即高等教育法第十九条所指的考试，属于全国人民代表大会及其常务委员会制定的法律所规定的考试，《解释》的定性并非扩大入罪范围的法律拟制，而是明确属性的注意规定。

编写人：上海市黄浦区人民法院　郑莹

5

# 利用系统漏洞制作的网络爬虫程序入罪审查

## ——袁某某、赖某某提供侵入计算机信息系统程序案

**【案件基本信息】**

1. 裁判书字号

江苏省苏州市中级人民法院（2021）苏05刑终144号刑事裁定书

2. 案由：提供侵入计算机信息系统程序罪

**【基本案情】**

2019年8月、9月，被告人袁某某、赖某某通过网络平台以人民币7500元的价格向苏州市某电话营业厅实际经营者计某某及员工付某某出售了一款爬虫软件，该软件根据计某某、付某某的要求定制，具有根据输入的查询请求头与渠道身份标识号（以下简称ID），模拟生成网页请求包，突破原本登录工号的权限，实现获取不同渠道ID权限内数据的功能。制作过程中，由被告人袁某某作为中间人，与计某某、付某某议价，了解定制要求，并将技术要求和细节转述给被告人赖某某，由被告人赖某某具体负责软件制作，制作完成后，由被告人赖某某将涉案软件发送给被告人袁某某，由被告人袁某某交付给付某某。被告人袁某某得款7500元，并将其中1500元分配给被告人赖某某。软件交付后，付某某利用该软件从某云平台系统中获取了大量电信宽带工单信息。

**【案件焦点】**

1. 案涉爬虫软件是否属于“专门用于侵入计算机信息系统的程序”；2. 被告人袁某某、赖某某主观明知的认定。

## 【法院裁判要旨】

江苏省苏州市姑苏区人民法院经审理认为：行为人利用系统漏洞制作的案涉爬虫程序，能够避开系统以身份验证手段设置的安全防线，使系统误以为系合法权限，而发送对应渠道 ID 下、非登录账户权限下数据，故应认定案涉爬虫程序“具有避开计算机信息安全保护措施，超越授权获取计算机信息系统数据的功能”，即属于“侵入计算机信息系统的程序”。

案涉爬虫程序根据买家要求定制，袁某某、赖某某清楚设计要求及运行原理，二人作为专业人士，对程序运行效果应有超越一般人的主观认知，对于使用该程序后可避开计算机信息系统安全防御获得超越原工号权限数据主观上至少应评价为明知而放任。被告人袁某某、赖某某共同提供专门用于侵入计算机信息系统的程序，情节严重，其行为均已构成提供侵入计算机信息系统程序罪。

江苏省苏州市姑苏区人民法院依照《中华人民共和国刑法》第二百八十五条第三款，第二十五条第一款，第二十六条第一款、第四款，第五十二条，第五十三条，第六十四条；《最高人民法院、最高人民检察院关于办理危害计算机信息系统安全刑事案件应用法律若干问题的解释》第二条第一款第一项，第三条第一款第五项之规定，作出如下判决：

一、被告人袁某某犯提供侵入计算机信息系统程序罪，判处有期徒刑六个月，并处罚金人民币 1 万元；

二、被告人赖某某犯提供侵入计算机信息系统程序罪，判处有期徒刑六个月，并处罚金人民币 1 万元。

一审宣判后，被告人赖某某提出上诉。二审审理中，上诉人赖某某申请撤回上诉。江苏省苏州市中级人民法院依照《最高人民法院关于适用〈中华人民共和国刑事诉讼法〉的解释》第三百零五条第一款、第三百零八条之规定，作出如下裁定：

准许上诉人赖某某撤回上诉。

【法官后语】

在数字化转型的大格局下，“数据”已跃升为与土地、劳动、知识并驾齐驱的关键生产要素。网络爬虫作为一种重要的数据收集手段，在提高数据利用的精准性、便捷性的同时，也面临技术滥用带来的各种风险。在特定的技术运用场景下，对网络爬虫的入罪审查应判断：客观上爬虫是否突破数据安全保护措施，包括直接突破和间接避开，后果上网络爬虫是否“未经授权”或“超越授权”获取数据，以及主观上行为人是否具有故意。本案中，突出在下列争议的认定：

（一）系统漏洞能否成为出罪事由——不法性的审查

网络爬虫入罪建立在对计算机信息系统非法访问的基础上，核心在于避开或者突破计算机信息系统的安全保护措施，对计算机信息系统安全构成威胁。本案中，行为人利用普通账户登录计算机信息系统，修改“渠道ID”，获取对应渠道数据，实际上系利用计算机信息系统漏洞，获取数据的行为。在审查计算机系统安全保护措施方面，相比于“突破性”的侵入行为，利用“系统漏洞”实施爬取行为，违法手段更为隐蔽，“系统漏洞”能否成为行为人的免责事由？

从形式上而言，评价是否“避开或者突破计算机信息系统安全保护措施”的前提，在于系统开发者是否设置安全保护措施，而显然，对账户设置登录验证的方式，已然确立了对应权限数据的安全保护措施。行为人利用普通账户实现合法登录，而后利用后台修改参数，所获取的其他账户资源，明显超过了原授权数据范围，系“平行越权”行为，所以对行为人利用系统漏洞，绕开系统安全防护的行为，应当评价为“避开”安全保护措施的行为。从后果上而言，行为人利用网络爬虫程序，获取了“超越授权”爬取数据的客观结果。所以应将利用系统漏洞，实现避开计算机信息系统安全保护措施，超越授权获取计算机信息系统数据功能的爬虫程序，认定为“侵入计算机信息系统程序”。同时，因购买人具有违法使用的故意并实施了相关违法行为，提供者实质上起到了帮助作用，对提供者以提供侵入计算机信息系统程序罪评价。

（二）行为人主观明知的认定

行为人尤其是纯粹提供技术帮助的人员，常以不知晓网络爬虫使用后的危害结果或是误以为合法用途为由，否认其具有刑法上的主观明知。对此，可从以下层面辨明：一是，从程序客观运行效果上，网络爬虫是否具有上述避开或突破计算机安全防护，未经授权或者超越授权获取数据的功能，即遵循主客观相一致的认定原则，以客观印证主观，与此同时，因行为人系程序的设计者、开发者，其对程序的客观运行结果应具备高于一般人的认知能力，对程序的运行结果可依据客观运行效果依法认定。二是，程序提供者的审慎义务，即行为人在设计、提供程序的过程中，对购买方提出的要求至少需要根据日常生活经验法则进行基本的合法性判断，包括通过对对方身份、合同缔约形式、程序制作内容等基本的合法性进行审视，不能一味逐利而不考虑行为后果，引起行业普遍风险（本案中尽管购买人具有特定的身份，但从程序制作要求来看，购买人的要求实则超越了合法身份的权限，行为人对此亦能判断，故该情况下，行为人提出的合法性辩解，不能成立）。三是，从明知的程度来看，明知应包括确知和应知，确知是指行为人对网络爬虫的功能、行为性质和危害结果有清晰认识；应知是指行为人根据其经验、认知水平等因素，按照逻辑法则，其理应知晓网络爬虫行为的性质和危害后果，属于概括的犯罪故意，即行为人依据专业或常识能意识到该行为的性质或危害结果。结合以上，在案件中对行为人提出的主观方面辩解进行审查。

在实践的发展中，我们对网络爬虫技术运用层面、数据使用层面刑事责任风险认识不断深入。在数字产业发展和数字安全维护的平衡中，我们应当细化审定网络爬虫的入罪标准以及与关联犯罪的区分界限，为技术的合法运用划定法律红线，为技术的开发提供更广阔的平台空间。

编写人：江苏省苏州市姑苏区人民法院　姚梦悦

6

# 网络犯罪案件“犯罪地”的确定规则

## ——王某甲等提供侵入、非法控制计算机信息系统程序、工具案

### 【案件基本信息】

1. 裁判书字号

江苏省南通市中级人民法院（2021）苏06刑终30号刑事裁定书

2. 案由：提供侵入、非法控制计算机信息系统程序、工具罪

### 【基本案情】

某软件公司未授权任何单位和个人使用“××软件”从事自动下单，为防止用户使用“××软件”进行自动下单，该公司采取了一系列安全防护措施，其中包含滑块手动验证和手机特征码验证等。

被告人王某甲为了牟利，编写可以在某软件网上抢购商品名为HiRoot（以下简称“HR”）的××软件，该软件通过避开某软件网站手动滑块操作身份验证的安全保护措施，可以在预设时间内以自动下单的方式，抢购某软件网站上的指定商品。王某甲于2017年9月至2018年10月，通过群聊先后向被告人单某某、王某乙、陈某某等多人出售“HR”秒抢软件，从中非法获利合计人民币569569元。

被告人单某某、王某乙、陈某某、张某某、王某丙、刘某在明知“HR”秒抢软件具有避开计算机信息系统安全保护功能的情况下，分别从被告人王某甲处购买该软件，并于2017年9月至2018年9月分别出售给沈某某（系江苏省海安市人）、王某丁、黄某甲、纪某、黄某乙、谢某某、沈某某、肖某某、朱某等100余人次使用，从中非法获利人民币1000元至77850元不等。

2018年7月中旬，公安机关先后接到某软件公司和海安市居民沈某某的报案称有一款名为“HR”的软件可以在网络平台上抢购商品，公安机关经侦查发现该款软件的作者王某甲有提供侵入、非法控制计算机信息系统程序、工具的嫌疑，并且其通过聊天软件向多人出售该软件。2018年10月24日，公安人员将被告人王某甲抓获。归案后，王某甲如实供述了其编写“HR”软件，并向多人出售的事实。公安机关在侦办本案过程中发现被告人张某某、刘某、王某乙、单某某、王某丙有作案嫌疑，先后将其抓获归案。陈某某经公安人员电话通知主动至公安机关，并如实供述了上述事实。除王某甲之外的其他六名被告人归案后均如实供述了上述犯罪事实。

【案件焦点】

侦查机关江苏省海安市公安局对本案是否具有管辖权。

【法院裁判要旨】

江苏省海安市人民法院经审理认为：被告人王某甲、单某某、王某乙提供专门用于侵入、非法控制计算机信息系统的程序、工具，情节特别严重，被告人陈某某、张某某、王某丙、刘某提供专门用于侵入、非法控制计算机信息系统的程序、工具，情节严重，其行为均已构成提供侵入、非法控制计算机信息系统程序、工具罪。江苏省海安市人民法院依照《中华人民共和国刑法》第二百八十五条第三款、第七十二条、第六十四条、第六十七条第一款、第六十七条第三款，《最高人民法院〈关于处理自首和立功具体应用法律若干问题的解释〉》第一条第一项，《中华人民共和国刑事诉讼法》第二百零一条以及《网络安全法》第六十三条第三款之规定，作出如下判决：

一、被告人王某甲犯提供侵入、非法控制计算机信息系统程序、工具罪，判处有期徒刑三年，缓刑五年，并处罚金人民币50000元；

被告人单某某犯提供侵入、非法控制计算机信息系统程序、工具罪，判处有期徒刑三年，缓刑三年六个月，并处罚金人民币25000元；

被告人王某乙犯提供侵入、非法控制计算机信息系统程序、工具罪，判处有期徒刑三年，缓刑三年，并处罚金人民币 20000 元；

被告人陈某某犯提供侵入、非法控制计算机信息系统程序、工具罪，判处有期徒刑一年，缓刑一年六个月，并处罚金人民币 10000 元；

被告人张某某犯提供侵入、非法控制计算机信息系统程序、工具罪，判处拘役六个月，缓刑九个月，并处罚金人民币 5000 元；

被告人王某丙犯提供侵入、非法控制计算机信息系统程序、工具罪，判处拘役六个月，缓刑九个月，并处罚金人民币 5000 元；

被告人刘某犯提供侵入、非法控制计算机信息系统程序、工具罪，判处有期徒刑六个月，缓刑一年，并处罚金人民币 6000 元；

二、被告人王某甲的违法所得人民币 569569 元，被告人单某某的违法所得人民币 77850 元，被告人王某乙的违法所得人民币 25102 元，被告人陈某某的违法所得人民币 11610 元，被告人张某某的违法所得人民币 1000 元，被告人王某丙的违法所得人民币 1700 元，被告人刘某的违法所得人民币 3100 元，均予以没收，上缴国库；

三、扣押在案的作案工具手机、组装台式机、电脑主机均予以没收；

四、上述七名被告人终身不得从事网络安全管理和网络运营关键岗位的工作。

王某甲持某软件公司伪造报案材料、江苏省海安市公安局对本案不具有管辖权等理由提起上诉。江苏省南通市中级人民法院经审理认为：刑事案件由犯罪地的人民法院管辖，犯罪地包括犯罪行为发生地和犯罪结果发生地。本案系因某软件公司、海安网民沈某某先后报案而案发，沈某某的证言、涉案人员王某乙的供述、交易记录等证据能够证实王某乙通过群聊向沈某某销售涉案秒抢软件的事实。某软件公司出具的报案材料、安全人员李某某的证言证实某软件公司在该时间段发现海安辖区范围内有人使用该秒抢软件呈请海安公安立案侦查。举报材料并未指向举报人沈某某，举报材料中的两个 IP 地址与沈某某的 IP 地址不同并不能否定该材料的真实性。上述证据不存在矛盾之处，相互印证足以证实本案的发破案经过正常且符合逻辑，江苏省海安市公安局对本案具有侦查上的管辖权。故上诉人王某甲的该上诉理由，不能成立，应予驳回。江苏省南通市中级人民法院依照《中华人民共和国刑事诉讼法》第二百三十六条第一款第一项的规定，作出如下裁定：

驳回上诉，维持原判。

## 【法官后语】

本案属于制作、销售"抢购软件"的新型网络犯罪案件，由于网络空间的跨区域性和无限延展性，本案面临的首要问题是最初受理的公安机关江苏省海安市公安局对案件是否具有侦查上的管辖权。

根据刑事诉讼法第二十五条的规定，刑事案件实行"犯罪地为主、被告人居住地为辅"的地域管辖规则。对于"犯罪地"，《最高人民法院关于适用〈中华人民共和国刑事诉讼法〉的解释》（以下简称《解释》）第二条予以明确规定。《解释》第二条采取了"定性+列举"的方式确定网络犯罪案件的"犯罪地"。考虑到网络犯罪案件的特殊性，《解释》在该条中列举犯罪地的具体情形后专门增加了"等"字。本案中，七名被告人的居住地、实施网络犯罪使用的服务器所在地、网络服务提供者所在地、信息网络系统所在地均在江苏省外。被害人系某软件公司及其平台上被抢购的商家，住所地亦在江苏省外。报案人沈某某是"抢购软件"的购买者，意图通过使用"抢购软件"抢购商品获取非法利益，并非受害人。在案证据难以证实被害人被侵害时所在地和被害人财产遭受损失地位于江苏省海安市。在《解释》第二条所列举的网络犯罪"犯罪地"被逐一排除之后，需要思考的是，在案件所涉物理地点高度泛化的情况下，究竟应当依据何种规则判断信息网络犯罪的"犯罪地"，如何理解《解释》第二条中的"等"字，江苏省海安市公安局能否据此取得侦查上的管辖权？本文认为确定网络犯罪案件的"犯罪地"，可以遵循以下规则：

1. 以法益被侵害的关联地初步确定犯罪地。刑法的目的是保护法益，刑事司法管辖权的确定应当贯彻这一目的。多年来，"实害联系标准"在网络犯罪刑事管辖权的认定中得到较为广泛的认可。对于"实害联系标准"，首次提倡该标准的学者通过反思认为该原则更多地适用于结果犯、具体危险犯等可以进行具体实害判断的犯罪类型，对于其他犯罪类型不一定完全适用。本案所涉的罪名属于情节犯，要求达到情节严重的程度才构罪。行为人向单个购买者提供“抢购软件”虽然并未达到“实害”的程度标准，但在法益被侵害关联地的射程之内，亦不超出行为人在行为时所认识到的可能发生地点。以法益被侵害的关联地适当扩大“犯罪地”的认定门槛，再由后续其他规则加以限制，有利于准确合理地界定网络犯罪案件的犯罪地。

2. 以犯罪案件的实际控制地优先确定犯罪地。在法益被侵害的关联地规则对犯罪地进行初步认定后，网络犯罪案件管辖权往往存在着竞争和冲突，需要根据实际控制地规则予以限缩。从侦查路径看，按照实际控制地优先的规则确定管辖，便于收集网络犯罪相关证据，可以最大限度地实现调查犯罪的侦查目的。对案件的实际控制包括对证据的实际控制和对人的实际控制两个方面。本案中，江苏省海安市是刑事证据最为集中的地方。当地网民沈某某在报案时向公安机关提供了其向单某某购买的“抢购程序”以及其与卖家的聊天记录，某软件公司在报案时亦提供其安全人员的证言、分析报告名词解释、证明材料等证据。海安市公安局因沈某某、某软件公司报案而最先立案侦查，在侦办过程中先后将王某甲等抓获归案，本案由该局侦查有利于保持侦查工作的连续性，有利于调查收集证据和查明事实。

3. 以兼顾司法效率最终确定犯罪地。网络犯罪案件的行为地和结果地具有随意性和偶然性，往往牵涉地域广泛、人员众多。此外，网络犯罪案件不仅犯罪行为地和犯罪结果地可能处于不同法域，而且犯罪行为人和犯罪行为也有可能处于不同法域。对于网络犯罪案件确定管辖权时，不仅要考虑网络犯罪行为侵害法益的关联程度、对案件的实际控制程度，还要考虑当地公安机关管辖的可能性和方便诉讼，以司法效率最终确定犯罪地。

综上，网络犯罪案件“犯罪地”的确定应当遵循以法益被侵害的关联地为初定门槛、以犯罪案件的实际控制地为优先、最终兼顾司法效率的裁判规则，进而为网络犯罪案件确定一个梯度合理、较为周全、严密的地域管辖范围，避免出现因无权管辖导致放纵网络犯罪或者因指定管辖滥用导致管辖权不确定的双重困境，达到维护公平、公正和平衡管辖的制度目的。

编写人：江苏省南通市中级人民法院　丁净玉

7

# 破坏计算机信息系统罪中被告人受贿行为及其犯罪所得的认定

## ——林某、高某破坏计算机信息系统、受贿案

**【案件基本信息】**

1. 裁判书字号

福建省福州市中级人民法院（2021）闽 01 刑终 305 号刑事裁定书

2. 案由：破坏计算机信息系统罪、受贿罪

**【基本案情】**

一、破坏计算机信息系统事实

2015 年 1 月至 2019 年 6 月，被告人林某受聘担任某派出所协警，其间负责协助处理交通违章等内勤工作。2019 年 3 月的一天，周某（另案处理）让被告人林某帮忙违规办理货车的交通违章扣分业务，被告人林某收受周某钱款后答应帮周某违规处理货车交通违章，并约定每处理一分给被告人林某 20 元人民币（以下币种同）。后周某指派被告人高某等人向他人收集需要处理违章扣分的货车车主行驶证及愿意卖分的驾驶员驾驶证（身份证），被告人高某等人以每处理交通违章扣分一分收取 250 元至 260 元不等的价格向违章货车车主收取钱款与违章货车证件，并以每分 150 元至 160 元不等的价格向他人购买用于扣分的身份证（驾驶证），余下每分 100 元的利润，由周某抽取 80 元，被告人高某抽取 5 元，其他收集材料人员抽取 15 元。后由被告人高某对接被告人林某在派出

所计算机上违规处理货车交通违章。2019 年 4 月，被告人林某私自在派出所窗口公安网电脑上利用民警的数字证书权限，对公安交通违章数据进行修改，在货车违章驾驶员未到场的情况下，对被告人高某与林某（另案处理）等人提供的货车交通违章违规进行扣分处理，导致大量交通违章数据被违规处理。上述期间，被告人林某对被告人高某提供的货车交通违章违规处理 1000 多分，对林某提供的货车交通违章违规处理 160 多分。周某等人共同获利约 10 万元，其中被告人高某从中获利 5000 多元。

2019 年 6 月 27 日，被告人林某接到纪委驻区公安局纪检组通知后，主动到公安局廉政谈话室接受谈话调查，如实供述了其伙同他人破坏计算机信息系统的犯罪事实。当日 23 时许，纪委驻区公安局纪检组将被告人林某移交公安局刑侦大队。2019 年 7 月 18 日，被告人高某在某村被公安局刑侦大队民警抓获。

二、受贿事实

2015 年 1 月至 2019 年 6 月，被告人林某受聘担任某派出所协警，其间负责协助处理交通违章等内勤工作。2019 年 4 月，被告人林某利用其协助内勤民警在派出所交通违章处理窗口办理交通违章业务的职务便利，接受周某的请托，私自在派出所窗口公安网电脑上利用民警的数字证书权限，在货车违章驾驶员未到场的情况下，多次违规办理货车交通违章扣分业务，2019 年 3 月至 4 月，林某先后三次收受周某给予的钱款共计人民币 16.1 万元。具体如下：

（1）2019 年 3 月底的一天晚上，林某在某影城收受周某贿送的 5 万元。

（2）2019 年 4 月中旬的一天，林某在派出所收受周某贿送的 1.1 万元。

（3）2019 年 4 月 20 日左右的晚上，林某在派出所收受周某贿送的 10 万元。

**【案件焦点】**

1. 破坏计算机信息系统罪中，被告人既实施受贿行为又实施破坏计算机信息系统的行为，罪数如何认定；2. 其犯罪所得性质如何认定。

【法院裁判要旨】

福建省福州市长乐区人民法院经审理认为：被告人林某、高某违反国家规定，伙同他人对计算机信息系统中存储的数据进行删除、修改，后果特别严重，其行为均构成破坏计算机信息系统罪；被告人林某作为国家工作人员，利用职务上的便利，非法收受他人财物计人民币161000元，为他人谋取利益，数额较大，其行为构成受贿罪。福州市长乐区人民检察院指控的罪名成立，应依法追究被告人林某、高某的刑事责任。被告人林某既实施受贿行为又实施破坏计算机信息系统的行为，上述两个行为相互独立，在构成要件上没有包含性，在侵害的法益上也不具有同一性，单独适用受贿罪或者破坏计算机信息系统罪均不能对被告人林某的行为进行充分评价，因此应当数罪并罚。同时被告人林某在共同犯罪中行为积极，不宜认定为从犯。被告人林某的辩护人关于被告人林某不应以受贿罪与破坏计算机信息系统罪并罚及被告人林某应认定从犯的辩护意见均不予采纳。被告人林某在破坏计算机信息系统犯罪中，自动投案并如实供述自己的罪行，是自首，依法可以从轻或者减轻处罚；同时被告人林某案发后能如实供述受贿事实且主动退出犯罪所得，依法可予从轻处罚。被告人高某在共同犯罪中起次要或者辅助作用的，是从犯，依法应当从轻、减轻处罚或者免除处罚；被告人高某到案后能如实供述自己的罪行且主动退出犯罪所得，依法可予从轻处罚。被告人林某、高某的辩护人所做的相关辩护意见均予以采纳。综合考虑被告人林某、高某的犯罪事实、性质、社会危害程度及以上量刑情节，决定对被告人林某从轻处罚，对被告人高某减轻处罚。

福建省福州市长乐区人民法院对被告人林某依照《中华人民共和国刑法》第二百八十六条第二款，第三百八十五条，第三百八十六条，第三百八十三条，第六十九条，第二十五条第一款，第六十七条第一款、第三款，第六十四条及《最高人民法院、最高人民检察院关于办理危害计算机信息系统安全刑事案件应用法律若干问题的解释》第四条；《最高人民法院、最高人民检察院关于办理贪污贿赂刑事案件适用法律若干问题的解释》第一条，第十九条，对被告人高某依照《中华人民共和国刑法》第二百八十六条第二款，第二十五条第一款，第二十七条，第六十七条第三款，第六十四条及《最高人民法院、最高人民检察院关于办理危害计算机信息系统安全刑事案件应用法律若干问题的解释》第四条之规定，作出如下判决：

一、被告人林某犯破坏计算机信息系统罪，判处有期徒刑五年六个月；犯受贿罪，判处有期徒刑一年三个月，并处罚金人民币10万元，决定执行有期徒刑五年十个月，并处罚金人民币10万元；

二、被告人高某犯破坏计算机信息系统罪，判处有期徒刑二年十个月；

三、被告人林某主动退出的犯罪所得人民币161000元及被告人高某主动退出的犯罪所得人民币5000元，均予以没收，上缴国库。

林某持原审辩解提起上诉。福建省福州市中级人民法院经审理认为：上诉人林某及原审被告人高某违反国家规定，伙同他人对计算机信息系统中存储的数据进行删除、修改，后果特别严重，其行为均已构成破坏计算机信息系统罪；上诉人林某作为国家工作人员，利用职务上的便利，非法收受他人财物计人民币161000元，为他人谋取利益，数额较大，其行为已构成受贿罪。依法对上诉人林某实行数罪并罚。经查：（1）林某在破坏计算机信息系统犯罪中作用积极，不能认定为从犯；（2）林某在本案中实施的破坏计算机信息系统罪和受贿罪虽有关联，但又相对独立，且两个犯罪行为分别侵害了不同的客体，故原判对其认定上述两罪符合法理；（3）原判综合考虑其犯罪行为的具体情节、社会危害性及其认罪、悔罪态度等作出的量刑适当。因此，林某的上诉理由，不能成立，应予驳回。

福建省福州市中级人民法院依照《中华人民共和国刑事诉讼法》第二百三十六条第一款第一项之规定，作出如下裁定：

驳回林某的上诉，维持原判。

## 【法官后语】

破坏计算机信息系统罪往往不是孤立的犯罪，而是与其他违法犯罪行为相生相伴。国家工作人员在收受贿赂后，利用职务上的便利，对计算机信息系统中存储的数据进行删除、修改，究竟属于一罪还是数罪？

部分观点认为，国家工作人员收受贿赂以后，为行贿人谋取利益，又实施了破坏计算机信息系统的行为，触犯破坏计算机信息系统罪，符合牵连犯特征，应当依照处罚较重的规定定罪处罚，即对其依照破坏计算机信息系统罪论处。但判断罪数应以犯罪构成为标准。从犯罪行为上看，国家工作人员利用职务上的便利，非法收受他人财物，后又实施了破坏计算机信息系统的行为，两个行为相互独立，不存在牵连关系。在侵害的法益上，受贿罪侵害的法益是国家工作人员职务行为的公正性，而破坏计算机信息系统罪侵害的法益是计算机信息系统正常、安全运行，二者侵害的法益不具有同一性。本案中，林某既实施受贿行为又实施破坏计算机信息系统的行为，上述两个行为相互独立，在构成要件上没有包含性，在侵害的法益上也不具有同一性，单独适用受贿罪或者破坏计算机信息系统罪均不能对林某的行为进行充分评价，因此应当数罪并罚。

国家工作人员收受贿赂钱款以后，实施了破坏计算机信息系统的行为，这笔款项该如何认定？是同时认定为受贿罪、破坏计算机信息系统罪的犯罪所得？还是仅认定为受贿罪或破坏计算机信息系统罪的犯罪所得？对此也存在不同观点。但是，具体判断犯罪所得的性质，仍应当根据钱款的输送时间与目的以及非法所得的合理性进行综合判断。本案中，虽然公诉机关认定林某破坏计算机信息系统罪的犯罪所得为161000元，同时认定该笔钱款为受贿罪的非法所得，但林某与同案人周某在侦讯阶段对161000元性质的供述均为好处费，其中5万元系在林某还未进行违规处理交通违章前收受的，1.1万元系在处理部分违章后收受，10万元系在林某拒绝继续为周友违规处理违章后，周某为说服林某而送的，此后林某又继续为周某违规处理违章。庭审中，林某供述5万元系预付款，1.1万元系消分的分红，10万元是保证金，消分的分成另外给付，不包含在10万元中。林某与周某均认可该161000元为好处费，结合周某送上述钱款的时间与目的，同时上述钱款明显已超过周某在破坏计算机信息系统罪中的非法所得，宜认定上述款项为受贿数额。

在认定该部分钱款为受贿罪犯罪所得情况下，不宜再重复评价为破坏计算机信息系统罪的非法所得。因林某系伙同高某、周某共同实施犯罪，高某及周某的共同犯罪所得即为其犯罪所得，虽然其未实际参与分赃，但因共同犯罪所得已达到解释规定的犯罪所得5000元的五倍以上，可以认定“后果特别严重”。

编写人：福建省福州市长乐区人民法院　陈文煌　陈珠

8

# 非法利用信息网络“情节严重”的认定

——尹某等非法利用信息网络案

**【案件基本信息】**

1. 裁判书字号

四川省泸州市中级人民法院（2021）川05刑终76号刑事裁定书

2. 案由：非法利用信息网络罪

**【基本案情】**

2017年9月起，尹某发现利用信息网络群发违法短信可以获取非法利益，随即与廖某等商议通过购买电话卡以及短信群发器（俗称“猫池”）、手机群发软件等方式进行群发短信谋利。廖某向尹某介绍谭某、余某、邱某甲等加入该团伙。其后，廖某、余某等在某小区一房间内群发违法短信。

2018年3月，尹某、廖某组织谭某、余某、邱某甲等人前往云南省。谭某、余某等人则分别租用某小区的三套房屋设置“机房”帮助他人日平均发送“兼职”等涉嫌诈骗内容的短信息约20万条，截至尹某2018年6月底离开，非法获利300余万元。

2018 年 8 月 8 日，尹某因涉嫌非法利用信息网络罪被监视居住期间，于 2019 年 3 月、4 月，又伙同杨某甲、宋某群发短信。由尹某、宋某提供群发设备、群发短信电话卡和银行卡，由杨某甲组织袁某、邓某、徐某、邱某乙在某房屋内群发六合彩等内容的短信，相关获利均打入由尹某、宋某控制的他人的银行卡内。尹某安排郑某甲提取现金，进行分配。经电子数据检查，从该房屋内扣押的杨某甲等人所使用的设备发送相关违法短信 1610875 条，非法获利 75 万余元。

2019 年 5 月左右，郑某乙经谭某介绍，与尹某合作，由尹某提供群发设备、群发短信电话卡、银行卡，在泸州市龙马潭区一房屋内，郑某乙、江某等人群发六合彩等违法短信一个周左右。经电子数据检查，从该房屋内扣押的郑某乙等人所使用的设备发送相关违法短信 119634 条。

2019 年 5 月、6 月，由杨某乙提供群发短信设备，杨某乙、陈某甲共同出资 10 余万元购买电话卡，组织文某、郑某乙、江某在某房屋内群发六合彩等违法短信，相关获利均打入杨某乙控制的他人的银行账户。经电子数据检查，从该房屋内扣押的文某等人所使用的设备发送相关违法短信 35 万余条，非法获利 190 余万元。

被告人尹某、杨某乙、陈某甲、杨某甲认为发送违法短信条数认定不客观，认定获利应扣除成本部分；被告人江某、宋某、杨某甲认为各自系从犯；各被告人均认为量刑建议的罚金刑过重。

**【案件焦点】**

1. 如何认定信息用途。短信内容可疑仍然大量发送该类短信是否可以认定为为实施诈骗等违法犯罪活动发布信息；2. 如何认定发送信息条数。根据群发短信设备勘验检查电子数据直接认定还是根据被告人供述的信息条数认定；3. 如何认定非法获利数额，认定非法是否需要获利需扣除犯罪成本。

**【法院裁判要旨】**

四川省泸州市纳溪区人民法院经审理认为：被告人尹某、杨某乙、陈某甲、宋某、杨某甲、江某、郑某乙、文某、袁某、徐某、邓某、邱某乙利用信息网络为实施违法犯罪活动发布信息，情节严重，其行为均已构成非法利用信息网络罪，依法均应负刑事责任。各被告人在所参与的共同犯罪中，均系积极参与，不宜区分主从犯，根据各被告人的参与情况裁量刑罚。本案各被告人的犯罪数额，以查明的事实为准。依法判决：

一、被告人尹某犯非法利用信息网络罪，判处有期徒刑二年六个月，并处罚金人民币 50 万元；

二、被告人杨某乙、陈某甲犯非法利用信息网络罪，判处有期徒刑二年，并处罚金人民币 15 万元；

三、被告人宋某犯非法利用信息网络罪，判处有期徒刑一年十个月，并处罚金人民币 15 万元；

四、被告人杨某甲犯非法利用信息网络罪，判处有期徒刑一年九个月，并处罚金人民币 10 万元；

五、被告人江某、郑某乙犯非法利用信息网络罪，判处有期徒刑一年六个月，并处罚金人民币 5 万元；

六、被告人文某犯非法利用信息网络罪，判处有期徒刑一年二个月，并处罚金人民币 3 万元；

七、被告人袁某、徐某、邓某犯非法利用信息网络罪，判处有期徒刑一年，并处罚金人民币 3 万元；

八、被告人邱某乙犯非法利用信息网络罪，判处有期徒刑六个月，缓刑一年，并处罚金人民币 1 万元；

九、对各被告人的违法所得继续追缴，扣押在案的用于犯罪的物品予以没收，其余扣押在案的物品由公安机关依法处理。

宣判后，尹某、宋某、杨某向四川省泸州市中级人民法院提起上诉。四川省泸州市中级人民法院经审理认为：原判决认定事实和适用法律正确，量刑适当，审判程序合法，依法应予维持。依法裁定：

驳回上诉，维持原判。

【法官后语】

近年来，各地区持续开展电信网络诈骗犯罪打击治理。由于互联网犯罪的跨地域性，行为人很容易在短时间内组织不特定人共同实施违法犯罪，或者针对不特定人群实施违法犯罪行为。大量案件仅能查实行为人在网络上实施联络或者其他活动，对于分布在不同地点的人员在网络上实施的各种危害行为，很难一一查实、查全；同时，网络犯罪的被害人往往分布在全国各地，也难以一一查实，为了适应这样的情形，刑法规制的环节向前移，设置了非法利用信息网络罪，以非法利用信息网络罪定罪处罚，保护人民群众生命财产安全，惩治犯罪。

本罪的构成要求必须达到“情节严重”，关于“情节严重”的具体认定，可以结合行为人所发布信息的具体内容、数量、扩散范围、获取非法利益数额、受害人的多少、造成的社会影响等综合考虑。本案中利用信息网络发送的信息内容是兼职刷单、六合彩等信息，信息用途、信息条数及违法所得数额是控辩双方争议的焦点，需要进行客观的认定。

1. 如何认定信息用途

本案中所发布的信息，是涉及兼职刷单、六合彩等信息，各被告人供述不知道短信具体是用作什么，但是短信内容中提供了联系方式，觉得可疑，可能是想引人上钩，但本案中没有查实相应的被害人，故不能以明知是诈骗信息而帮助发送，不能以诈骗罪共犯定罪处罚。按照主客观相一致的原则，本案中各被告人在主观上已经觉得短信内容可疑的情况下，仍然大量发送该类短信，对于发送该类短信可能造成的后果持放任态度，是为故意，可以认定为为实施诈骗等违法犯罪活动发布信息。

2. 如何认定发送信息条数

犯罪分子在作案后，通常会销毁作案痕迹，让事实认定陷入困境。本案中，被告人辗转多地，多次作案，证据固定非常困难，甚至无法认定。对于现场查获到群发短信设备的，可以借助科技手段进行电子数据勘验检查直接认定发送短信条数。对于没有查获到群发设备的，则只能结合各被告人的供述日平均发送的信息条数及非法获利的情况，按照有利于被告人的原则综合认定。

3. 如何认定非法获利数额

本案中各被告人对非法获利的认定存在极大的意见，认为非法获利应该扣除犯罪成本，即为了发送信息购买电话卡等的支出应扣除。从本案具体情况来看，发送违法短信的被告人与需要发送违法短信的上家联系，获得短信的内容，再自行购买用于发送短信的电话卡和群发设备以发送违法短信，确实花费了大量金钱，但法律并未有认定非法获利需扣除犯罪成本之规定，故犯罪成本不应该从违法所得中扣除。因本案中无法查明具体的获利数额，最终结合被告人关于非法获利的供述，及要求发送信息的上家及电话卡卡商的供述，以及用于交易的银行卡资金明细综合认定犯罪数额。

另外，本案在具体量刑时，对各被告人判处了较重的罚金，是为了剥夺其再犯罪的可能性，以达到既惩治违法犯罪，又能预防犯罪的良好社会效果。

编写人：四川省泸州市纳溪区人民法院　王月

9

# 明知出售的银行账户可能被用于实施电信网络诈骗等非法活动仍非法买卖的行为认定

## ——朱某华、贾某华帮助信息网络犯罪活动案

**【案件基本信息】**

1. 裁判书字号

河南省新密市人民法院（2021）豫0183刑初1号刑事判决书

2. 案由：帮助信息网络犯罪活动罪

**【基本案情】**

1. 被告人朱某华以非法牟利为目的，指使李某营（另案处理）于2019年11月19日办理文化传媒公司营业执照，被告人贾某华于2020年6月16日办理网络科技公司营业执照，并让二人办理两家公司的对公账户，后出售给王某（未到案）跑分洗钱。2020年8月24日，张某、沈某非、王某所在的三家公司被人电信诈骗的共计193.95万元转入文化传媒公司平安银行账户，其中193.35万元同日又转入科技公司平安银行账户。

2. 被告人朱某华以非法牟利为目的，帮助王某收购银行卡四件套，被查扣20张银行卡，其中10张经查证系他人银行卡。

被告人贾某华、朱某华分别于2020年8月25日、26日被传唤到案。

**【案件焦点】**

1. 指使他人注册公司利用营业执照在银行开设对公账户出售给他人用于跑分，是否能够认定为主观上明知所开设并出售的银行账户用于违法犯罪活动；2. 行为人供述收购他人银行卡还未出售给他人，被公安机关查获行为定性问题。

**【法院裁判要旨】**

河南省新密市人民法院经审理认为：刑法第一百七十七条之一第一款规定，非法持有他人信用卡，数量较大的，处三年以下有期徒刑或者拘役，并处或者单处一万元以上十万元以下罚金。第二百八十七条之二第一款规定，明知他人利用信息网络实施犯罪，为其犯罪提供互联网接入、服务器托管、网络存储、通讯传输等技术支持，或者提供广告推广、支付结算等帮助，情节严重的，处三年以下有期徒刑或者拘役，并处或者单处罚金。被告人朱某华指使、安排被告人贾某华、同案人李某营分别办理网络科技公司、文化传媒公司营业执照及对公账户，并出售给他人跑分洗钱；被告人贾某华为获取非法收益接受被告人朱某华指使、安排，以自己名义办理网络科技公司营业执照及对公账户，涉案的对公账户被用于电信诈骗，诈骗金额超过20万元，二被告人的行为均构成帮助信息网络犯罪活动罪。被告人朱某华非法持有他人信用卡，数量较大，其行为已构成妨害信用卡管理罪。

河南省新密市人民法院依据《中华人民共和国刑法》第一百七十七条之一第一款第二项，第二百八十七条之二第一款，第二十五条第一款，第二十六条第一款、第四款，第五十二条，第五十三条，第六十四条，第六十七条第三款，第六十九条；《中华人民共和国刑事诉讼法》第十五条之规定，作出如下判决：

被告人朱某华犯帮助信息网络犯罪活动罪，判处有期徒刑一年二个月，并处罚金人民币 5 万元；犯妨害信用卡管理罪，判处有期徒刑七个月，并处罚金人民币 2 万元，决定合并执行有期徒刑一年五个月，并处罚金人民币 7 万元。被告人贾某华所犯帮助信息网络犯罪活动罪，判处有期徒刑十一个月，并处罚金人民币 3 万元。对在案扣押的印章、银行卡、优盾、绑定手机号等物品由扣押机关依法予以没收；对在案扣押的周某、朱某等虚假身份证由扣押机关依法予以没收，其他物品由扣押机关依法发还。

宣判后，公诉机关未抗诉，被告人均未提出上诉，判决已发生法律效力。

## 【法官后语】

随着互联网技术快速发展并已被广泛应用于经济社会生活各领域，信息网络已经成为信息传递交流的主要方式和重要平台。一些犯罪分子利用信息网络实施犯罪的情况也日益严重。由于网络自身的特性，网络犯罪与传统犯罪相比，也呈现出很多不同特点，具有隐匿性、非接触性，这些不同特点对犯罪追诉模式也带来了一定挑战。

实践中网络犯罪往往带有跨地域、跨领域整合信息和资源，一些犯罪以利益链为脉络，逐渐形成比较完整的产业链，犯罪的实行行为被分为若干个环节，由不同人员完成，分工细致相互紧密联系，又带有相对独立性，不同于传统共犯的特征；从犯罪的组织结构看，网络犯罪的帮助行为相较于传统的帮助行为，其对于完成犯罪起着越来越大的决定性作用，社会危害性凸显，危害性甚至超过实行行为。这种以互联网为纽带，分工配合实施犯罪的方式，大大降低了网络犯罪的门槛和成本，因为是链条式、环环相扣式犯罪，每个环节都是不同人员实施，人员之间往往互不相识，给依法打击犯罪带来很大困难。比如网络诈骗犯罪，犯罪链条比较复杂，被害人也具有不特定性，有时很难全案各个环节都查清楚，但要按照刑法共同犯罪规定追究也存在困难。从行为的社会危害性看，很多网络诈骗的帮助者，才是整个网络犯罪链条中获益最大的，有的案件中犯罪所得数额惊人。

明知他人利用信息网络实施犯罪，为其犯罪提供互联网接入、服务器托管、网络存储、通讯传输等技术支持，或者提供广告推广、支付结算等帮助，情节严重的，构成帮助信息网络犯罪活动罪。这是立法机关针对社会生活中频繁出现的犯罪链条化、环节化中重要环节作出的回应，及时堵塞刑法处罚漏洞，保障广大人民财产的安全，完善社会管理秩序。构成该犯罪应当具备以下条件：(1) 行为人主观上明知他人利用网络实施犯罪。司法实践中认定行为人主观上是否“明知”，可以结合其对他人所实际从事活动的认知情况，之间往来、联络的情况，收取费用的情况等证据，综合审查判断。(2) 行为人实施了帮助他人利用信息网络实施犯罪的行为，主要有以下几种具体形式：①为他人实施网络犯罪提供互联网接入、服务器托管、网络存储、通讯传输等技术支持。②为他人利用信息网络实施犯罪提供广告推广。③为他人利用信息网络实施犯罪提供支付结算帮助。对情节严重的认定可结合行为人所帮助的具体网络犯罪的性质、危害后果，其帮助行为在相关网络犯罪中起到的实际作用，帮助行为非法获利的数额等情况综合考量。

本案中被告人朱某华并非一次实施收购银行卡、专门开设公户倒卖银行账户的行为，其在实施涉案的该次收购并出售银行账户之前，已经在网络上了解到该类行为多数系用来实施违法诈骗犯罪活动，而且本次在知道银行需要实名制的情况下，为了谋取利益，给予他人金钱让他人利用假的身份证办理银行公户，后出售银行账户谋取利益，结合其供述及出售账户被用于网络诈骗的情况，认定其主观上明知其行为可能产生的危害后果，是符合刑法及相关司法解释规定该罪名的精神。另外，关于被告人朱某华收购银行卡的行为，因为侦查机关当时扣押该银行卡，银行卡还未用于犯罪活动，当然其系为了实施犯罪，在侵犯了社会管理秩序的同时，也侵犯了国家金融机构对信用卡的管理秩序，认定帮助信息网络犯罪活动罪，从相关司法解释规定上，可能具有证据上的障碍，直接认定妨害信用卡管理罪，可以直接打击该类行为，避免行为人逃避法律制裁。

编写人：河南省新密市人民法院　李丹辉

10

# 帮助信息网络犯罪活动案中犯罪竞合的适用

——高某超、张某泉帮助信息网络犯罪活动案

## 【案件基本信息】

1. 裁判书字号

广西壮族自治区贺州市中级人民法院（2021）桂11刑终109号刑事裁定书

2. 案由：帮助信息网络犯罪活动罪

## 【基本案情】

2020年3月，被告人高某超通过添加微信的方式认识“武汉老胡”胡某鹏（另案处理），并得知胡某鹏收购他人银行卡套卡（包含优盾、电话卡等）用于网络赌博等违法犯罪活动。2020年4月份，高某超与胡某鹏商定以12000元的价格向高某超收购整套公司的对公账户。高某超为牟利向被告人张某泉收购整套公司对公账户，张某泉为牟利将其于2019年12月16日开设的汽车公司账号为2032530104000××××的对公账户（包含营业执照、优盾、公章、私章等）出售给高某超。同年4月，高某超为获取非法利益，告知陈某（另案处理）可以以每套1000元的价格收购银行卡，陈某便从杨某某、陈某1处各收取3套、从陈某2处收取2套、从黄某、陈某3、黄某某、邹某某处各收取1套共计12套

银行卡转卖给高某超。随后高某超叫陈某将这 12 套银行卡交给张某泉，连同张某泉出售给高某超的汽车公司账号为 2032530104000××××的对公账户（包含营业执照、优盾、公章、私章等），由张某泉通过快递一起邮寄给某小区×栋×单元的吴某。胡某鹏通过微信支付给高某超办理该对公账户的费用 3000 元和办理银行卡的相关费用，随后高某超将 2550 元通过微信转账给陈某作为办理银行卡的费用。

2020 年 4 月 14 日至 12 月 21 日，汽车公司账号为 2032530104000××××的对公账户被他人用于实施电信网络诈骗等违法犯罪活动，银行进账流水达人民币 281 万余元。其中冯某某被骗后转入该对公账户人民币 80000 元，黄某 2 被骗后转入该对公账户人民币 34900 元，童某某被骗后转入该对公账户人民币 18000 元，辜某某被骗后转入该对公账户人民币 44800 元，叶某某被骗后转入该对公账户人民币 40000 元，唐某某被骗后转入该对公账户人民币 10000 元。前述六被害人转入该对公账户共计 227700 元。

2020 年 12 月 7 日，高某超在某市场三楼出租屋内被公安机关抓获，同年 12 月 20 日，张某泉在某市场××栋××号出租屋内被公安机关抓获。

【案件焦点】

本案中，明知他人是用于信息网络违法犯罪，被告人高某某仍向张某某购买对公账户，该对公账户被用于电信诈骗犯罪；同时高某某还有向他人收购银行卡的行为。涉案的犯罪行为应当如何定性。

【法院裁判要旨】

广西壮族自治区贺州市八步区人民法院经审理认为：被告人高某超明知他人收购银行卡用于信息网络犯罪活动，仍为牟利而联系陈某收购他人的信用卡 12 套，又收购被告人张某泉名下 1 套对公账户，并让张某泉将前述信用卡、对公账户寄送给上家。张某泉为牟取非法利益将其名下的汽车公司的对公账户出售给高某某。后查实汽车公司的该对公账户被他人用于从事电信网络诈骗犯罪活动，被害人转入该账户钱款共计 227700 元。二被告人买卖银行卡等行为主观上是为他人网络犯罪提供支付结算帮助，符合帮助信息网络犯罪活动罪的构成要件，应以帮助信息网络犯罪活动罪定罪处罚。故公诉机关指控被告人高某超还犯妨害信用卡管理罪、买卖国家机关证件罪，被告人张某泉还犯买卖国家机关证件罪不妥，本院不予支持。

广西壮族自治区贺州市八步区人民法院依照《中华人民共和国刑法》第二百八十七条之二第一款、第二十五条第一款、第二十六条第一款和第四款、第六十七条第三款、第四十七条、第五十二条、第五十三条、第六十四条和《最高人民法院、最高人民检察院关于办理非法利用信息网络、帮助信息网络犯罪活动等刑事案件适用法律若干问题的解释》第十二条第一款第二项及《中华人民共和国刑事诉讼法》第二百零一条之规定，作出如下判决：

一、被告人高某超犯帮助信息网络犯罪活动罪，判处有期徒刑一年二个月，并处罚金人民币 2 万元；

二、被告人张某泉犯帮助信息网络犯罪活动罪，判处有期徒刑一年，并处罚金人民币 2 万元；

三、继续追缴被告人高某超未退出的违法所得 3000 元，予以没收，上缴国库；

四、扣押未随案移送的公司营业执照三套、银行卡十九张、笔记本一本，由扣押机关贺州市公安局依法处理。

张某泉持原审辩解提起上诉。广西壮族自治区贺州市中级人民法院经审理认为：上诉人张某泉、原审被告人高某超明知他人利用信息网络实施犯罪，仍为他人提供支付结算帮助，情节严重，其行为已构成帮助信息网络犯罪活动罪。一审判决综合考量张某泉的具体犯罪事实及其所具有的从轻处罚情节，对其在法定的量刑幅度内判处相应刑罚，并无不当。一审判决事实清楚，证据确实、充分，定罪及适用法律正确，量刑适当，审判程序合法，应予维持。

广西壮族自治区贺州市中级人民法院依照《中华人民共和国刑事诉讼法》第二百三十六条第一款第一项的规定，作出如下裁定：

驳回上诉，维持原判。

【法官后语】

本案属于涉银行卡的新型犯罪。本案审理的重点在于，明知是用于信息网络违法犯罪的情况下，二被告人买卖银行卡和对公账户套件的行为应当如何定性。

第一，从客观要件上看，买卖国家机关证件罪侵犯的客体是国家机关的正常管理活动和信誉。国家机关证件是国家机关制作、颁发的，用以证明身份、职务、权利义务关系或者其他有关事实的凭证，如营业执照、结婚证、驾驶证等，是国家机关在社会一定领域、一定方面实行管理活动的重要凭证和手段，买卖国家机关证件的行为会影响其正常管理活动，损害其名誉，从而破坏社会管理秩序。

本案中，高某超属于收买银行卡、对公账户等再出售给利用信息网络违法犯罪的犯罪分子的“卡商”，而张某泉属于使用其个人信息办理银行账户出售的“卡农”。二被告人卖出了含营业执照等物在内的对公账户，但买卖的主要对象是能够用于支付结算的对公账户，用于后续犯罪的也是对公账户，营业执照等物是为了保障对公账户使用的配套用件。故该行为侵犯的客体是国家对于正常信息网络环境的管理秩序，而非买卖国家机关证件罪所保护的客体。

第二，从主观要件上看，买卖国家机关证件罪需要有妨碍国家机关证件管理的犯罪故意，在审判实务中通常表现为将证件或伪造的证件卖给不符合申领资质的个人或单位。

本案中，二被告人的主观故意是牟利。二被告人通过买卖、转手对公账户的行为获取金钱利益，没有妨碍国家机关证件管理的故意，二被告人的主观意图亦不符合买卖国家机关证件罪的主观构成要件。

第三，本案中，二被告人明知他人对公账户系用于信息网络犯罪活动，仍将对公账户卖出。经查明该对公账户被他人用于实施电信诈骗犯罪，各被害人共计转入227700元。二被告的行为属于为信息网络犯罪提供支付结算帮助，根据相关司法解释，帮助信息网络犯罪活动罪的入罪标准是明知他人利用信息网络事实犯罪，为其犯罪提供帮助，支付结算金额20万元以上的。二被告人买卖对公账户的行为达到了“情节严重”的入罪标准。

第四，本案中，高某超向他人收购银行卡12套是基于明知其上家收购银行卡等物是用于信息网络违法犯罪，为了赚取利益而实施的行为，达到了《关于办理电信网络诈骗等刑事案件适用法律若干问题的意见（二）》中规定的“收购、出售银行账户5个以上，属于‘其他情节严重的情形’”的入罪标准。

刑法第二百八十七之二条规定：“……有前两款行为，同时构成其他犯罪的，依照处罚较重的规定定罪处罚。”只有一个行为同时符合买卖国家机关证件罪、妨害信用卡管理罪和帮助信息网络犯罪活动罪的构成要件时，才适用该条款从一重罪处罚。由上可知：其一，本案二被告人买卖对公账户的行为在客观构成要件、主观构成要件及入罪标准上均不构成买卖国家机关证件罪，而应构成帮助信息网络犯罪活动罪。其二，高某超收购银行卡与收购对公账户是在同一时间段内，且是一并寄给上家，应当作为一个行为进行整体评价，定性为帮助信息网络犯罪活动罪较为妥当。故笔者认为，在定性上，不应适用我国刑法第二百八十七条之二之规定，而应回归一般规则，评价为帮助信息网络犯罪活动罪。

在笔者看来，帮助信息网络犯罪活动罪是立法者对于信息网络犯罪活动的前段予以规制，是对帮助犯的定性和量刑。故在审理涉及帮助信息网络犯罪活动相关犯罪时，应当注重构成要件分析和整体犯罪行为评价，从严把握犯罪竞合问题，对相关犯罪行为予以准确定性。

**编写人：广西壮族自治区贺州市八步区人民法院　唐婕**

11

# 帮助信息网络犯罪活动罪的认定及量刑情节的考量

## ——张某某帮助信息网络犯罪活动案

**【案件基本信息】**

1. 裁判书字号

北京市第三中级人民法院（2021）京 03 刑终 515 号刑事裁定书

2. 案由：帮助信息网络犯罪活动罪

**【基本案情】**

2019 年 5 月至 2020 年 6 月，被告人张某某明知他人可能利用信息网络实施违法犯罪，在北京市朝阳区等地，先后办理某 1 银行、某 2 银行、某 3 银行等多家银行的银行账户，后出售给他人使用。现有多名网络诈骗案件被害人钱款转入被告人张某某所开立的上述银行账户，经统计，上述银行账户支付结算金额共计人民币 90 余万元。被告人张某某从中获利人民币 1 万元，后被告人张某某被公安机关抓获归案。案发后，公安机关从被告人张某某处起获作案使用的手机 1 部，现扣押在案。北京市第三中级人民法院二审认定一审判决所列证据，但认为根据在案证据，张某某涉案银行账户支付结算金额共计人民币 60 余万元。

**【案件焦点】**

帮助信息网络犯罪活动罪的认定及量刑情节的考量。

**【法院裁判要旨】**

北京市朝阳区人民法院经审理认为：被告人张某某明知他人利用信息网络

实施犯罪，为他人提供银行卡进行转账，情节严重，其行为触犯了刑法，已构成帮助信息网络犯罪活动罪，依法应予惩处。鉴于被告人张某某归案后如实供述犯罪事实，故本院对其所犯罪行依法予以从轻处罚。被告人张某某之违法所得，应予以没收，在案之手机一部，系犯罪工具，亦予以没收。北京市朝阳区人民法院依照《中华人民共和国刑法》第二百八十七条之二第一款、第六十一条、第六十四条、第六十七条第三款、第四十五条、第四十七条、第五十二条、第五十三条，《最高人民法院、最高人民检察院关于办理非法利用信息网络、帮助信息网络犯罪活动等刑事案件适用法律若干问题的解释》第十二条之规定，判决：

一、被告人张某某犯帮助信息网络犯罪活动罪，判处有期徒刑一年二个月，罚金人民币 1 万元；

二、继续追缴被告人张某某违法所得人民币 1 万元，予以没收；扣押在案之手机一部，亦予以没收。

一审后被告人提起上诉。北京市第三中级人民法院经审理认为：一审判决对张某某的行为定性准确。帮助信息网络犯罪活动罪系妨害社会管理秩序的犯罪，据以量刑的社会危害性应结合支付结算金额及帮助行为的次数、手段、时间长短、违法所得等综合予以认定，一审判决虽计算支付结算金额有误，但认定其他事实清楚，且综合考量张某某售卖银行账户数量多、时间长、熟悉相关交易规则等具体情况及张某某所具有的全部量刑情节，量刑仍属适当。依照《中华人民共和国刑事诉讼法》第二百三十六条第一款第一项之规定，裁定：

驳回上诉，维持原判。

**【法官后语】**

一、明知他人可能利用信息网络实施犯罪而出售自己名下银行账户供他人使用，情节严重的，应认定为帮助信息网络犯罪活动罪

1. 关于“明知”的认定。“明知”既包括明确的“明知”，也包括概括的“明知”。司法实践中难以认定的多为概括的“明知”，即行为人明知其售卖的银行账户将可能被他人用于实施信息网络犯罪，其虽不确定其帮助的具体犯罪

行为，但仍明显违反注意审慎义务，放任他人使用其售卖的银行账户。在推定“明知”时应综合考量被告人的认知能力、文化程度、行为次数和手段、既往经历等作出审慎判断。对于在案证据可证被告人长期、大量从事银行账户售卖活动或以此谋生的，熟悉网络犯罪黑灰产业链“交易术语”“交易规则”的，在交易过程中采用明显异常的方式以逃避侦查的即可推定其为“明知”；对于被告人单次、少量、受人教唆等售卖银行账户的则要结合案件具体情况审慎适用对主观明知的推定。

2. 关于“帮助行为”的认定。司法实践中，行为人出售银行账户基本是为他人提供支付结算帮助。而该行为成立犯罪的前提是其帮助的对象行为系信息网络犯罪。司法认定的难点在于此类案件常常是因为被害人报案等原因而案发，除涉案银行账户外，被告人名下还可能存在大量银行账户，此时在案证据难以从中区分出被告人自用和售卖所用的具体银行账户，或难以查明售卖所用的银行账户已确被用于帮助实施信息网络犯罪活动，故在查明事实只能逐一认定已经形成完整证据链条的单个帮助事实。需要注意的是，在被告人向不特定的多数人提供支付结算帮助且被帮助对象的具体信息尚未查明的情况下，在认定事实时，还须确认每个被帮助对象实施的行为均已达到信息网络犯罪的程度。对于个别银行账户的被帮助对象实施的行为未达到信息网络犯罪的程度的，不能仅因该账户是被告人出售供他人使用的账户，径直将尚未形成证据关联的不同银行账户的支付结算金额累计计算。此外，被告人的每个涉案银行账户内常常存在批量支付结算，难以精确或区分每笔款项的性质，故在认定支付金额时需把握银行账户自用和供他人使用不会混同的特点，除非在有相反证据的情况下，只要该银行账户因被害人报案等原因而被确定为用于实施信息网络犯罪的账户时，则转入该账户的所有金额均应视为构成帮助信息网络犯罪活动罪的支付结算金额。

二、帮助信息网络犯罪活动罪的量刑情节的考量

帮助信息网络犯罪活动罪系妨害社会管理秩序的犯罪而非侵犯财产的犯罪，支付结算金额可以作为评价被告人社会危害性的重要情节但不可作为唯一情节。

支付结算金额的确是已经实际发生的社会危害性最直接的体现，但被告人在售卖账户时该账户内将可能产生的支付结算金额尚且是不确定的，司法并不适宜着重依据这种不确定的风险来评价被告人的帮助行为。支付结算金额的直接负责人应该是钱款的直接取得人，本罪的被告人要直接负责的是其提供支付结算帮助的行为。比起支付结算金额，更需要结合帮助行为次数、手段、时间的长短来综合评判。

编写人：北京市第三中级人民法院　方玉　杨隽男

12

# 明知他人可能利用信息网络实施犯罪而提供自己名下账户供他人使用，情节严重的，应认定为帮助信息网络犯罪活动罪

——王某帮助信息网络犯罪活动案

## 【案件基本信息】

1. 裁判书字号

湖北省当阳市人民法院（2022）鄂0582刑初36号刑事判决书

2. 案由：帮助信息网络犯罪活动罪

## 【基本案情】

2021年4月至5月，被告人王某在明知田某某（另案处理）将银行卡用于违法犯罪的情况下，将自己名下的5个银行账户提供给田某某使用。该5个银行账户共转入非法资金46.1918万元，其中涉电信诈骗案件8起，转入资金3.6582万元，王某非法获利1300元。

**【案件焦点】**

明知他人可能利用信息网络实施犯罪而提供自己名下银行账户供他人使用，情节严重的，是否应认定为帮助信息网络犯罪活动罪。

**【法院裁判要旨】**

湖北省当阳市人民法院经审理认为：被告人王某明知他人利用信息网络实施犯罪，为其犯罪提供支付结算帮助，情节严重，其行为已构成帮助信息网络犯罪活动罪。公诉机关指控的犯罪事实清楚，证据确实、充分，罪名成立。王某曾因故意犯罪被判处有期徒刑以上刑罚，在刑罚执行完毕后五年内再犯应当判处有期徒刑以上刑罚之罪，系累犯，应当从重处罚。王某自动投案，其到案后如实供述了自己的罪行，属自首，可以从轻处罚。王某退缴全部赃款，可以酌情从轻处罚。王某自愿认罪认罚，可以从宽处理。王某的违法所得，应当予以追缴，上缴国库。公诉机关提出的王某犯帮助信息网络犯罪活动罪判处有期徒刑六个月，并处罚金人民币 3000 元的量刑建议适当，本院予以采纳。依照《中华人民共和国刑法》第二百八十七条之二第一款、第六十五条第一款、第六十七条第一款、第六十四条及《中华人民共和国刑事诉讼法》第十五条、第二百零一条之规定，判决如下：

一、被告人王某犯帮助信息网络犯罪活动罪，判处有期徒刑六个月，并处罚金人民币 3000 元；

（刑期从判决执行之日起计算。判决执行以前先行羁押的，羁押一日折抵刑期一日，即自 2021 年 11 月 8 日起至 2022 年 5 月 7 日止。罚金限于本判决生效后三日内缴清。）

二、对被告人王某的违法所得人民币 1300 元（已退缴），予以追缴，上缴国库。

宣判后被告人王某未上诉、检察机关未提起抗诉。该判决已发生法律效力。

**【法官后语】**

明知他人可能利用信息网络实施犯罪而提供自己名下银行账户供他人使

用，情节严重的，应认定为帮助信息网络犯罪活动罪。根据刑法第二百八十七条之二的规定，认定该行为是否构罪，关键在于行为人对他人利用其银行账户实施信息网络犯罪是否明知，行为人提供自己名下银行账户供他人使用的行为是否能认定为支付结算帮助行为，以及是否达到情节严重的情形。

一、关于明知的认定

帮助信息网络犯罪活动罪的明知，既包括明确的明知，也包括概括的明知。具体到提供自己名下银行账户犯罪活动中，明确的明知应指行为人明知其提供的银行账户将被他人确定地用于实施某种具体的信息网络犯罪。而概括的明知则是行为人明知其提供的银行账户将可能被他人用于实施信息网络犯罪，其虽不确定该种信息网络犯罪的具体行为，但仍明显违反审慎注意义务，放任他人使用其提供的银行账户。对于帮助信息网络活动罪的明知的认定，《最高人民法院、最高人民检察院关于办理非法利用信息网络、帮助信息网络犯罪活动等刑事案件适用法律若干问题的解释》（以下简称《解释》）第十一条虽以列举方式规定了可推定为明知的情形，但难以完全应对复杂多变的司法实践。在司法实践中，认定行为人主观上是否“明知”，可以结合其对他人所实际从事活动的认知情况，之间往来、联络的情况，收取费用的情况等证据，综合审查判断。本案中，被告人王某在明知田某某将银行卡用于违法犯罪的情况下，将自己名下的5个银行账户提供给田某某使用，并非法获利1300元，属于明确的明知。

二、帮助行为及情节严重的认定

支付结算是银行账户最主要的职能。司法实践中，行为人提供自己名下银行账户基本是为他人提供支付结算帮助，而该帮助行为成立犯罪的前提是其帮助的对象行为系信息网络犯罪，且《解释》第十三条规定了“被帮助对象实施的犯罪行为可以确认，但尚未到案、尚未依法裁判或者因未达到刑事责任年龄等原因依法未予追究刑事责任的，不影响帮助信息网络犯罪活动罪的认定”。司法认定的难点在于此类案件常常因为被害人报案等原因而案发，除涉案银行账户外，被告人名下还可能存在自用的银行账户，此时在案证据难以从中区分出被告人自用和犯罪所用的银行账户，故查明事实只能逐一认定已经形成完整证据链条的单个帮助事实。且认定事实时还须确认每个被帮助对象实施的行为均已达到信息网络犯罪的程度，方可认定该起帮助行为系构成帮助信息网络犯罪活动罪的行为。

而对于情节严重的认定，《解释》第十二条已结合行为人所帮助的具体网络犯罪的性质、危害后果，其帮助行为在相关网络犯罪中起到的实际作用，帮助行为非法获利的数量等情况列举式地规定了认定的具体标准，在适用其他情节严重的情形时必须既要考虑斩断网络犯罪利益链条的司法效果，又要恪守审慎认定的司法立场，综合判断。

编写人：湖北省当阳市人民法院　宋爽

13

# 收买、出售信用卡为利用信息网络实施犯罪的人提供帮助的行为定性

——孟某某、史某某帮助信息网络犯罪活动案

## 【案件基本信息】

1. 裁判书字号

吉林省延吉市人民法院（2021）吉 2401 刑初 757 号刑事判决书

2. 案由：帮助信息网络犯罪活动罪

## 【基本案情】

2020 年 4 月至 10 月，被告人史某某明知孟某某将其提供的银行卡用于违法犯罪活动，仍应孟某某的要求，通过补办、重办的方式将自己名下 2 张农业银行卡及附带的 3 个优盾、电话卡、身份证照片等物品提供给孟某某后，非法

获利 1500 元。被告人孟某某明知葛某某（在逃）将银行卡用于违法犯罪活动，仍将收购的史某某名下 2 张农业银行卡及附带的优盾、电话卡、身份证照片等物品提供给葛某某。经调查，史某某名下 2 张农业银行卡支付结算金额共计 220 万元，造成被害人损失为 146000 元。

【案件焦点】

收买、出售信用卡为利用信息网络实施犯罪的人提供支付结算等帮助，如何对其行为定性。

【法院裁判要旨】

吉林省延吉市人民法院经审理认为：孟某某、史某某明知他人利用信息网络实施犯罪，为其提供帮助，情节严重，其行为已构成帮助信息网络犯罪活动罪。公诉机关指控的罪名成立。关于史某某的辩护人提出史某某有立功情节的意见，经查，史某某提供的孟某某居住大概范围及孟某某妻子的联系方式是其犯罪前所掌握的信息，并且公安机关也并非依据上述信息抓获孟某某，因此不能认定史某某协助司法机关抓捕同案犯，故辩护人的上述意见，法院不予采纳。根据本案的犯罪事实及情节，对史某某不宜适用缓刑，故对其辩护人提出适用缓刑的辩护意见，法院不予采纳。孟某某、史某某有坦白情节，认罪认罚，且史某某缴纳违法所得，予以从轻处罚。公诉机关的量刑建议适当，予以采纳。

吉林省延吉市人民法院依照《中华人民共和国刑法》第二百八十七条之二、第六十七条第三款、第四十二条、第四十四条、第四十五条、第四十七条、第五十二条、第五十三条、第六十四条及《中华人民共和国刑事诉讼法》第二百零一条、第十五条的规定，作出如下判决：

一、被告人孟某某犯帮助信息网络犯罪活动罪，判处有期徒刑七个月，并处罚金人民币 2000 元；

二、被告人史某某犯帮助信息网络犯罪活动罪，判处拘役五个月，并处罚金人民币 2000 元；

三、被告人史某某违法所得 1500 元，由扣押机关依法没收，上缴国库。

宣判后，二被告人均未提出上诉，检察机关亦未提起抗诉，该判决已经发生法律效力。

**【法官后语】**

自在全国范围内开展断卡行动以来，多轮针对“涉卡类”帮助信息网络犯罪活动行为的重点整治宣告了网络黑灰产业链走向末路，作为“涉卡型”帮助行为如何定罪处罚处刑成为实践争议焦点，是应当定性为收买、非法提供信用卡信息罪还是妨害信用卡管理罪，抑或是帮助信息网络犯罪活动罪争议颇大，本文从犯罪构成方面精析该类犯罪处理原则，以期促进网络犯罪司法裁判的良性运转。

一、窃取、收买、非法提供信用卡罪中所提供的信息卡信息是用于伪造信用卡，其立法目的是遏制伪造信用卡的犯罪行为

伪造银行卡的最后也是最关键的环节，是在银行卡的磁条或者芯片上写入事先非法获取的他人银行卡的磁条或芯片信息。银行卡的磁条或者芯片信息，是一组有关发卡行代码、持卡人账户、账号、密码等内容的加密电子数据，由发卡行在发卡时使用专用设备写入银行卡的磁条或者芯片中。银行卡磁条或者芯片信息是销售终端（POS）机、自动取款机（ATM）机等终端机器识别合法用户的依据，没有这些信息，伪造的银行卡是无法使用的。刑法明确规定非法获取、非法提供他人银行卡磁条或者芯片信息的行为为犯罪，就是从源头上打击为伪造银行卡提供帮助的犯罪活动。窃取、收买、非法提供信用卡信息罪中所提供的信用卡信息就是用于伪造信用卡，其立法目的是遏制伪造信用卡的犯罪行为。

本案中，被告人将收买的银行卡、优盾、电话卡卖给上线用于支付结算，从中获取利益。从用途看，并非用于窃取、收买、非法提供信用卡信息立法规定的伪造信用卡用，因而不符合收买、非法提供信用卡信息罪的立法宗旨，进而各被告人不应构成收买、非法提供信用卡信息罪。

二、非法持有他人信用卡的“持有”是一种持续行为，如果时间过短，则不能认定为持有

刑法分则中的持有型犯罪有非法持有毒品罪、非法持有枪支罪、妨害信用卡管理罪（非法持有信用卡）等。本着对刑法用词理解的文意解释和同类解释原则，“持有”一词，在以上三类犯罪中应作相同解释。以毒品犯罪为例，持有表现为直接占有、携有、藏有或者以其他方法支配毒品；持有不要求物理上的握有，不要求行为人时时刻刻将毒品握在手中、放在身上或装在口袋里，只要行为人认识到它的存在，能够对之进行管理或支配，就是持有；持有并不要求行为人是毒品的所有者或占有者；持有是一种持续行为，只有当毒品在一定时间内由行为人自由支配时，才构成持有，如果时间过短，不足以说明行为人事实上支配毒品，则不能认定为持有。持有他人信用卡的“持有”应和非法持有毒品罪的“持有”作相同解释。

断卡行动个别判例认为在信用卡交易中，收买、非法提供的行为人就曾经持有信用卡，所以该行为应构成持有他人信用卡的妨害信用卡管理罪。

针对本案，笔者认为，信用卡持卡人（史某某）因为持有的不是他人信用卡，因而不构成非法持有他人信用卡的妨害信用卡管理罪。卡商（孟某某）在收卡后，握有时间过短，不足以说明行为人事实上支配他人信用卡，那么就不能认定为非法持有他人信用卡，亦即不能构成妨害信用卡管理罪。

三、明知他人利用信息网络实施犯罪，为其犯罪提供支付结算等帮助，情节严重，构成帮助信息网络犯罪活动罪。

根据刑法修正案（九）增设刑法第二百八十七条之二，以及《最高人民法院、最高人民检察院关于办理非法利用信息网络、帮助信息网络犯罪活动等刑事案件适用法律若干问题的解释》第十二条的规定，孟某某、史某某明知他人利用信息网络实施犯罪，为其犯罪提供支付结算帮助，史某某名下 2 张农业银行卡支付结算金额共计 220 余万元，两名被告人依法应构成帮助信息网络犯罪活动罪。

因窃取、收买、非法提供信用卡信息罪的刑罚配置明显重于帮助信息网络犯罪活动罪。实践中，有将“卡农”定为帮助信息网络犯罪活动罪，卡商定为收买、非法提供信用卡信息罪。这种定性系把同种行为不同处理，违背了平等适用刑法原则。笔者认为，不能因卡商的犯罪情节重于“卡农”就用重罪处断，卡商的行为同样因不符合窃取、收买、提供信用卡信息罪的立法目的而不能依据该罪定性。为了体现“卡农”和卡商犯罪情节的轻重，可用量刑加以调节，卡商量刑重于“卡农”。

编写人：吉林省延吉市人民法院　朴京哲　王静

14

# 纠集他人多次寻衅滋事的加重处罚应以每次行为都构成犯罪为要件

——陈某甲寻衅滋事案

## 【案件基本信息】

1. 裁判书字号

福建省泉州市中级人民法院（2021）闽05刑终215号刑事判决书

2. 案由：寻衅滋事罪

## 【基本案情】

被告人陈某甲于2017年2月，通过司法拍卖的方式买下某有限公司位于某街道的土地及地上附属厂房、店面等不动产。该不动产的部分店面、厂房在拍卖前已经由某有限公司陆续出租给被害人陈某乙、张某甲，并由陈某乙、张某甲转租给被害人朱某、聂某、张某乙、杨某等人用于各自的经营。人民法院拍卖公告明确提醒，案涉拍卖标的物存在租赁情况，成交后由买受人自行与租户协商租赁事宜。被告人陈某甲为了以较小的代价收回经司法拍卖所购买的店面，无视法院提醒及法律规定，雇用以卢某为首的黑社会性质犯罪团伙并在该涉黑团伙的配合下，多次对陈某乙、朱某、聂某、张某乙、杨某等租户进行恐吓、威胁、滋扰，严重影响上述租户的正常生活、经营，被害人陈某乙、朱某、聂某、张某乙、杨某等租户被逼无奈只能退出位于上述地点的经营活动。

2019年7月10日，被告人陈某甲经公安机关电话通知，主动到案。

**【案件焦点】**

陈某甲纠集他人多次寻衅滋事的行为，应适用《中华人民共和国刑法》第二百九十三条第一款还是第二款的规定进行惩处。

**【法院裁判要旨】**

福建省泉州市洛江区人民法院经审理认为：被告人陈某甲伙同他人多次恐吓被害人，破坏社会秩序，造成恶劣社会影响，其行为已构成寻衅滋事罪。被告人陈某甲在接到公安机关的电话通知后主动到案接受调查，归案后能如实供述自己的犯罪事实，是自首，对其予以从轻处罚。被告人陈某甲虽有自首情节，但其为了一己之利而伙同黑社会成员对被害租户进行恐吓、威胁，情节较为恶劣，且至今未得到被害人的谅解，量刑时予以一并考虑。

据此，福建省泉州市洛江区人民法院根据《中华人民共和国刑法》第二百九十三条第二款、第六十七条第一款，《最高人民法院、最高人民检察院关于办理寻衅滋事刑事案件适用法律若干问题的解释》（以下简称《寻衅滋事解释》）第三条第一项、第五项之规定，判决：

被告人陈某甲犯寻衅滋事罪，判处有期徒刑三年八个月。

一审判决后，陈某不服，提出上诉。福建省泉州市中级人民法院经审理认为：上诉人陈某甲伙同他人多次恐吓、威胁、滋扰他人，严重影响他人的生产、经营，破坏社会秩序，造成恶劣社会影响，其行为已构成寻衅滋事罪。原判定罪准确，审判程序合法。上诉人陈某甲虽伙同他人多次实施寻衅滋事行为，但每次实施的寻衅滋事行为尚不能单独构成犯罪，故原判适用刑法第二百九十三条第二款的规定对上诉人陈某甲进行定罪处罚不当，应予纠正。鉴于上诉人陈某甲具有自首情节，对其可从轻处罚。

综上，二审法院依照《中华人民共和国刑事诉讼法》第二百三十六条第一款第一项、第二项规定，判决如下：

一、撤销泉州市洛江区人民法院（2020）闽 0504 刑初 169 号刑事判决第一项。即对上诉人陈某甲的定罪量刑判决；

二、上诉人陈某甲犯寻衅滋事罪，判处有期徒刑三年。

**【法官后语】**

刑法第二百九十三条第一款规定了寻衅滋事罪的四种表现形式：随意殴打他人，追逐、拦截、辱骂、恐吓他人，强拿硬要或者任意损毁、占用公私财物和在公共场所起哄闹事，并规定必须达到“情节恶劣”“情节严重”“严重混乱”等程度，才能构成犯罪；第二款则对纠集他人多次实施第一款行为的加重情形进行了规定。为统一裁判尺度，限制对“情节恶劣”“情节严重”等认定的肆意裁量，2013 年《寻衅滋事解释》对寻衅滋事罪的入罪标准作了进一步的规范，这其中针对刑法第二百九十三条第二款中关于“纠集他人多次实施前款行为”如何认定问题，该司法解释第六条规定：“纠集他人三次以上实施寻衅滋事犯罪，未经处理的，应当依照刑法第二百九十三条第二款的规定处罚。”据此，对寻衅滋事行为依照刑法第二百九十三条第二款规定加重处罚，应当同时满足以下两个条件：一是每次实施的寻衅滋事行为均构成犯罪；二是每次实施的寻衅滋事行为未经处理，包括行政处理和刑事处理。

申言之，寻衅滋事次数属于寻衅滋事罪的犯罪构成要素，这要求法官在处理次数超过 3 次的寻衅滋事案件时，应特别注意该“多次”行为的性质是属于“处五年以下有期徒刑、拘役或者管制”法定幅度内的犯罪构成要件，还是属于“处五年以上十年以下有期徒刑，可以并处罚金”法定幅度内的犯罪构成要件。例如，对于多次随意殴打他人或多次追逐、拦截、辱骂、恐吓他人，多次强拿硬要或者任意损毁、占用公私财物造成恶劣社会影响，但每次实施的行为情节轻微构不成犯罪的，应当认定为一般的寻衅滋事犯罪，适用刑法第二百九十三条第一款规定予以惩处，而不能依照刑法第二百九十三条第二款规定加以处罚。

本案中，陈某甲纠集他人实施寻衅滋事的次数虽然超过 3 次，但每一次的行为均无法单独定罪，因此，其纠集他人多次实施寻衅滋事的情形不符合《寻衅滋事解释》第六条关于“纠集他人三次以上实施寻衅滋事犯罪”的规定。

编写人：福建省泉州市洛江区人民法院　林前枢

15

## 在公共道路开“斗气车”别挡公交车行为性质的认定

——刘某某寻衅滋事案

**【案件基本信息】**

1. 裁判书字号

北京市顺义区人民法院（2021）京0113刑初159号刑事裁判书

2. 案由：寻衅滋事罪

**【基本案情】**

2020年7月31日17时许，被告人刘某某驾驶一辆黑色大众牌轿车行驶至北京市顺义区马坡地区乾安路时，适有张某某驾驶一路公交车由马坡客运站驶出后左转向北驶入乾安路，刘某某认为张某某左转并入同向车道过快对自己驾驶产生影响，遂心生不满。后刘某某从外侧车道行驶至内侧车道低速行驶，挡在公交车前阻碍公交车正常行驶，在公交车司机张某某向右变道时，刘某某亦向右变道继续低速行驶，并左右打转向灯，张某某继续往右侧非机动车道行驶，准备借非机动车道超车，将位于非机动车道的被害人董某某撞伤。经鉴定，董某某身体所受损伤构成重伤一级。被告人刘某某于2020年8月4日被传唤到案，到案后自愿如实供述自己的罪行。

**【案件焦点】**

行为人因行车路线被公交车妨碍而心生不满，进而故意通过压低车速、变道别挡的方式影响公交车行使造成他人重伤的行为如何定性。

**【法院裁判要旨】**

北京市顺义区人民法院经审理认为：被告人刘某某为发泄心中不满，驾驶机动车对公交车实施压速、别车的行为，破坏了社会公共交通秩序，鉴于其行为是公交车撞伤行人的重要诱因，具有一定的因果关系，且导致一人重伤一级，情节恶劣，其行为已构成寻衅滋事罪，依法应予惩处。本案中，事故发生的直接原因系公交车司机未安全驾驶，刘某某的别车行为是事故发生的重要诱因，本案损害后果系多种因素叠加造成，不应让刘某某对全部的危害后果负责，公交车司机在刘某某别车时理应从安全角度减速让行，但其处理不当选择从非机动车道借道超车，没有尽到安全驾驶的义务，扩大了刘某某所施行为的危害程度，故应相应地减轻刘某某的罪责，公诉机关对被告人刘某某判处有期徒刑二年六个月的量刑建议过重，另鉴于被告人刘某某到案后如实供述犯罪事实，积极交纳赔偿保证金，且自愿认罪认罚，可依法对其从轻处罚，但综合本案性质、情节、社会危害程度，对被告人刘某某适用缓刑的辩解不予采纳。据此，依照《中华人民共和国刑法》第二百九十三条第一款第二项、第六十七条第三款、第六十一条、第四十五条、第四十七条，《中华人民共和国刑事诉讼法》第十五条及《最高人民法院、最高人民检察院关于办理寻衅滋事刑事案件适用法律若干问题的解释》第三条第四项之规定，作出如下判决：

被告人刘某某犯寻衅滋事罪，判处有期徒刑一年六个月。

宣判后，被告人刘某某未上诉，公诉机关未抗诉，该判决已生效。

**【法官后语】**

该案系一起典型的开“斗气车”引发的刑事案件。近些年来，随着汽车作为出行工具的普及，因行车矛盾引发的犯罪案件时有发生，鉴于行为发生的地点具有公共属性，行为人所实施的行为可能侵犯多重法益，如认定不清，定罪量刑则会出现偏差。审理过程中，因对刘某某的主观故意和法益侵害存在不同认识，就如何认定刘某某驾车别挡公交车的行为形成三种不同意见。第一种意见认为，刘某某驾驶机动车在车流高峰时段故意压低速度、变道别车的行为具有危害对象的不特定性，客观上导致公交车撞到人行道上的行人并造成重伤的严重后果，严重影响了公共安全，应以以危险方法危害公共安全罪追究其刑事责任；第二种意见认为，刘某某驾驶机动车与公交车司机竞相争抢车道，为别挡公交车在不同车道内曲折行驶，符合危险驾驶罪的构成要件；第三种意见认为，刘某某为发泄心中不满，主观上具有逞强耍横、泄愤的故意，客观上妨碍了公共交通秩序，且对造成一人重伤的后果与其有因果关系，应以寻衅滋事罪定罪处罚。合议庭最终采纳了第三种意见。

如何准确判定行为性质，应综合案发因素进行整体分析，既不能因损害后果的轻重而倒推或增减主观恶性的大小，也不能超越主观故意的内容单纯强调法益所受之损害，定罪量刑要符合主客观一致原则和罪责刑相适应原则，避免对行为后果进行升级或降格处理。具体到本案，关于主观故意的认定，现场提取的监控录像与刘某某的供述、公交车司机的证言相互印证，证实了刘某某与公交车司机素无纠葛，刘某某认为公交车行驶路线影响了其驾驶车辆，遂心生不满，驾车超过公交车后实施压速、变道等别挡行为，而非实施竞速贴靠、故意撞击等直接暴力行为，虽别车行为不同于常见的直接实施拦截行为，但本质上确系妨害了公交车的正常行驶，可与拦截他人的行为作一致评价，其主观上具有明显的逞强耍横、泄愤的寻滋故意；关于法益侵害的判断，通过监控录像及车辆行驶速度的鉴定报告以及当事人的言词证据可知，案发时刘某某与张某某二人的车辆行驶速度较慢，刘某某的压速、别车行为具有明确的主体指向，根据现场的车流情况，刘某某虽违反了公共道路安全秩序，但对周围交通安全影响较小，尚未达到足以形成其他紧迫或高度危险程度，现场虽造成一人重伤的危害后果，但直接原因系公交车司机操作不当所致，并非张某某所施行为之必然结果，以危险驾驶罪或以危险方法危害公共安全罪对其定罪不能准确评价刘某某的行为，综合全案情况，以寻衅滋事罪对其定罪处罚符合主客观一致原则，能够对行为人的行为进行全面评价，判处刘某某有期徒刑一年六个月亦准确地体现了其行为的可罚程度，符合罪责刑相适应原则，故一审的生效判决是正确的、合理的。

编写人：北京市顺义区人民法院 王海龙 柴丽娜

16

# 犯罪动机不明认定寻衅滋事罪及诈骗罪的疑罪从无

## ——于某寻衅滋事、诈骗案

### 【案件基本信息】

1. 裁判书字号

北京市第三中级人民法院（2021）京 03 刑终 722 号刑事裁定书

2. 案由：寻衅滋事罪、诈骗罪

### 【基本案情】

一、寻衅滋事罪

被告人于某于 2009 年 6 月 14 日 11 时许，纠集张某、于某 1 等十余人（均另案处理），从北京市怀柔区驾车至北京市密云区工程公司承揽的某高速三期六标段施工工地，持镐把、砍刀等工具，对正在施工的工人进行恐吓、殴打，强行阻拦工人施工，造成工程被迫停工、两台挖掘机被损坏。

案发次日公安机关对于某决定刑事拘留，但因于某在逃，无法执行，公安机关即将其列为在逃人员，上网抓逃。2010 年 2 月 11 日于某自行到公安机关接受讯问，但其为逃避法律制裁，始终未如实供认上述事实。因证据不足，公安机关于当日对其采取了取保候审强制措施，2011 年 1 月 28 日解除取保候审，至 2020 年 9 月 23 日再次将其刑事拘留。

二、诈骗罪

2016 年 5 月 26 日，赵某在密云区某村篮球场改造施工，因工程问题祝某与赵某发生纠纷，双方发生互殴，后祝某叫来其子祝某 1 和侄子祝某 2 等，将赵某打伤并将赵某车辆砸坏。民警出警后将祝某 1 和祝某 2 等拘押，并打电话让祝某也去派出所，被祝某拒绝，后被公安机关上网通缉。经李某、宋某、贾某、于某等人出面协调，2016 年 6 月 22 日双方最终达成协议，协议书载明由祝某一方赔偿赵某各项损失 5 万元，实际通过贾某转给赵某之父 37 万元，赵某不追究祝某一方的刑事责任。祝某一方于 2016 年 6 月 23 日将协议书及谅解书交到公安机关。2016 年 6 月 25 日祝某 1、祝某 2 等被取保候审。2017 年 1 月 16 日，祝某因犯寻衅滋事罪被判处有期徒刑一年；祝某 1 因犯寻衅滋事罪被判处有期徒刑十一个月，缓刑一年；祝某 2 因犯寻衅滋事罪被判处有期徒刑十个月，缓刑一年。

2020 年 9 月 23 日祝某报警称，自己被李某、于某骗了。

**【案件焦点】**

1. 无法查明犯罪动机能否认定寻衅滋事罪；2. 本案关于诈骗罪的证据认定和采信，能否认定被告人犯诈骗罪。

**【法院裁判要旨】**

北京市密云区人民法院经审理认为：

1. 关于公诉机关指控的寻衅滋事罪。被告人于某指使他人持凶器随意殴打他人，情节恶劣，其行为已构成寻衅滋事罪。在案的证人证言及辨认笔录等证据可以相互印证，于某虽未直接参与恐吓、殴打，强行阻拦工人施工，但实施了联系、组织人员的行为，当这些被纠集的人员在案发现场接头后，于某整体指挥，其在整个寻衅滋事过程中所起到的是组织、纠集和指挥的作用，虽其作案动机无法判定，但并不影响寻衅滋事罪的构成。因此对被告人于某关于其未实施寻衅滋事行为的辩解，本院不予采信。辩护人关于被告人于某没有作案动机和理由，没有纠集人员去工地，也未参与打架的辩护意见，与事实不符，本院不予采纳。被告人于某在被公安机关立案调查并被上网抓捕后虽主动到案，但为逃避法律追究，未如实供述所犯罪行，因此被取保候审，后因证据不足被解除取保候审。根据《中华人民共和国刑法》第八十八条的规定，本案不受追诉时效的限制。因此辩护人关于起诉寻衅滋事罪已过追诉时效，应不予追究的辩护意见与事实和法律不符，本院不予采纳。

2. 关于公诉机关指控的诈骗罪。本罪的构成要件首先是被告人以非法占有为目的，其次是采取了虚构事实、隐瞒真相的手段，从而取得数额较大的财物。本案现有证据没有形成有效的证据链，不能充分证明被告人于某有非法占有钱财的故意，进而采取了虚构事实、隐瞒真相的手段，并取得数额较大的财物。理由是：（1）本起指控犯罪的关键证人李某否认其让赵某给付于某钱的事实。证人贾某2、赵某虽证明给付过于某钱，但给付钱的时间、地点、是否有见证人等关键事实均记不清，不符合常理，且贾某2最初并没有证明其给付于某钱的情况，其与举报人祝某又有亲戚关系，其证言存疑；（2）取款记录仅能证明赵某父亲的账户在当日取款22万元，但在案没有将钱交给于某的直接证据；（3）证人之间对同一事实的证词存在矛盾，如调解时于某是否额外要过钱，当时是否说过要给于某钱，证人之间证言不一致，也不能证明给付于某钱财的目的；（4）举报人祝某在案发四年后才举报该案，是否因赔偿了对方损失仍被判刑内心失衡，举报李某、于某的动机存疑；（5）给付款项数额矛盾，按祝某所说应给赵某30万元，给于某10万元，但按照祝某、贾某2、赵某所说，赵某得了31万元，于某得了9万元。综上，现有证据不足以证明于某实施了诈骗行为，公诉机关指控被告人于某犯诈骗罪证据不足，指控的犯罪不能成立。据此，根据被告人于某的犯罪事实、犯罪的性质、情节和对于社会的危害程度，对被告人于某依照寻衅滋事罪判处：

有期徒刑一年二个月；被告人于某不构成诈骗罪。

北京市人民检察院第三分院以一审判决认识事实有误，现有证据足以证实原审被告人于某骗取祝某人民币9万元的事实、应当认定于某构成诈骗罪为由，支持密云检察院抗诉，建议二审法院依法改判。北京市第三中级人民法院经审理认为：同意一审法院裁判意见，认为本案证据不能完全排除合理怀疑，本着疑罪从无的原则，不足以认定于某实施了诈骗的犯罪行为，裁定：

驳回上诉，维持原判。

**【法官后语】**

一、无法查明犯罪动机能否认定寻衅滋事罪

犯罪动机系犯罪构成要件中主观故意方面的内容。寻衅滋事罪常见的犯罪动机有的是为了逞强争霸，显示威风；有的是为了发泄不满情绪，报复社会；有的是为了开心取乐，寻求精神刺激，获取某种精神上的满足。无论具体的犯罪动机如何，本罪主观方面都是由故意构成。关于无法查明犯罪动机的情况下可否认定寻衅滋事罪，笔者认为，寻衅滋事罪不同于故意杀人罪，在犯罪动机不明时，可结合其他证据予以认定。在案其他证据可以证实被告人客观上实施了寻衅滋事的行为，造成了公共场所秩序混乱和治安秩序紧张，影响到了他人正常的工作安全，并且可以排除主观上是过失心态，那么即便犯罪动机不明，也不影响最终寻衅滋事罪的认定。反之即使被告人主观犯罪动机明确，而客观上是否实施相关犯罪行为的证据存疑，则需慎重认定其是否构成寻衅滋事罪。本案中，被告人于某有意躲避侦查，一直拒不供述其受何人指使、出于何种目的而实施的指控犯罪行为，法官在办案过程中怀疑其系受他人指使，为了争夺高速公路相关工程利益而实施指控行为，但无从佐证。由于案发时间距离审判时间久远，由于侦查手段的有限和证人情况的变化，致使犯罪动机无法查明。但通过对现有证据的分析，可以证明其实施了“纠集”行为和指挥行为，即有目的地将他人联合、召集在一起，并进而指挥他人前往指定的工地进行打架斗殴，由此可以排除其主观上的过失状态。其在整个寻衅滋事过程中所起到的是组织、纠集和指挥的作用，因此并不影响其寻衅滋事罪的构成。

二、本案关于诈骗罪的证据认定和采信，能否认定被告人犯诈骗罪

诈骗罪，是指以非法占有为目的，用虚构事实或者隐瞒真相的方法，骗取数额较大的公私财物的行为。全案需达到事实充分、证据确实充分的证明标准。在审查犯罪构成要件时，首先要证明非法占有为目的。本案中最初商定给于某

钱财是为了“捞人”这一非法目的，于某本人并未承认过其答应能帮忙“捞人”，也表示自己没有这方面的社交关系和能力；办案民警的证言也称办案过程中未收到过非法请托的财物或进行任何有违办案规程的操作。尽管祝某所述双方在饭桌协商过程中于某另外向其要10万元钱款，但无其他在场证人证言予以印证，参与协商此事的证人对于某参与的情况、双方调解的数额说法也并不一致，而祝某本人对贾某具体转账给谁也并不清楚，因此，被告人是否具有非法占有的目的无法进行推定或确认。

其次要能证明被告人采取了虚构事实、隐瞒真相的手段，从而取得数额较大的财物。本案中要认定于某构成诈骗罪，只能是于某虚构了可以帮忙成功“捞人”的事实，隐瞒了其并未帮忙“捞人”的真相，从而骗取了祝某数额较大的财物。且不论其是否虚构事实或隐瞒真相，单就于某是否实际从祝某处取得了数额较大的财物这一情节，在案证据无法达到确实充分的证明标准。例如，指证于某收取其中2万元钱款的事实，在案仅有祝某、贾某2的证言中提到，而贾某2的证言前后并不一致，且对给付钱款的具体情况均记不清，亦无其他证据予以印证；关于指证于某收取其中7万元钱款的事实，在案仅有赵某的证言中提到，而赵某的证言前后也并不一致，且对给付钱款的具体细节均记不清，亦不知道给付钱款用途，赵某所述李某让其给付于某7万元，但证人李某明确否认让赵某给付于某钱款的事实；账户交易明细、取款凭证等仅能证明祝某一方通过贾某向赵某父亲赵某1转账37万元，后该账户发生转账、取款，其中款项多由赵某支配，但并不能直接证明于某收到钱款，钱款的流向并不明确。综上，本案证据不能完全排除合理怀疑，本着疑罪从无的原则，不足以认定于某实施了诈骗的犯罪行为，故二审法院未采纳上述抗诉理由及意见，维持原判对于某不构成诈骗罪的判决结果。

编写人：北京市密云区人民法院　苏小琴

17

# 认定黑社会性质组织犯罪须紧扣“四个特征”

## ——吴某平等组织、领导、参加黑社会性质组织、聚众斗殴、寻衅滋事、强迫交易、敲诈勒索、串通投标案

**【案件基本信息】**

1. 裁判书字号

湖北省宜昌市中级人民法院（2021）鄂05刑终79号刑事裁定书

2. 案由：组织、领导、参加黑社会性质组织罪，聚众斗殴罪，寻衅滋事罪，强迫交易罪，敲诈勒索罪，串通投标罪

**【基本案情】**

吴某平因犯窝赃罪被判处有期徒刑两年，于1991年刑满释放后，继续混迹于社会，吴某平本人并纠集他人实施了一系列违法行为，用“拳头”“棍棒”等暴力行为在某县县城称王称霸。2004年至2012年，吴某平网罗被告人涂某、刘某军、吴某、祁某峰、陈某平、周某成等，长期纠集在一起实施违法犯罪活动，在当地造成恶劣的社会影响，逐步形成以吴某平为首的黑社会性质组织。为壮大经济实力，吴某平插手建筑工程项目、拆迁项目等，且成立了建筑工程公司，吴某平任公司法定代表人。2006年，吴某平纠集组织成员刘某军、涂某、陈某平、祁某峰、吴某等人伙同刘某民（另案处理）、范某（已死亡）等近百人实施聚众斗殴犯罪，在某县树立非法权威，造成恶劣社会影响。2012年以后，吴某平、吴某通过建筑工程公司参与或插手某县的多项工程建设项目，打击竞争对手，聚敛钱财，并安排汪某、祁某峰、田某为等从事工程项目招投标、看护场地、车辆驾驶等工作并发放工资。其间，该组织利用在社会上的恶

名，在工程项目和拆迁领域，多次对当地的居民、村民使用暴力、威胁等手段，强揽工程、强行推进工程进度，谋取巨额经济利益。以吴某平为首的黑社会性质犯罪组织在长阳县区域内不断发展、壮大，该犯罪组织实施了聚众斗殴、寻衅滋事、强迫交易、敲诈勒索、串通投标等一系列违法犯罪活动。

【案件焦点】

如何根据黑社会性质组织的“四个特征”来认定吴某平等构成黑社会性质组织犯罪。

【法院裁判要旨】

湖北省宜昌市点军区人民法院经审理认为：被告人吴某平网罗多人形成较稳定的犯罪组织，有明确的组织者、领导者，骨干成员基本固定，以暴力、威胁或者其他手段，有组织地多次进行犯罪活动，获取经济利益，为非作恶，欺压、残害群众，在一定区域和行业内形成非法控制和重大影响，严重破坏经济、社会生活秩序，该组织应认定为黑社会性质组织。被告人吴某平、吴某、涂某、刘某军、陈某平、祁某峰、周某成的行为均已构成组织、领导、参加黑社会性质组织罪。其中，吴某平系该组织的组织者、领导者，吴某、涂某、刘某军直接听命于吴某平，多次指挥或积极参与实施有组织的犯罪活动，系该组织的骨干成员。陈某平、祁某峰、周某成明知吴某平等人长期实施犯罪活动仍然接受组织安排、服从管理，系一般参加者。

湖北省宜昌市点军区人民法院依照《中华人民共和国刑法》第二百九十四条第一款、第四款、第五款，第二百九十二条等条款以及《最高人民法院关于审理黑社会性质组织犯罪的案件具体应用法律若干问题的解释》第一条、第三条第一款、第七条之规定，作出如下判决：

被告人吴某平犯组织、领导黑社会性质组织罪，判处有期徒刑七年，剥夺政治权利三年，并处没收个人全部财产；犯聚众斗殴罪，判处有期徒刑五年四个月；犯强迫交易罪，判处有期徒刑一年六个月，并处罚金人民币20万元；犯寻衅滋事罪，判处有期徒刑二年六个月；犯敲诈勒索罪，判处有期徒刑四年六个月，并处罚金人民币 10 万元；犯串通投标罪，判处有期徒刑一年六个月，并处罚金人民币 60 万元。决定执行有期徒刑十八年，剥夺政治权利三年，没收个人全部财产。

对其他各被告人也分别判处了十个月至五年十个月不等的有期徒刑并处罚金同时追缴违法所得。

被告人吴某平不服一审判决提出上诉，认为其不构成黑社会性质组织犯罪，其所实施的聚众斗殴、寻衅滋事、强迫交易等行为都只是一般违法犯罪行为，不是黑社会性质组织的犯罪行为。

湖北省宜昌市中级人民法院经审理认为：同意一审法院裁判意见，认为本案以吴某平为首的犯罪组织已具备认定黑社会性质组织的“四个特征”，吴某平的上诉理由不能成立，裁定：

驳回上诉，维持原判。

【法官后语】

办理涉黑涉恶案件中，必须清楚一般共同犯罪行为与黑社会性质组织犯罪行为的区别，认定被告人是否构成黑社会性质组织犯罪，应当严格依照《中华人民共和国刑法》第二百九十四条及《最高人民法院关于审理黑社会性质组织犯罪的案件具体应用法律若干问题的解释》的相关规定，紧扣黑社会性质组织的组织特征、经济特征、行为特征和危害性特征四个特征予以认定。

1. 在组织特征方面。吴某平于 1991 年刑满释放后，继续混迹于社会，用“拳头”“棍棒”等暴力行为在某县县城称王称霸。2004 年至 2012 年，吴某平网罗涂某、刘某军、吴某、祁某峰、陈某平、周某成等，长期纠集在一起实施违法犯罪活动，在当地造成恶劣的社会影响，逐步形成以吴某平为首的黑社会性质组织。特别是纠集众人在龙海煤矿聚众斗殴，在某县县域内扩大影响，树立非法权威。吴某平在组织内部被公认为老大，称为“吴总”“大哥”，具有绝对权威，组织成员均不敢违背吴某平的指令，系该组织的组织者、领导者；涂某、刘某军、吴某直接听命于吴某平，多次指挥或积极参与实施有组织的违法犯罪活动，系该组织的骨干成员；陈某平、祁某峰、周某成明知吴某平等长期实施违法犯罪活动仍然接受组织安排、服从管理，系一般参加者。该组织内部分工明确，吴某平依托工程项目和公司经营，负责决策、指挥、协调、管理整个组织，涂某、刘某军、吴某负责执行吴某平的指示，其他人员接受领导和管理，多次参与实施有组织的犯罪活动，符合《中华人民共和国刑法》第二百九十四条第五款第一项“形成较稳定的犯罪组织，人数较多，有明确的组织者、领导者，骨干成员基本固定”的规定。

2. 在经济特征方面。该犯罪组织依托项目建设、公司经营，通过强迫交易、敲诈勒索、串通投标等犯罪行为，承揽工程项目，非法获取经济利益，具有一定的经济实力，并用以支撑该组织发展、壮大，符合《中华人民共和国刑法》第二百九十四条第五款第二项“有组织地通过违法犯罪活动或者其他手段获取经济利益，具有一定的经济实力，以支持该组织的活动”的规定。

3. 在行为特征方面。该组织为树立非法权威、形成强势地位、打击竞争对手、谋取经济利益，以暴力、威胁或者其他手段，有组织地实施故意伤害、聚众斗殴、寻衅滋事、敲诈勒索、强迫交易等多起犯罪活动，符合《中华人民共和国刑法》第二百九十四条第五款第三项“以暴力、威胁或者其他手段，有组织地多次进行违法犯罪活动，为非作恶，欺压、残害群众”的规定。

4. 在危害性特征方面。该组织通过大肆公然地实施违法犯罪活动，造成当地群众心理强制，产生心理恐慌，称霸一方，对被害人形成心理强制，严重破坏经济社会生活秩序，致使被害人合法权益受到侵害后不敢通过正当途径维护自身权益。在一定区域和行业内，形成非法控制或重大影响，通过打压竞争对手、串通投标等手段，严重破坏长阳县域的经济社会生活秩序，造成恶劣社会影响，符合《中华人民共和国刑法》第二百九十四条第五款第四项“通过实施违法犯罪活动，或者利用国家工作人员的包庇或者纵容，称霸一方，在一定区域或者行业内，形成非法控制或者重大影响，严重破坏经济、社会生活秩序”的规定。

综上，以被告人吴某平为首的组织已同时具备法律规定的黑社会性质组织犯罪的“四个特征”，被告人吴某平已构成组织、领导黑社会性质组织罪。

编写人：湖北省宜昌市中级人民法院　吴遵玉

18

# 明知是赌博网站仍为其开发赌博软件，并提供技术维护服务属于开设赌场罪的共犯

——黄某等开设赌场案

## 【案件基本信息】

1. 裁判书字号

广西壮族自治区南宁市中级人民法院（2021）桂01刑终630号刑事裁定书

2. 案由：开设赌场罪

## 【基本案情】

2014年4月，被告人黄某注册成立了网络科技公司，以其妻子被告人李某婧作为公司的法定代表人，黄某是该公司的总经理，负责公司管理、经营全面工作，公司设有决策层负责决策公司的重大事项，决策层成员有黄某、陈某枫、韦某1和韦某2四人。该公司主要业务部门有技术开发部、业务推广部、财务人事部，技术开发部下辖服务端、客户端、网站、美术、售后，由技术部总监陈某枫负责管理。

2018年8月开始，网络科技公司开始对外承接赌博游戏应用程序（以下简称APP）软件的定制、开发、制作业务，在承接上述业务的过程中，负责推广的杨某斌、邓某贵等在公司网站及各大论坛上发布该公司可以定制手机游戏APP的文章并留下公司销售人员联系方式，待客户与公司的销售人员被告人李某婧、谭某婵、卢某欢、谭某芸等联系说明开发需求后，销售人员整理好客户需求形成开发需求文档，交由公司决策层决定由哪些技术人员负责该开发项目并成立项目小组并建立群聊以协调工作。技术部项目小组按照客户的需求将赌

博软件开发完成后，交由销售人员，再由销售人员交由客户使用。从 2018 年 8 月至今，根据客户的需求，开发、制作、销售了多款具有赌博性质的网络棋牌类游戏软件给客户非法获利。

此外，网络科技公司还根据客户的需求，销售、开发、制作多款具有赌博性质的网络棋牌类游戏软件。

**【案件焦点】**

1. 销售、开发赌博软件的行为在法律适用上是属于“建立赌博网站并提供给他人赌博”还是属于“明知是赌博网站，而为其提供软件开发和维护服务等服务”；2. 如何认定全案被告人的“主观明知”。

**【法院裁判要旨】**

广西壮族自治区南宁市西乡塘区人民法院经审理认为：被告人黄某、陈某枫、韦某 1 等十七人明知是赌博网站，而为其提供软件开发和维护服务，收取服务费，情节严重，其行为均已构成开设赌场罪，亦系共同犯罪。被告人黄某等十七人为赌博网站提供软件开发和维护服务过程中，各有分工，相互配合，但未参与赌场运营及利润分成，在整个开设赌场的共同犯罪中起辅助作用，是从犯，依法从轻或减轻处罚。各被告人在具体实施犯罪中所起的作用，在量刑时予以区别。被告人韦某 1、杨某迪、陈某、李某婧、谢某金、陈某志、罗某康、卢某欢到案后能如实供述自己的犯罪事实，依法可以从轻处罚。

根据各被告人的犯罪事实、犯罪性质、情节以及对社会的危害程度，依照《中华人民共和国刑法》第三百零三条第二款，第二十五条第一款，第二十七条，第五十三条，第六十七条第三款，第七十二条，第七十三条第二款、第三款之规定，判决如下：

一、被告人黄某犯开设赌场罪，判处有期徒刑三年，并处罚金人民币 20 万元；

二、被告人陈某枫犯开设赌场罪，判处有期徒刑二年六个月，并处罚金人民币 5 万元。

（其他被告人略）

十七、被告人王某冉犯开设赌场罪，判处拘役三个月，并处罚金人民币5000元。

一审判决后，原审被告人黄某、陈某枫、卢某民、陈某、谭某芸、覃某晞、郑某芳、王某冉不服，提出上诉。上诉理由主要集中在认为自己的行为不构成犯罪，主观不明知开发的软件被用于犯罪。

广西壮族自治区南宁市中级人民法院经审理认为：原审判决认定事实清楚，证据确实、充分，定性准确，适用法律正确，量刑适当，审判程序合法，依法应予维持。依照《中华人民共和国刑事诉讼法》第二百三十六条第一款第一项，《最高人民法院关于适用〈中华人民共和国刑事诉讼法〉的解释》第三百八十三条之规定，裁定如下：

一、准许上诉人（原审被告人）黄某、陈某枫撤回上诉。

二、驳回上诉人（原审被告人）卢某民、陈某、谭某芸、覃某晞、郑某芳、王某冉的上诉，维持原判。

**【法官后语】**

1. 明知是赌博网站，而为其提供软件开发和维护服务，收取服务费设计赌博软件的行为构成开设赌场罪的共同犯罪

本案在审理过程中对被告人开发赌博软件出售并维护行为的入罪法律适用依据产生两种不同意见。

第一种意见认为，黄某等十七名被告人的行为直接构成开设赌场罪。应当适用《最高人民法院、最高人民检察院、公安部关于办理网络赌博犯罪案件适用法律若干问题的意见》第一条第一款第二项“建立赌博网站并提供给他人组织赌博的”属于开设赌场的行为，以及第二款第四项“建立赌博网站后通过提供给他人组织赌博，违法所得数额在3万元以上的”认定为“情节严重”。理由主要为：(1) 建立赌博网站、应用程序并提供给他人组织赌博的为开设赌场，而本案黄某等人的行为就是属于用APP来赌博，属于开设赌场罪；(2) 不应该适用《最高人民法院、最高人民检察院、公安部关于办理网络赌博犯罪案

件适用法律若干问题的意见》第二条第一款“明知是赌博网站，而为其提供下列服务或者帮助的，属于开设赌场罪的共同犯罪”之规定，因为这部分主要是适用那些开设赌场的行为人雇用外来人员提供技术支持，本案则不同，公司人员的行为就是建立赌博网站。

第二种意见认为，黄某等十七名被告人的行为属于开设赌场罪的共犯，适用法律依据为应当适用《最高人民法院、最高人民检察院、公安部关于办理网络赌博犯罪案件适用法律若干问题的意见》第二条第一款，“明知是赌博网站，而为其提供下列服务或者帮助的，属于开设赌场罪的共同犯罪”，第一项“为赌博网站提供互联网接入、服务器托管、网络存储空间、通讯传输通道、投放广告、发展会员、软件开发、技术支持等服务，收取服务费数额在2万以上的”，以及第二款“实施前款规定的行为，数量或者数额达到前款规定标准5倍以上的”，应当认定为“情节严重”。

笔者同意第二种意见，主要理由如下：

刑法第三百零三条第二款规定的开设赌场罪是指在计算机网络上建立赌博网站，或者为赌博网站担任代理，接受投注的，属于“开设赌场”。为此准确认定“建立赌博网站”的适用范围，是正确认定本案被告人的行为定性，决定被告人开发赌博软件出售给他人的行为属于直接入罪开设赌场还是以共犯入罪。所谓建立赌博网站是指以营利为目的，利用现代互联网技术和现代金融交易的手段进行的违反有关禁赌法律规定的赌博活动，所有赌博行为是靠计算机网络形成，所谓形成赌博网站是指能够通过服务器和宽带相互连接，能够提供给不同群体进行赌博。故开设赌场的成立需要将软件投入使用，电子数据需要形成交换，犯罪行为才可以得以实施。开发赌博游戏软件不等同于开设赌场，两者不是一个概念，而是共犯行为，开发软件提供技术支持的和开设赌场的行为人构成共同犯罪。黄某等十七人为赌博网站提供软件开发和维护服务过程中，各有分工，相互配合，在整个开设赌场的共同犯罪中起辅助作用，是从犯，应当从轻或减轻处罚。

2. 综合全案证据，能够确认被告人对开设赌场的主观明知

本案中被告人为了逃避查处和处罚，在被公安机关抓获时，赌博软件没有被当场查获，而是扣押了一些开发文档，故有些被告人以主观不明知该公司开发的是用于赌博的游戏为由进行辩解。对此笔者认为，通过综合证据能够证明被告人主观上认识到其参与开发的软件是用于开设赌场的或是触犯刑事犯罪的，客观上也实施了帮助行为，即可以认定为开设赌场的共犯，而不能仅仅因被告人简单冠之以参与时间短，只是换换图标等来偷换概念而逃避法律责任的承担。

黄某、陈某枫、卢某民、陈某、谭某芸、覃某晞、郑某芳、王某冉等被告人的供述与在案其他证据如提取笔录、需求文档等相互印证，证明涉案的软件有充值、提现、抽水、上下分、后台控制输赢等功能，开发需求文档中均有载明，涉案相关人员也都在开发需求文档上签字，对软件的性质、特征是明知的，公司召开季度会议中陈某枫等也曾通报过公司有客户利用这些软件赌博而被抓，足以认定卢某民、王某冉等主观上明知，即知道或者应当知道其所在公司有从事赌博游戏开发，为他人开设赌场提供软件开发和维护服务，收取费用，十七名被告人分工合作，都有参与到部分网络赌博软件的销售、开发、维护。十七名被告人与开设赌场的行为人构成共犯，但因所起作用不同，在充分考虑各被告人参与犯罪的事实、所具有的情节等基础上，予以量刑。

**编写人：广西壮族自治区南宁市西乡塘区人民法院　李颖宜　孙仁玲**

19

# 帮助网络赌场资金结算行为的法律适用

## ——王某某等开设赌场案

### 【案件基本信息】

1. 裁判书字号

江西省鹰潭市余江区人民法院（2021）赣0603刑初125号刑事判决书

2. 案由：开设赌场罪

### 【基本案情】

2019年3月至2021年1月，蒋某军在明知“××棋牌”是赌博网站的情况下，依然在位于A国的“××棋牌”赌博网站担任客服管理人员，为我国境内的赌客提供玩法咨询、出款等帮助，从中非法获利约人民币200000元。

2020年9月，王某某、金某、冯某娟为谋取非法利益，共同商议通过“××代付”平台为网络赌博平台提供资金结算服务，其中王某某负责对接“××代付”平台上线，金某负责联系赌博平台，冯某娟负责组建团队运营，抽取运营赌资的0.6%作为共同获利，双方约定按照一定比例分成。2020年10月开始，冯某娟在某市成立“××代付”工作室，并陆续招募陈某懿、李某峰、许某铃、刘某、吴某福、汪某、冯某武、吴某波等为“××棋牌”“×××棋牌”等网络赌博平台提供资金结算服务，汪某杰负责帮团队提供食宿并提供自己的银行卡给网络赌博平台结算赌资。2020年10月至2021年3月5日，冯某娟、陈某懿、李某峰、许某铃、刘某、吴某福、汪某、冯某武、吴某波等按照网络赌博平台的指示通过个人及汪某杰提供的银行卡在“××代付”平台为网络赌博平台资金结算金额共计71022649.34元。其中，冯某娟为网络赌博平台进行资金结算所使用的 5 张银行卡资金结算金额 15595779. 63 元，非法获利约 30000 元；李某峰为网络赌博平台进行资金结算所使用的七张银行卡资金结算金额 20732980. 98 元，非法获利约 16000 元；陈某懿为网络赌博平台进行资金结算使用的九张银行卡资金结算金额 9791745. 07 元，非法获利约 8000 元；许某铃为网络赌博平台进行资金结算所使用的三张银行卡资金结算金额 7584008. 91 元，非法获利约 1400 元；汪某为网络赌博平台进行资金结算所使用的二张银行卡资金结算金额 4933685. 67 元；汪某杰为网络赌博平台进行资金结算所提供的五张银行卡资金结算金额 4382819. 49 元，非法获利约 8000 元；刘某为网络赌博平台进行资金结算所使用的一张银行卡资金结算金额 3450543. 93 元，非法获利约 20000 元；吴某福为网络赌博平台进行资金结算所使用的二张银行卡资金结算金额 2405419. 37 元，非法获利约 3600 元；冯某武为网络赌博平台进行资金结算所使用的 3 张银行卡资金结算金额 1292246. 01 元，非法获利约 2000 元；吴某波为网络赌博平台进行资金结算所使用的 1 张银行卡资金结算金额 853420. 28 元，非法获利约 2500 元。王某某非法获利约 50000 元，金某非法获利约 30000 元。

**【案件焦点】**

被告人对网络赌场的资金支付结算型帮助行为如何定性。

**【法院裁判要旨】**

江西省鹰潭市余江区人民法院经审理认为：被告人蒋某军明知他人实施赌博活动仍在赌博平台担任客服，为赌博平台提供咨询、出款等帮助，收取服务费 20 余万元，情节严重；被告人王某某、金某、冯某娟、陈某懿、李某峰、许某铃、刘某、吴某福、汪某杰、汪某、冯某武明知他人实施赌博活动，仍为赌博平台提供资金结算服务，情节严重；被告人吴某波明知他人实施赌博活动，仍为赌博平台提供资金结算服务，帮助收取赌资 853420. 28 元，其行为均构成开设赌场罪。被告人蒋某军、王某某、金某、冯某娟、陈某懿、李某峰、许某铃、刘某、吴某福、汪某杰、汪某、冯某武、吴某波在共同犯罪中起辅助作用，系从犯。

江西省鹰潭市余江区人民法院根据13名被告人的犯罪事实、性质、情节和对于社会的危害程度，依照《中华人民共和国刑法》第三百零三条第二款、第二十五条第一款、第二十七条、第六十四条、第六十七条第三款、第六十八条、第五十二条、第五十三条第一款以及《中华人民共和国刑事诉讼法》第十五条之规定，作出如下判决：

一、被告人蒋某军犯开设赌场罪，判处有期徒刑二年七个月，并处罚金人民币16万元；

（刑期从判决执行之日起计算；判决执行以前先行羁押的，羁押一日折抵刑期一日，即自2021年2月20日起至2023年9月19日止。罚金限本判决生效后三十日内交纳。）

二、被告人王某某犯开设赌场罪，判处有期徒刑一年四个月，并处罚金人民币6万元（已预交）；

（刑期从判决执行之日起计算；判决执行以前先行羁押的，羁押一日折抵刑期一日，即自2021年3月6日起至2022年7月5日止，羁押期间取保候审的，刑期终止日顺延，即延至2022年11月2日止。）

三、被告人金某犯开设赌场罪，判处有期徒刑一年四个月，并处罚金人民币6万元（已预交）；

（刑期从判决执行之日起计算；判决执行以前先行羁押的，羁押一日折抵刑期一日，即自2021年3月6日起至2022年7月5日止，羁押期间取保候审的，刑期终止日顺延，即延至2023年1月13日止。）

四、被告人冯某娟犯开设赌场罪，判处有期徒刑一年十一个月，并处罚金人民币62195元（已预交）；

（刑期从判决执行之日起计算；判决执行以前先行羁押的，羁押一日折抵刑期一日，即自2021年3月5日起至2023年2月4日止。）

五、被告人陈某懿犯开设赌场罪，判处有期徒刑一年七个月，并处罚金人民币15000元（已预交）；

（刑期从判决执行之日起计算；判决执行以前先行羁押的，羁押一日折抵刑期一日，即自2021年3月5日起至2022年10月4日止。）

六、被告人李某峰犯开设赌场罪，判处有期徒刑二年四个月，并处罚金人民币20000元；

（刑期从判决执行之日起计算；判决执行以前先行羁押的，羁押一日折抵刑期一日，即自2021年3月5日起至2023年7月4日止。罚金限本判决生效后三十日内交纳。）

七、被告人许某铃犯开设赌场罪，判处有期徒刑一年五个月，并处罚金人民币5000元（已预交）；

（刑期从判决执行之日起计算；判决执行以前先行羁押的，羁押一日折抵刑期一日，即自2021年3月5日起至2022年8月4日止。）

八、被告人刘某犯开设赌场罪，判处有期徒刑一年四个月，并处罚金人民币30000元（已预交）；

（刑期从判决执行之日起计算；判决执行以前先行羁押的，羁押一日折抵刑期一日，即自2021年3月5日起至2022年7月4日止。）

九、被告人吴某福犯开设赌场罪，判处有期徒刑一年四个月，并处罚金人民币5000元（已预交）；

（刑期从判决执行之日起计算；判决执行以前先行羁押的，羁押一日折抵刑期一日，即自2021年3月5日起至2022年7月4日止。）

十、被告人汪某杰犯开设赌场罪，判处有期徒刑一年二个月，并处罚金人民币15000元（已预交）；

（刑期从判决执行之日起计算；判决执行以前先行羁押的，羁押一日折抵刑期一日，即自2021年3月5日起至2022年5月4日止。）

十一、被告人汪某犯开设赌场罪，判处有期徒刑十个月，并处罚金人民币10000元（已预交）；

（刑期从判决执行之日起计算；判决执行以前先行羁押的，羁押一日折抵刑期一日，即自2021年3月5日起至2022年1月4日止。）

十二、被告人冯某武犯开设赌场罪，判处有期徒刑十个月，并处罚金人民币5000元（已预交）；

（刑期从判决执行之日起计算；判决执行以前先行羁押的，羁押一日折抵刑期一日，即自2021年3月5日起至2022年1月4日止。）

十三、被告人吴某波犯开设赌场罪，判处有期徒刑七个月，并处罚金人民币5000元（已预交）；

（刑期从判决执行之日起计算；判决执行以前先行羁押的，羁押一日折抵刑期一日，即自2021年3月5日起至2021年10月4日止。）

十四、被告人蒋某军退缴违法所得计人民币20000元、被告人王某某退缴违法所得计人民币50000元、被告人金某退缴违法所得计人民币30000元、被告人冯某娟退缴违法所得计人民币30000元、被告人陈某懿退缴违法所得计人民币8000元、被告人许某铃退缴违法所得计人民币1400元、被告人刘某退缴违法所得计人民币20000元、被告人吴某福退缴违法所得计人民币3600元、被告人汪某杰退缴违法所得计人民币8000元、被告人汪某退缴违法所得计人民币6000元、被告人冯某武退缴违法所得计人民币2000元、被告人吴某波退缴违法所得计人民币2500元，均予以没收，上缴国库。继续追缴被告人蒋某军违法所得计人民币18万元、被告人李某峰违法所得计人民币16000元，均予以没收，上缴国库；

十五、侦查机关依法扣押的涉案笔记本电脑、银行卡、优盾、手机、POS机等作案工具，依法予以没收，由扣押机关依法处置。

宣判后，13名被告人均未提出上诉，检察机关亦未提起抗诉，该判决已发生法律效力。

## 【法官后语】

本案的争议焦点主要在于对网络赌场的资金支付结算型帮助行为的法律适用。针对资金结算行为如何定性，有以下几种意见：一是认为构成开设赌场罪的共犯。二是认为根据《中华人民共和国刑法》第二百八十七条之二规定的帮助信息网络犯罪活动罪，以“明知他人利用信息网络实施犯罪”为要件，而开设网络赌场行为本身即是利用信息网络实施的犯罪，对网络赌场的帮助资金结算行为是符合帮助信息网络犯罪活动罪客观要件的。三是利用“××代付”平台实施非法的资金支付结算业务行为，扰乱金融市场秩序，行为符合非法经营罪的构成要件。

笔者认为为网络赌场提供资金结算帮助行为的究竟如何定性不可一概而论，具体需要结合案件行为人进行资金结算的客观行为及主观方面“推定明知”程度来判断。

1. 客观行为判断。本案的被告人对接“××代付”平台上线，提供银行卡操作利用“××代付”平台进行上分，为网络赌场实现资金提现。被告人本身不是“××代付”平台的搭建者、运营者，其更多的是利用这个“××代付”平台进行资金结算。在网络赌场这个犯罪链上，缩小到微观上的每一个参与者来看，这条产业链上的所有人员“各司其职”，有的人员只对自己的范围内的行为有具体的认知，而对犯罪仅有模糊认知。被告人的行为更多的不是去运作这个非法经营的“代付平台”，而是利用这个平台，为赌博犯罪进行上分代付并收取服务费用。因此，本案从被告人的客观行为来看是对网络赌场的帮助行为不应认定为非法经营罪。

2. 主观方面推定“明知”程度。帮助信息网络犯罪与开设赌场罪共犯的犯罪构成要件在行为、模式等方面是有一定重合性的，客观行为内容上更是基本相同，所以行为人的主观方面则是区分此罪与彼罪的重要内容，即要从“明知”的认知程度差异性上来判断。

本案被告人是在网络赌场犯罪行为中提供资金结算帮助的，其与网络赌场开设者不存在事前共谋，其主观因素是较为模糊，在此情况下，可以借助“推定明知”来判断其认知程度差异性。“明知”并不要求参与人对网络赌场的犯罪行为存在激励或者促进作用，只要求行为人对开设网络赌场的犯罪行为具有一定程度的认知，而本案被告人的行为可以从“应当知道”的角度推定其主观明知。本案被告人团伙队中有安排专人负责对接“××代付”平台上线和联系赌博平台，且从其操作次数、金额、方式、对象、手续费收取等作案过程来看，其对上游的网络赌场平台的认知程度是可以推定本案团伙的“明知”。在司法实践中，信息网络犯罪帮助犯的支付结算行为更为中立，一般仅需要在电脑、手机上进行单纯的转账交易即可完成，参与人的主观认知内容较为宽泛，存在无法对具体犯罪行为、犯罪方式、犯罪种类认知的情况。在事先没有通谋的情况下，笔者认为在支付结算型信息网络犯罪帮助犯的范畴内，帮信罪的主观认知最为广泛，只要明知上游系“利用网络实施犯罪”即可，而开设赌场罪共犯的主观认知需要更为准确，需要对开设赌场罪有一定的知悉，需要达到“可能是开设赌场罪”的“明知”程度。

编写人：江西省鹰潭市余江区人民法院　唐仙琪

20

# 建立聊天组群招揽他人在棋牌类APP赌博属于开设赌场

——唐某、王某开设赌场案

## 【案件基本信息】

1. 裁判书字号

上海市第一中级人民法院（2020）沪01刑终1701号刑事判决书

2. 案由：开设赌场罪

## 【基本案情】

“××麻将”是一款棋牌桌游类手机游戏软件，玩家可以在该游戏软件内玩麻将，每一局结束后会显示玩家的输赢分数。2019年8月初至10月，被告人唐某伙同王某、徐某梅，利用手机“××”聊天软件建立赌博群纠集参赌人员，唐某在“××麻将”软件内设置亲友圈，参赌人员经唐某审核加入亲友圈，并进入游戏软件内的虚拟房间玩麻将，麻将玩法规则由唐某事先选定。每局结束后，参赌人员根据唐某等人设置的1分等同1元比例依照输赢分数在赌博群进行资金结算，输家向赢家支付赌资，赢家向唐某等人支付4元、5元的台费，输家没有按照规则支付赌资时，唐某等人要为其垫付给赢家。唐某等人通过收取台费获利，唐某与王某按照比例分成，徐某梅按周领取工资。被告人唐某系群主，负责建立赌博群、招揽赌博人员、收取台费；被告人王某系群内管理人员，负责收取台费、协调群内矛盾、维持群内秩序。该群累计收取台费共计24万余元。

2019年10月28日，被告人唐某被公安机关抓获归案，同年12月5日，被告人王某被公安机关抓获归案，两名被告人到案后均如实供述上述犯罪事实。案发后，唐某退还违法所得195203元，王某退还违法所得45711元。

【案件焦点】

1. 利用网络社交软件组建聊天群，然后向群成员提供棋牌类APP进行赌博，并收取一定“房费”获利的新型网络赌博行为，属于网上聚众赌博还是网上开设赌场；2. 若属于网上开设赌场，如何进行刑罚裁量。

【法院裁判要旨】

上海市浦东新区人民法院经审理认为：被告人唐某、王某以营利为目的，聚众赌博，其行为已构成赌博罪。被告人唐某、王某系共同犯罪。唐某、王某均有坦白情节，自愿认罪认罚，退出违法所得，依法从轻处罚。辩护人提出关于从犯的意见，与本案查证事实及证据情况不相符合，故不予采纳。为维护公共安全，根据被告人犯罪的事实、性质、情节和对于社会的危害程度及退赃情况，依照《中华人民共和国刑法》第三百零三条第一款、第二十五条第一款、第六十七条第三款，第七十二条、第七十三条、第五十二条，第五十三条、第六十四条的规定，作出判决如下：

一、被告人唐某犯赌博罪，判处有期徒刑一年，缓刑一年，罚金人民币10000元；

二、被告人王某犯赌博罪，判处有期徒刑十个月，罚金人民币8000元；

三、扣押在案的物品、已经退出的违法所得均依法没收。

一审宣判后，上海市浦东新区人民检察院以原判适用法律错误为由提出抗诉。上海市人民检察院第一分院支持抗诉。上海市第一中级人民法院经审理认为：原审被告人唐某、王某以营利为目的，通过邀请人员加入聊天群的方式招揽赌客，事先为赌客在“××麻将”内设置好虚拟房间，选定“两人麻将”作为赌博项目，通过明确游戏分值与现实货币的兑换比例、赌客之间自行结算等规定赌资计算方法和赌资支付方法，并维持聊天群内的秩序，利用聊天群进行控制管理，以收取费用方式获利，在一段时间内持续组织网络赌博活动，其行为符合开设赌场罪的构成要件。但考虑两名原审被告人在设置赌博项目时依托网络棋牌软件，每局赌资不大且由赌客自行结算，而且两名原审被告人到案后均能如实供述罪行，退缴违法所得等，综合考虑原审被告人的主观恶性及其行为的社会危害性等裁量刑罚。作出判决如下：

一、维持上海市浦东新区人民法院（2020）沪0115刑初923号刑事判决第三项；

二、撤销上海市浦东新区人民法院（2020）沪0115刑初923号刑事判决第一项、第二项；

三、原审被告人唐某犯开设赌场罪，判处有期徒刑一年，缓刑一年，罚金人民币10000元；

四、原审被告人王某犯开设赌场罪，判处有期徒刑十个月，罚金人民币8000元。

**【法官后语】**

本案的重点在于新型网络聚众赌博行为的定罪及量刑。本案的审理主要明确三点：第一，赌场的重心并不在于物理空间性，而在于赌博活动聚集可能性，进一步拓宽了“网络赌场”的范围，在网络空间中提供用于赌博活动的场所均可认定为赌场。第二，实行行为的经营性和管理性是区分开设赌场和聚众赌博的关键。经营性通常表现为“面向不特定人群”和“固定盈利方式”，管理性则表现为“设置赌博规则”和“管理资金结算”。第三，在对新类型的网络开设赌场行为进行刑罚裁量时，还应充分考量运营时间、日均赌资、日均参赌人员等要素，若赌资或者抽头渔利的累计数额较高，但日均赌资和日均渔利数额不大，应当谨慎认定“情节严重”。

本案中，无论是“聊天组群”还是“虚拟房间”，都是用于网络赌博的场所，均属于网络赌场。

设置赌博规则和管理资金结算是赌场的两大实质功能，行为人对赌博活动具有较强控制性，也正因赌场具有上述两大功能，才使得开设赌场的社会危害性大大增加；聚众赌博的行为人通常不设立赌博输赢规则，也不提供赌资结算服务，而是由赌客自行约定，行为人对赌博活动的控制性较弱。本案中，唐某、王某利用聊天群拉拢不特定人员入群，并在“××麻将”APP中设置亲友圈，为赌客提供赌博项目和用于赌博的网上场所；制定聊天群管理规则，并招募人员24小时发放“房卡”、收取“房费”，维护群内秩序，对违反规则者给予踢出聊天群的惩罚；设置“1分等于1元”的分值现金兑换比例，要求赌客在聊天群内以发红包方式进行资金结算，并在输家赖账时垫付红包给赢家，维持资金结算秩序，确保赌博活动持续进行；每局收取4元或5元的“房费”作为固定的营利模式。可见，唐某、王某的行为属于开设赌场行为。

对此类行为进行刑罚裁量时，应结合运营时间、日均赌资、日均参赌人员、日均抽头渔利等要素，充分评价开设赌场的社会危害性。在网络开设赌场犯罪中，因每场赌局都有记录，所以司法实践中极易选用赌资累计数额作为量刑标准。但是在判断开设赌场犯罪社会危害性时，赌场所吸收的资金是一个重要考量要素，若在认定赌资时累计计算每局赌资数额，会导致用于赌博资金的重复计算，不能真实反映赌场的资金规模，可能会出现以少量资金参与赌博，因反复投注而累计赌资过高的情况。对于每次赌资较小但赌局较为频繁的开设赌场行为，仅考虑累计数额而不考虑单日、单次的赌资或者抽头渔利数额，可能会导致罪刑不相当。故，可在现有的罪量要素基础上结合运营时间、日均赌资、日均参赌人员等要素综合考量，若赌资或者抽头渔利的累计数额较高，但日均赌资和日均渔利数额不大，应当谨慎认定“情节严重”。本案中，唐某、王某的行为虽然属于网上开设赌场，但招揽的赌客多是熟人拉熟人，每局输赢不大且抽取少量固定金额作为台费，获利程度较低，其危害性与建立赌博网站并接受投注有明显差异，故未认定唐某等人“情节严重”。

编写人：上海市第一中级人民法院　张金玉　潘自强

## （二）妨害司法罪

21

# 专用于接收转移“刷单返利”诈骗款项的银行账号犯罪数额的认定

——林某掩饰、隐瞒犯罪所得案

**【案件基本信息】**

1. 裁判书字号

福建省石狮市人民法院（2021）闽 0581 刑初 1730 号刑事判决书

2. 案由：掩饰、隐瞒犯罪所得罪

**【基本案情】**

2021 年 5 月，被告人林某明知“狼一”欲转移犯罪所得，仍在“狼一”的指使下，在其住处某小区××幢××梯××室使用其本人及妻子蔡某瑜名下的共计 11 张银行卡及二人的微信账户予以接收、转移。经查，上述账户共接收非法钱款人民币 476772.7 元（以下币种均为人民币），其中包含被害人武某于 2021 年 5 月 23 日在湖北省孝感市被他人通过网络诈骗的 1477 元，被害人韩某于 2021 年 5 月 25 日在重庆市被他人通过网络诈骗的 128 元，被害人凌某光在广东省佛山市被他人通过网络诈骗的1180元。被告人林某从中非法获利200元。

2021年7月16日，蔡某瑜因上述银行卡问题被派出所询问，后根据公安人员要求联系被告人林某到所接其，被告人林某明知系因银行卡的问题而主动到该所，后被传唤到案。

【案件焦点】

专用于“刷单返利”诈骗的银行账号成立掩饰、隐瞒犯罪所得罪时犯罪数额是否应扣除返还给被害人的款项。

【法院裁判要旨】

福建省石狮市人民法院经审理认为：被告人林某明知是犯罪所得而予以转移，总额人民币476772.7元，情节严重，其行为已构成掩饰、隐瞒犯罪所得罪。公诉机关指控的罪名成立。对于辩护人提出被告人林某的行为应定性为帮助信息网络犯罪活动罪的辩护意见，经查，被告人林某明知他人欲转移犯罪所得仍提供多个银行账户用于接收并实施操作转移，其行为同时符合帮助信息网络犯罪活动罪和掩饰、隐瞒犯罪所得罪的构成要件，依法应当择一重罪定罪处罚，即根据本案案情应以掩饰、隐瞒犯罪所得罪追究其刑事责任。对于被告人林某的辩护人提出本案犯罪数额应扣除返还给被害人的款项及佣金奖励的辩护意见，经查，被告人林某提供的银行账户所接收的钱款案发时间段在关联账户中不正常地频繁流转，呈快进快出的交易特点，与“刷单返利”诈骗模式所实施的诈骗行为、使用的诈骗手段、钱款的流向具有一致性，依照一般的经验法则，流经上述账户的款项均应认定为电信网络犯罪所得数额。被告人林某接收款项后又转移涉案款项，均系根据上线“狼一”的指示，应认定为系电信网络犯罪行为实施完毕、犯罪既遂之后对赃款的处置，且被告人林某与上线约定按转账数额的比例收取佣金，因此应以案发时间段被告人林某提供的银行账户所接收的全部款项认定为本案犯罪所得数额。辩护人的该项辩护意见不能成立，不予采纳。

被告人林某案发后自动投案，并如实供述自己的罪行，是自首，依法予以减轻处罚。被告人林某自愿认罪认罚，可以从宽处理。辩护人建议对被告人林某从轻处罚的辩护意见予以采纳，但根据本案犯罪情节及社会危害性，不宜对被告人林某宣告缓刑，辩护人建议对被告人林某适用缓刑的辩护意见不予采纳。公诉机关的量刑建议适当，予以采纳。依照《中华人民共和国刑法》第三百一十二条第一款、第二十五条第一款、第六十七条第一款、第六十四条和《最高人民法院关于审理掩饰、隐瞒犯罪所得、犯罪所得收益刑事案件适用法律若干问题的解释》第三条第一款第一项的规定，作出如下判决：

一、被告人林某犯掩饰、隐瞒犯罪所得罪，判处有期徒刑二年，并处罚金人民币5000元；

二、追缴被告人林某违法所得人民币200元，予以没收，上缴国库。扣押在案的作案工具银行卡11张，予以没收，由扣押机关石狮市公安局依法处理。

判决后，被告人林某未提出上诉，案件于2022年1月4日生效。

## 【法官后语】

一、“刷单返利”诈骗中行为人已获得被害人钱款，应认定为诈骗既遂

在“刷单返利”诈骗的场合中，行为人通过在网络发布信息招募人员兼职刷单，通常会在前几单按照承诺支付佣金，最终以各种借口拒绝支付本金和酬劳，并引诱受害人继续刷单骗取被害人更多钱财。诈骗罪的客观行为链条为“行为人实施诈骗行为→财物处分人陷入认识错误→财物处分人因认识错误处分财物→财物处分人向行为人或第三人交付财物→财物处分人或被害人遭受损失”。在电信网络诈骗中，被害人在错误状态下处分财物，将钱款汇入行为人杜撰的“客服账号”等诈骗团伙所控制的银行卡账户之中，可以说行为人已获得了对诈骗钱款的控制权。

“财产损失”是成立诈骗罪既遂的客观要件，但是在“刷单返利”诈骗中，行为人在取得被害人钱款的控制权后，会将前几单的数额予以返还并支付佣金。在“刷单返利”中，被害人作出错误的财产处分使行为人获得诈骗钱款的控制权，即使行为人有退还骗得款项的行为，上游诈骗行为也已经既遂。由于犯罪过程已经结束，失去了成立未完成形态的时间条件，又由于犯罪结果已经发生，

犯罪行为的本质属性也不可逆转。因此，在行为人取得诈骗钱款的控制权后，被害人已具备“财产损失”的客观要件。行为人无论是否将诈骗款项返还给被害人，都属于诈骗犯罪行为实施完毕、犯罪既遂之后对赃款的处置，不影响犯罪既遂的认定。在“刷单返利”诈骗中，只要客观上行为完成、交付财物的结果发生，即可推定行为人非法占有目的的实现。在犯罪既遂后归还部分诈骗数额的，属于责任认定的问题，不影响该行为满足诈骗犯罪的构成要件该当性。

二、“刷单返利”诈骗所得款项应认定为“犯罪所得”，不应扣除返还给被害人的款项

在“刷单返利”诈骗中，被害人汇入行为人指定账户的款项，属于行为人实施诈骗犯罪行为而获取的款项，应属于犯罪所得的财物。对于赃物罪中的犯罪所得，只要认识到是某种犯罪所取得的财物即可，无须知道犯罪所得的具体种类、数量等详细情况；只要认识到上游犯罪是犯罪就够了，不要求很清楚地知道具体是哪一种犯罪。

对于返还给被害人的款项部分应认定为“犯罪所得”。首先，掩饰、隐瞒行为使上游犯罪所形成的违法财产状态得以维持、存续，妨碍了司法机关利用赃物证明上游犯罪行为人的犯罪事实，从而妨害了正常司法活动。本案中，上游犯罪已经完成，被告人林某是根据指示进行款项转移，不应认定其具有返还钱款的意思，其行为本质上是转移赃款的行为。其次，刑法对于“犯罪所得”，并没有要求是确定的、得到保障的犯罪所得；相反，只要正犯已经既遂，就应当认定为“犯罪所得”。在“刷单返利”诈骗中，即便行为人返还部分款项，其诈骗行为仍属于既遂状态，对属于犯罪既遂所得财物进行转移，则属于掩饰、隐瞒行为。最后，如果允许返还的数额均在犯罪数额中予以扣除，如案发前已全部归还诈骗数额的，无论该数额有多大，均应认定“犯罪数额为零”而不按照犯罪处理，这显然也不妥当。

编写人：福建省石狮市人民法院　曾佳乐

22

# 在他人转账过程中，配合刷脸行为的认定

## ——罗某某等掩饰隐瞒犯罪所得、汤某帮助信息网络犯罪活动案

**【案件基本信息】**

1. 裁判书字号

河南省平顶山市中级人民法院（2022）豫04刑终138号刑事判决书

2. 案由：掩饰隐瞒犯罪所得罪、帮助信息网络犯罪活动罪

**【基本案情】**

2021年，被告人罗某某明知上游系违法犯罪活动，仍提供自己的银行账户等信息用于收取违法犯罪钱款并转移，共计人民币1861369.21元；罗某某组织杨某、陈泽某、陈大某、笪某、宇某5人分别提供自己的银行账户等信息用于收取违法犯罪钱款并转移，其中杨某共计人民币917179.6元，陈泽某共计人民币466259.25元，陈大某共计人民币316936元，笪某共计人民币289800元，宇某共计人民币170700元。上述六人从中获利。2021年，被告人汤某明知上游系违法犯罪活动，仍提供自己的银行账户等信息用于收取违法犯罪钱款并在转账过程中配合他人刷脸转移钱款，共计人民币2216011元，从中获利。2021年，被告人段某明知上游系违法犯罪活动，仍提供自己的银行账户等信息用于收取违法犯罪钱款并转移，共计人民币1981367.01元，并从中获利。2021年，被告人付某平明知上游系违法犯罪活动，仍提供自己的银行账户等信息用于收取违法犯罪钱款并转移，共计人民币807704.62元，并从中获利。2021年，被告人付某波明知上游系违法犯罪活动，仍提供自己的银行账户等信息用于收取违法犯罪钱款并转移，共计人民币553421.7元，并从中获利。

另查明，被告人罗某某违法所得人民币 10000 元、被告人汤某违法所得人民币 7000 元、被告人段某违法所得人民币 30000 元、被告人杨某违法所得人民币 1000 元、被告人付某平违法所得人民币 15000 元、被告人付某波违法所得人民币 3000 元、被告人陈泽某违法所得人民币 4500 元、被告人陈大某违法所得人民币 3100 元、被告人笪某违法所得人民币 1300 元、被告人字某违法所得人民币 1700 元。

【案件焦点】

供卡人受犯罪分子招募，其本人并不亲自操作账户，只是在旁等候，为犯罪分子转账提供银行账户、密码、在需要人脸认证的时候配合刷脸，该类行为应当如何定性。

【法院裁判要旨】

河南省叶县人民法院经审理认为：被告人罗某某、汤某等 10 人明知是犯罪所得而通过收存、转移的方法予以掩饰，情节严重，其行为均已构成掩饰、隐瞒犯罪所得罪。

河南省叶县人民法院依照《中华人民共和国刑法》第三百一十二条、第二十五条第一款、第六十七条第一款和第三款、第五十二条、第五十三条、第六十四条之规定，判决如下：

一、被告人汤某犯掩饰、隐瞒犯罪所得罪，判处有期徒刑五年，并处罚金人民币 30000 元；

二、被告人罗某某等九人犯掩饰、隐瞒犯罪所得罪，判处有期徒刑六年至三年，并处罚金；

三、各被告人的违法所得依法予以追缴，上缴国库。

一审宣判后，检察机关未抗诉，汤某等以一审定性错误为由，提出上诉。

河南省平顶山市中级人民法院经审理认为：首先，罗某某等 9 人明知所转存的款项是犯罪所得，仍然利用自己的银行卡、微信、支付宝帮助收存、转移，从中获利，且本案的交易活动多处于深夜，明显不属于正常的交易活动，综上，可以认定罗某某等9人均具有掩饰、隐瞒犯罪所得罪的故意，其行为均构成掩饰、隐瞒犯罪所得罪。根据汤某在公安机关的供述，其主观上明知帮助转存的款项可能是违法犯罪所得，仍然办理银行卡，供他人转存使用，在需要人脸识别时予以配合，提供手机验证码，情节严重，其行为构成帮助信息网络犯罪活动罪。

河南省平顶山市中级人民法院依照《中华人民共和国刑法》第三百一十二条、第二百八十七条之二、第六十七条第一款和第三款、第六十四条、第五十三条第一款、第五十二条、第二十七条、第二十五条第一款，《中华人民共和国刑事诉讼法》第二百三十六条第一款第二项之规定，判决：

一、撤销河南省叶县人民法院（2021）豫0422刑初371号刑事判决；

二、上诉人（原审被告人）汤某犯帮助信息网络犯罪活动罪，判处有期徒刑一年六个月，并处罚金人民币30000元；

三、上诉人（原审被告人）罗某某等九人犯掩饰、隐瞒犯罪所得罪，判处有期徒刑四年至一年六个月，并处罚金；

四、各被告人的违法所得，依法予以追缴，上缴国库。

**【法官后语】**

“断卡”行动在全国范围内的开展，对信息网络犯罪生态圈进行了全链条式的打击和治理。受犯罪分子招募，供卡人并不亲自操作账户，只是在旁等候，在需要人脸认证的时候配合刷脸，对于该类供卡人如何定罪，司法实践中存在分歧。笔者认为，应当以帮助信息网络犯罪活动罪定罪处罚，理由如下：

第一，出租、出售银行卡的行为实质上是“为支付结算提供帮助”。帮助信息网络犯罪活动罪与掩饰、隐瞒犯罪所得罪在“两卡”犯罪认定中争议的焦点在于都包含了“支付结算”。但二者确有不同，两者实质区分即提供的支付结算行为是直接帮助行为还是间接帮助行为。“为支付结算提供帮助”和“支付结算型帮助”是完全不同的两个概念，具体来讲，帮助信息网络犯罪活动罪中的“支付结算”是“帮助”的对象而非内容，而掩饰、隐瞒犯罪所得罪中的“支付结算”就是“帮助”行为本身，而出租、出售银行卡的行为其实质上是为“支付结算”提供了帮助，其本身并不属于“支付结算型帮助”。

第二，配合刷脸，实质上系出租、出售银行卡的附属内容之一。大到智慧城市建设，小到手机客户端的登录解锁，都能见到人脸识别的应用。人脸识别支付是继扫码支付后的最新型支付方式，一经刷脸识别准确，便能代替密码输入完成支付。在转账过程中需要进行刷脸的，通常有这几种情况：转账金额较大需要刷脸，或者是只要转账就需要刷脸，或者登录该银行账户就需要刷脸。这里的刷脸其实就是进行身份验证，是为了保证账户安全采取的一种措施。事实上刷脸验证，与提供密码验证在本质上并无区别，都是一种身份识别的措施，是一种保护账户安全的策略。为他人提供刷脸服务，与为他人提供银行卡的密码（登录密码、支付密码）本质上并无二致，出租、出售自己的银行卡，通常都包含了提供银行卡密码的行为，否则对于买家来说毫无意义。

第三，以帮助信息网络犯罪活动罪定罪处罚，更能体现罪责刑相一致的原则。信息网络犯罪有其特殊性，实施信息网络犯罪的人与被害人往往并不直接见面，而是通过电信或者网络进行联系，再通过第三方支付机构或者他人的银行卡，获取被害人的钱款。转账、取现的行为是整个信息网络犯罪过程中的一个环节，供卡人仅处在整个犯罪链条某一节点，其承担的是“工具人”的角色，他本人无法控制自己的银行卡何时收到款项以及收到多少款项，其配合刷脸行为都是依据他人的指令进行，这类“工具人”往往具备较低的犯罪能力，对上游犯罪并没有明确的认识，单次帮助所造成的社会危害性较低，主观方面并没有达到掩饰、隐瞒犯罪所得罪中相对具体的程度。另外，单纯的出租、出售银行卡的行为大多具有偶发性，行为人与利用银行卡支付结算的犯罪分子通常并未形成比较稳定的配合关系，如果仅因持卡人在转账过程中配合刷脸，则认定其有参与转账的具体行为，以掩饰、隐瞒犯罪所得罪定罪，确实存在打击范围过广、量刑过重之嫌，有违刑法的“谦抑性”原则，但为了更好地体现量刑均衡化，在量刑时可与单纯出租、出售银行卡的行为人有所区分。

**编写人：河南省平顶山市中级人民法院　宋红超　张文钦　孙梦蝶**

23

# 提供、收购银行卡并帮忙转账构成掩饰、隐瞒犯罪所得罪

——谷某东、吴某文等掩饰、隐瞒犯罪所得案

## 【案件基本信息】

1. 裁判书字号

江苏省响水县人民法院（2020）苏0921刑初381号刑事判决书

2. 案由：掩饰、隐瞒犯罪所得罪

## 【基本案情】

2020年4月，高某（另案处理）等与境外诈骗等“犯罪集团”联系，组建“洗钱”工作室（以下简称工作室）专门提供“洗钱”服务，根据“洗钱”金额获取提成。后高某伙同被告人谷某东、吴某文等先后在某1县、某2县，招揽“客户”（提供银行卡、支付宝账户的人），以人民币500元不等（以下币种同）的日租金高额租用银行卡、支付宝账户，按照境外“犯罪集团”要求，提供一级银行卡接收资金，后逐级转账至绑定多张银行卡的一级、二级、三级支付宝账户，最终资金回流至“犯罪集团”指定的银行卡或支付宝账户，帮助逃避侦查。被告人谷某东、吴某文等人按照每人每天150元获取报酬。

2020年4月至5月21日，高某全面负责工作室运行。被告人谷某东协助高某全面管理工作室，雇用李某云（另案处理）负责工作室的后勤及记账工作，安排提取现金等。被告人吴某文负责招揽“客户”，高额租用银行卡、支付宝账户等供收款、转账、取现使用，带领“客户”办理银行卡、提取现金等。

2020年4月，被告人吴某文让被告人邱某伟帮助招揽“客户”，给其一位“客户”500元日租金。被告人邱某伟明知提供银行卡、支付宝账户用于“洗

钱”犯罪，为非法获利，仍提供自己、卓某杰、邓某、邱某伟、徐某军、顾某勤、周某春等名下的多张银行卡、支付宝账户供工作室使用，且帮助大额取现。5 月初，被告人卓某杰明知自己名下的银行卡、支付宝账户被用于“洗钱”犯罪，为非法获利，与被告人邱某伟商议，让其丈夫曹某（另案处理）以帮助办理贷款需“刷流水”为名从老家将崔某锋、马某、任某栓、龚某明、王某霞、张某琴带至某 3 县提供银行卡、支付宝账号，且帮助大额转账、取现。被告人卓某杰从被告人邱某伟处获得一位“客户”400 元日租金。

2020 年 5 月 2 日至 5 月 21 日，被告人洪某成受雇加入工作室，专门负责收取“客户”银行卡、支付宝账号、手机、身份证件等，验证银行卡能否正常使用，绑定银行卡至支付宝账户，修改为统一密码后交由转账人员使用。此外，为非法获利，被告人洪某成还招揽朋友侯某龙至某 3 县提供银行卡、支付宝账号。

经公安部电信诈骗案件侦办平台串并，工作室使用的支付宝账户和银行账号串并出电信诈骗等案件 242 起。经会计师事务所审核：2020 年 4 月 11 日至 5 月 21 日，该工作室过账资金总额 142530422.82 元，串并案件转入金额 7730288.3 元。被告人邱某伟直接提供及其招揽的“客户”名下银行卡、支付宝账户过账资金总额 24644217.14 元，串并案件转入金额 3329562.11 元。被告人卓某杰及其找来的“客户”名下银行卡、支付宝账户过账资金总额 14677006.94 元，串并案件转入金额 1983730.2 元。

公诉机关指控认为，被告人谷某东、吴某文、邱某伟、卓某杰、洪某成与他人明知是犯罪所得，仍租用、提供银行卡、支付宝账户等帮助收款、转账、取现，转移资金，情节严重，均应当以掩饰、隐瞒犯罪所得罪追究其刑事责任。

被告人谷某东对起诉指控的事实和定性均无异议。

被告人谷某东的辩护人对起诉指控的事实和定性均无异议，被告人吴某文对起诉指控的事实与定性均无异议。

被告人吴某文的辩护人认为本案更符合帮助信息网络犯罪活动罪的特征。

**【案件焦点】**

被告人的行为应如何定性。

**【法院裁判要旨】**

江苏省盐城市响水县人民法院经审理认为：被告人谷某东、吴某文、邱某伟、卓某杰、洪某成等人明知是犯罪所得资金，仍租用、提供银行卡、支付宝账户等帮助收款、转账、取现，转移资金，情节严重，其行为均已构成掩饰、隐瞒犯罪所得罪，且属共同犯罪。公诉机关起诉指控被告人谷某东、吴某文、邱某伟、卓某杰、洪某成犯掩饰、隐瞒犯罪所得罪的罪名均成立。对被告人吴某文的辩护人提出关于罪名的辩护意见，依据不足，本院不予采纳。被告人谷某东、吴某文在共同犯罪中起主要作用，系主犯，对被告人谷某东、吴某文的辩护人提出被告人谷某东、吴某文被胁迫从事犯罪、在共同犯罪中系从犯的辩护意见，与本院审理查明的事实不符，本院不予采纳。被告人邱某伟、卓某杰、洪某成在共同犯罪中起辅助作用，系从犯，应当减轻处罚。被告人谷某东犯罪以后自动投案，如实供述主要犯罪事实，系自首，且愿意接受处罚，可以从轻处罚。被告人吴某文、邱某伟、卓某杰、洪某成归案后如实供述自己的罪行，且愿意接受处罚，均可以从轻处罚。

江苏省响水县人民法院依照《中华人民共和国刑法》第三百一十二条第一款、第二十五条第一款、第二十六条、第二十七条、第六十四条、第六十七条第一款和第三款，《中华人民共和国刑事诉讼法》第二百零一条，《最高人民法院关于审理掩饰、隐瞒犯罪所得、犯罪所得收益刑事案件适用法律若干问题的解释》第三条第一款之规定，判决：

一、被告人谷某东犯掩饰、隐瞒犯罪所得罪，判处有期徒刑五年三个月，并处罚金人民币 8 万元；

二、被告人吴某文犯掩饰、隐瞒犯罪所得罪，判处有期徒刑五年，并处罚金人民币 7 万元；

三、被告人邱某伟犯掩饰、隐瞒犯罪所得罪，判处有期徒刑三年，并处罚金人民币 4 万元；

四、被告人卓某杰犯掩饰、隐瞒犯罪所得罪，判处有期徒刑二年，并处罚金人民币 3 万元；

五、被告人洪某成犯掩饰、隐瞒犯罪所得罪，判处有期徒刑一年十个月，并处罚金人民币 2 万元；

六、响水县公安局扣押的手机、银行卡等物品均依法予以没收，由扣押机关上缴国库。

一审宣判后，公诉机关未提出抗诉，被告人提出上诉，后撤回上诉，一审判决生效。

**【法官后语】**

一、本案争议焦点的不同意见

本案的争议焦点是被告人的行为应如何定性，主要有三种不同意见：

(1) 是被告人的行为构成诈骗罪。就本案而言，若认定被告人的行为构成诈骗罪，则要求被告人与上线在主观上具有意思联络，且有共同预谋并实施了诈骗活动中的某一环节，现有证据不足以证实被告人具有诈骗的主观故意，客观上也未实施诈骗行为，不构成诈骗罪；(2) 是被告人的行为构成掩饰、隐瞒犯罪所得罪；(3) 是被告人的行为构成帮助信息网络犯罪活动罪。

三个罪名在犯罪构成上有交叉，但在文义上又区别很明显，因为掩饰、隐瞒犯罪所得罪要求行为人明知是犯罪所得，而帮助信息网络犯罪活动罪要求行为人主观上明知他人是信息网络犯罪，诈骗罪则要求正犯或者对正犯实行行为有所认识，不单主观故意上有区别。

二、本案构成掩饰、隐瞒犯罪所得罪

根据《最高人民法院、最高人民检察院、公安部关于办理电信网络诈骗等刑事案件适用法律若干问题的意见》（以下简称《电诈意见二》）第十一条的规定，明知是电信网络诈骗犯罪所得及其产生的收益，以下列方式之一予以转账、套现、取现，符合刑法第三百一十二条第一款规定的，以掩饰、隐瞒犯罪所得、犯罪所得收益罪追究刑事责任。但有证据证明确实不知道的除外。

被告人的行为是构成掩饰、隐瞒犯罪所得罪还是帮助信息网络犯罪活动罪，则可以从以下几个角度来具体分析评判：

(1) 是多次使用或者使用多个非本人身份证明开设的收款码、网络支付接口等，帮助他人转账、套现、取现的；实施上述行为，事前通谋的，以共同犯罪论处；同时构成其他犯罪的，依照处罚较重的规定定罪处罚。法律和司法解释另有规定的除外。

(2) 是从主观故意方面来看，帮信罪要求行为人对于上游犯罪的性质是概括性明知，即主观上明知上游行为人极可能是犯罪行为或者具有某种罪质特征，具体实施何种犯罪则不需要明确而具体，在仅提供银行卡给他人进行支付结算的犯罪行为中，其提供银行卡只能是一般性的预见到其所提供的银行卡可能被用于网络犯罪，非确定性的明知。而掩饰、隐瞒犯罪所得、犯罪所得收益罪中，行为人主观上既可以是概括性明知，亦可以是确定性明知，在非事前通谋的情况下，其提供银行卡并帮助转账、取现的行为，其对于所转移的资金性质及其转移数额有更为精准的认知，该行为的主观能动性和积极性更高。

(3) 是从实施行为来看，帮助信息网络犯罪活动罪本质仍是帮助行为，其行为属于帮助犯正犯化，在行为人提供银行卡、电话卡或者其他结算账户等实施“提供支付结算帮助”的实行行为后，还需以提供银行卡后资金入账作为考量情节，且帮信罪的进入行为人账户的钱款一般直接来自受害人；而掩饰、隐瞒犯罪所得罪要求对“犯罪所得”实施具体窝藏、收购、转移等“掩饰、隐瞒”的行为，行为人提供银行卡或者支付结算账户之前，被害人被骗资金进入行为人提供的资金账户时上游犯罪已经完成，犯罪所得已经处于被帮助者的控制和支配之下，后行为人实施的转移行为则构成掩饰、隐瞒犯罪所得罪。

(4) 是从支付结算的资金来看，帮信罪中的支付结算资金可以包括和网络犯罪有关的资金，如“返利”资金、赌博网站的赌资等，而掩饰、隐瞒犯罪所得、犯罪所得收益罪的对象是犯罪所得及其收益，行为人提供银行卡并帮助支付结算行为的目的是掩饰、隐瞒犯罪所得及其收益，非直接收取被害人的钱款。且查证属实的转移数额可以认定为犯罪金额。

(5) 是从侵犯的法益来看，帮信罪主要是提供银行卡等，侵犯的是社会公共秩序，而掩饰、隐瞒犯罪所得犯罪主要打击的是妨害司法机关追查赃款的犯罪行为，行为人提供银行卡、使用账户进行转账操作，转移钱款，致使上游犯罪的钱款去向难以查实，造成了追赃困难，不利于对上游犯罪的查实。

回归本案，在本案中，被告人等人与境外诈骗等“犯罪集团”联系，专门提供“洗钱”服务，根据“洗钱”金额获取提成，在明知上游犯罪行为已经完成的情况下，为了赚取提成，仍提供自己或他人的银行卡实施帮助转账、取现行为，主观上对其自身行为具有概括性明知并存在放任的故意，客观上实施了提供银行卡帮助取现、转账的行为。

被告人谷某东、吴某文、邱某伟、卓某杰、洪某成等受上游指使，明知是犯罪所得资金，仍租用、提供银行卡等帮助收款、转账、取现，并且采取异常的分批次转账形式将资金分成若干笔转入指定账户，转移资金，情节严重，这种不同于社会正常的因个人需求的取款方式，明显是为了以多次、陌生人账户、倒转账号、职业化取款的非正常形式达到掩饰、隐瞒目的，可以明确推定概括的违法性认识。故对本案被告人以掩饰、隐瞒犯罪所得罪定罪并无不当。

**编写人：江苏省盐城市响水县人民法院　段庆云**

24

# 向办案机关故意提供虚假的上游犯罪相关账户资金数额的行为定性

## ——马某掩饰、隐瞒犯罪所得案

### 【案件基本信息】

1. 裁判书字号

江西省南昌市中级人民法院（2021）赣01刑终365号刑事判决书

2. 案由：掩饰、隐瞒犯罪所得罪

### 【基本案情】

2019年8月，东湖分局在对黄某等开设赌场罪某案（已判决）进行侦查过程中，发现部分涉案赌资流入犯罪分子在第三方支付平台某银公司开设的商户账户中。同年8月13日，东湖分局要求某公司提供涉案商户的余额、流水明细等相关材料。该公司风控部总监被告人马某明知上述商户中的钱款系犯罪所得，仍授意将涉案商户余额人民币5498948.84元修改为人民币20309.73元后提供给警方。后东湖分局于2019年12月、2020年6月两次对上述商户账户进行续冻，马某仍提供虚假冻结数据。2020年7月8日，被告人马某被公安机关抓获归案，其归案后如实供述了自己的主要犯罪事实。公安机关扣押了被告人马某的手机三部。

### 【案件焦点】

马某的行为如何定性。

**【法院裁判要旨】**

江西省南昌市东湖区人民法院经审理认为：被告人马某明知是公安机关追查的犯罪所得而予以掩饰、隐瞒，且情节严重，其行为已构成掩饰、隐瞒犯罪所得罪。马某有坦白情节，依法可从轻处罚。马某明知冻结的涉案商户账户中的钱款系犯罪所得，而实施了提供虚假冻结数据的掩饰、隐瞒犯罪所得行为，对上游开设赌场犯罪的定罪量刑造成了重大影响，直接妨害了司法机关对上游犯罪进行追究，且掩饰、隐瞒犯罪所得价值总额高达500余万元，远超该罪“情节严重”的认定标准。

江西省南昌市东湖区人民法院依照《中华人民共和国刑法》第三百一十二条第一款、第六十七条第三款、第六十四条之规定，作出如下判决：

一、被告人马某犯掩饰、隐瞒犯罪所得罪，判处有期徒刑六年，并处罚金人民币五万元；

二、扣押在案的手机，由公安机关依法处理。

马某上诉称：一审判决认定其虚报冻结数据行为构成掩饰、隐瞒犯罪所得罪，属定性不当，适用法律错误。对情节严重标准的认定没有事实依据。其行为应定性为帮助伪造证据行为，若构成犯罪，也应构成帮助伪造证据罪。一审判决定罪量刑违背罪责相适应的刑法基本原则。

江西省南昌市中级人民法院经审理认为：掩饰、隐瞒犯罪所得、犯罪所得收益罪所侵犯的客体是司法机关追查犯罪、追缴犯罪赃物的活动，对象是犯罪所得的赃物，客观方面主要表现为明知是犯罪所得及其收益而予以窝藏、转移、收购、代为销售或用其他方法予以掩饰、隐瞒的行为。本罪中的掩饰，指行为人主动设法遮盖犯罪所得及其产生的收益。本罪中的隐瞒，指当司法机关调查有关财产及其性质和来源时，行为人尽管知情却有意掩盖犯罪所得及其产生的收益。具体到本案，根据在案的证据，涉案商户账户内的资金数额只有上海某公司才能提供，公安机关只能通过该公司调取涉案商户账户的相关证据。马某亦供认其在南昌市公安局东湖分局第一次即2019年8月13日到其公司对涉案商户账户进行冻结时即已知晓涉案商户账户内的资金是违法犯罪性质的，仍然授意将涉案商户余额500万余元修改为2万余元后提供给东湖分局，在东湖分局两次续冻时仍继续提供虚假数据，直至案发，其行为妨害了公安机关追查上游犯罪。马某明知公安机关在追查上游犯罪违法所得，仍然先后三次提供虚假数据，其系完全刑事责任能力人且作为第三方支付平台公司风控部高管，应知晓其行为可能会造成上游犯罪的违法所得不被或难以查获的后果，具有掩饰、隐瞒犯罪所得的主观故意，其行为属于掩饰、隐瞒犯罪所得罪中的窝藏行为，妨害了公安机关追查上游犯罪违法所得。综上，马某的行为应以掩饰、隐瞒犯罪所得罪定罪处罚。其归案后如实供述了自己的罪行，有坦白情节，依法可从轻处罚。二审期间，马某家属自愿代为预缴了罚金人民币5万元，酌情予以从轻处罚。马某与上游开设赌场犯罪的行为人无犯意联络，其行为的出发点是保障公司利益，与纯粹为了掩饰、隐瞒犯罪所得及其收益的情形相比，主观恶性相对较小。另外，上游犯罪违法所得仍在被冻结的涉案商户账户内，马某无法支配，截至本案案发，账户内的违法所得未被转移、流失，其在本案中也未获取经济利益。从横向比较来看，相较于同等数额且造成上游犯罪违法所得流失、无法追回的情形，其行为的危害程度相对较小。从纵向比较来看，上游开设赌场犯罪情节严重的，法定刑为五年以上十年以下有期徒刑，上游开设赌场犯罪赌资总金额为17亿余元，本案涉案金额为540万余元，相较于上游犯罪的数额及法定刑幅度，一审法院对马某的量刑偏重。二审依法予以调整。依照《中华人民共和国刑法》第三百一十二条第一款、第六十七条第三款、第六十四条，《中华人民共和国刑事诉讼法》第二百三十六条第一款第二项的规定，作出如下判决：

一、维持南昌市东湖区人民法院（2020）赣0102刑初1045号刑事判决第一项的定罪部分和第二项，即被告人马某犯掩饰、隐瞒犯罪所得罪；扣押在案的手机，由公安机关依法处理；

二、撤销南昌市东湖区人民法院（2020）赣0102刑初1045号刑事判决第一项的量刑部分，即判处有期徒刑六年，并处罚金人民币5万元；

三、上诉人马某犯掩饰、隐瞒犯罪所得罪，判处有期徒刑四年，并处罚金人民币5万元。

【法官后语】

网络科技助推下的新型犯罪现象进一步放大了刑法司法实践中刑法概念解释的困境，刑法的谦抑性决定罪刑法定原则是刑事司法的底线。本案将马某向公安机关提供虚假冻结资金数据的行为认定为窝藏行为，体现了罪刑法定原则下刑事司法对传统刑法概念解释的有限扩张。

1. “犯罪所得”物理形态的异化不影响其价值属性

大数据时代，新型和传统犯罪行为所指向的“犯罪所得”的物理形态呈现“数据化”趋势，电子支付的盛行更加剧了这一趋势的演进。特定数据能否被认定为“犯罪所得”，取决于特定数据是否具备“犯罪所得”的利益属性。本案中，马某案涉行为所指向的数据虽在物理形态上仅表现为一条数字信息，但在权利形态上表现为权利主体向“第三方支付平台”公司主张支付的请求权凭证，该数据具备“犯罪所得”应有的财产价值属性，在权利形态和价值形态上与传统意义上的财产并无二异。

2. 窝藏行为方式的异化不影响行为所侵害法益的识别

“犯罪所得”物理形态的异化，带来对“掩饰、隐瞒”方式异化的现实需求，但异化的方式所侵害的法益与传统方式无异。本案中，马某案涉行为的直接目的是不让公安机关发现“违法所得”的真实金额，且行为人应当知道“虚报”行为对司法秩序产生的影响，该行为特点与窝藏行为的概念吻合，“虚报数据”行为所损害的法益与传统窝藏行为所损害的法益具有一致性。本案将“虚报数据”行为认定为窝藏行为，符合完全刑事责任能力的一般主体对窝藏行为概念扩张解释的预期可能性，与传统的窝藏行为不同的是，本案窝藏的空间并非现实的物理空间，而是虚拟的网络空间。

3. 行为利益动因的分析有利于新型犯罪现象的甄别

任何人均不得从犯罪行为中获益，而不得从犯罪行为中获取的利益，应当包括控制财产性利益减少的消极利益，及“犯罪所得”附属的衍生利益，否则，消极利益和衍生利益的迭代累积将诱导出新的犯罪现象。本案中，马某与上游犯罪的行为人无实施上游犯罪的犯意联络，并无从上游犯罪行为中获利的动因，故不构成上游犯罪的共犯；马某并非上游犯罪的证人，与上游犯罪行为人并无伪造证据的犯意联络，其行为的利益动因并非从上游犯罪行为人免予或减轻刑事处罚的结果中获取利益，故不构成伪证罪或帮助伪造证据罪。马某授意“虚报数据”行为的利益动因在于降低公司赔付风险，该利益的获取并不以上游犯罪“所得”的直接取得为必要，该利益动因证成了其主观故意的存在。本案将“虚报数据”纳入窝藏行为的概念范畴，通过解释方法的运用阐释了传统刑法对新型犯罪方式所指向的利益的否定，警示第三方支付平台等公司及从业人员不得以网络为掩饰从犯罪行为中获利，对预防新型犯罪手段和犯罪现象的出现具有重要的教义意义。

综上，罪刑法定原则是刑事司法对传统刑法概念扩张解释的规则边界，实质解释的谦抑适用对刑事司法争议的厘定具有重要的实践价值。

编写人：江西省南昌市中级人民法院　潘建

25

# 掩饰、隐瞒犯罪所得罪案件中对被告人主观故意和客观罪行的定性及与其他罪名的区分

## ——杨某炜掩饰、隐瞒犯罪所得案

### 【案件基本信息】

1. 裁判书字号

湖北省武汉市中级人民法院（2021）鄂01刑终1339号刑事裁定书

2. 案由：掩饰、隐瞒犯罪所得罪

【基本案情】

2021 年 2 月，被告人杨某炜应朋友“胡某平”（另案处理）的要求，前往某银行实名制办理了卡号 623668146002123××××的银行卡一张，后告知“胡某平”该银行卡的账号，“胡某平”表示后续将有大量资金进入该银行卡。

2021 年 3 月 8 日，饶某军被网络诈骗，其被骗资金中人民币 123000 元转入了被告人杨某炜上述银行卡，被告人杨某炜明知“胡某平”从事犯罪活动的情况下，仍根据“胡某平”的安排，将上述资金转入“胡某平”指定的账户。

2021 年 3 月 9 日和同月 10 日，某旅游风景区居民赵某超在其位于某村××号××号楼的家中被网络诈骗，其被骗资金中人民币 126612 元转入了被告人杨某炜前述银行卡，被告人杨某炜明知“胡某平”从事犯罪活动的情况下，仍根据“胡某平”的安排，将上述资金转入“胡某平”指定的账户。

2021 年 3 月 31 日，公安机关将被告人杨某炜抓获归案。

【案件焦点】

掩饰、隐瞒犯罪所得罪案件中，对被告人主观故意和客观罪行的定性及与其他罪名的区分。

【法院裁判要旨】

湖北省武汉东湖新技术开发区人民法院经审理认为：被告人杨某炜明知是犯罪所得，仍协助他人转移钱财共计人民币 249612 元，情节严重，其行为已构成掩饰、隐瞒犯罪所得罪。公诉机关指控的犯罪事实清楚，证据确实、充分，罪名准确，本院予以确认。被告人杨某炜及其辩护人均提出被告人杨某炜不明知“胡某平”从事犯罪活动，被告人杨某炜出借本人银行账户为“胡某平”提供支付及转账便利，符合帮助信息网络犯罪活动罪的构成的辩解及辩护意见，经查，被告人杨某炜应“胡某平”的要求，实名制办理了银行卡，后告知“胡某平”该银行卡的账号，“胡某平”表示后续将有大量资金进入该银行卡，并按“胡某平”的要求指示多次进行转账、提取等活动，本案中两名被害人被骗的款项共计人民币 249612 元转入被告人杨某炜的银行账户，被告人杨某炜明知

"胡某平"从事犯罪活动的情况下，仍根据"胡某平"的安排，将上述资金转入"胡某平"指定的账户，结合被告人杨某炜在公安机关"我就觉得不对劲又问他钱的来源，他就跟我说这些钱是网络赌博的钱""我认为他就是帮网络赌博等等违法的资金洗钱的""这些资金肯定不合法""我就是听从'胡某平'的安排，用自己的银行卡，向他提供的账号转账、洗钱，做违法的事情"等供述、被告人杨某炜与"胡某平"微信聊天记录截图中"×支付不是被风控了嘛""肯定有人报了案的，关注着的，要不然不会这样的啊""秒封，那估计有点问题了"及谈论转账等聊天记录、转账记录截图、某银行个人活期账户交易明细等证据，相互印证，足以证明被告人杨某炜主观上明知"胡某平"从事犯罪活动的情况下，仍协助其转移钱财，致使二名被害人被骗资金通过其银行账户转移，其行为已经构成掩饰、隐瞒犯罪所得罪，故对该辩解及辩护意见，本院不予以采纳。

湖北省武汉东湖新技术开发区人民法院依照《中华人民共和国刑法》第三百一十二条第一款、第五十二条、第五十三条、第六十四条的规定，作出如下判决：

一、被告人杨某炜犯掩饰、隐瞒犯罪所得罪，判处有期徒刑三年三个月，并处罚金人民币 2 万元；

二、公安机关扣押在案的作案工具手机一部、银行卡一张，予以没收。

杨某炜不服原审判决认为，其事先并不明知"胡某平"从事犯罪活动，其出借本人银行账户为"胡某平"提供支付及转账便利，应构成帮助信息网络犯罪活动罪。

辩护人的辩护意见为：杨某炜系坦白，且在二审中表示认罪认罚，应酌情从轻处罚。

湖北省武汉市中级人民法院经审理认为：（1）关于上诉人杨某炜提出的其事先并不明知"胡某平"从事犯罪活动，其出借本人银行账户为"胡某平"提供支付及转账便利，应构成帮助信息网络犯罪活动罪的上诉理由。经查，根据杨某炜的供述，在对方称其自己是黑名单转不了钱的情况下，让杨某炜提供一张没有使用过的银行卡给其转账，同时又给其提供一个新的账号用于将转入杨某炜银行卡里的钱转出。杨某炜在此种不合常理的情况下，实名制办理了银行卡。此后根据杨某炜与“胡某平”微信聊天记录截图及杨某炜的银行卡交易明细显示，杨某炜按“胡某平”的要求于2021年2月至3月短时间内进行多次转账及提现。上述事实足以证明杨某炜主观上明知“胡某平”从事犯罪活动的情况下，仍协助其转移资金，致使二名被害人被骗资金通过其银行账户转移，其行为已经构成掩饰、隐瞒犯罪所得罪，故该上诉理由与本案查明的事实和证据不符，本院不予以采纳。（2）杨某炜被抓获归案后，如实供述主要犯罪事实，但在一审庭审中，明确提出其对“胡某平”从事犯罪活动不明知。故，其未能如实供述，依法不构成坦白。同时，杨某炜的书面上诉状及二审提审中均明确表示对原审认定的罪名不认可，未接受司法机关认定意见的，依法不属于认罪认罚的情形，不予从宽处理。

上诉人杨某炜明知是犯罪所得，仍协助他人转移钱财共计人民币249612元，情节严重，其行为已构成掩饰、隐瞒犯罪所得罪。原审认定事实清楚，证据确实、充分，定罪准确，审判程序合法。原审根据上诉人杨某炜的犯罪事实及相关情节，在法定幅度内对其量刑并无不当，上诉人杨某炜提出的上诉理由及辩护人提出的辩护意见，本院不予采纳。

湖北省武汉市中级人民法院依照《中华人民共和国刑事诉讼法》第二百三十六条第一款第一项的规定，作出如下裁定：

驳回上诉，维持原判。

## 【法官后语】

本案处理重点主要在于对被告人杨某炜主观故意和客观罪行的定性及与其他罪名的区分。

根据《最高人民法院、最高人民检察院、公安部关于办理电信网络诈骗等刑事案件适用法律若干问题的意见》规定，明知是电信网络诈骗犯罪所得及其产生的收益，以“帮助他将巨额现金散存于多个银行账户，或在不同银行账户之间频繁划转”“为他人提供非本人身份证明开设的信用卡、资金支付结算账户后，又帮助他人转账、套现、取现”等行为方式予以转账、套现、取现的，依照刑法第三百一十二条第一款的规定，以掩饰、隐瞒犯罪所得、犯罪所得收益罪追究刑事责任。但有证据证明确实不知道的除外。

《最高人民法院、最高人民检察院、公安部关于办理电信网络诈骗等刑事案件适用法律若干问题的意见（二）》第十一条也对上述意见作出了明确的规定。

具体到本案中，“胡某平”称其是黑名单转不了钱，让杨某炜提供一张未使用过的银行卡给其转账，同时又给其提供一个新的账号用于将转入杨某炜银行卡里的钱转出。杨某炜在此种不合常理的情况下，实名制办理了银行卡。杨某炜按“上家”的要求短时间内多次转账及提现。上述事实足以证明杨某炜主观上明知“胡某平”从事犯罪活动的情况下，仍协助其转移资金，致使被害人被骗资金通过其银行账户转移，其行为应以掩饰、隐瞒犯罪所得罪定罪处罚。

值得注意的是，在对于掩饰、隐瞒犯罪所得罪案件中与帮助信息网络犯罪活动罪存在交叉的情况时，应当坚持主客观相一致原则，准确适用法律、司法解释及相关法律适用问题的会议纪要。同时在定罪、量刑时，应考量几点：第一，结合行为人认知能力、既往经历、交易对象、与上游犯罪人员的关系、提供支持或帮助的时间及方式、使用银行卡或结算账户等载体的个数、次数、种类及行为人的供述及辩解等主观因素，综合认定“明知”他人从事犯罪活动或者“明知”他人利用信息网络实施犯罪。第二，综合全案证据判断，行为人与上游实施犯罪的人员，有无事前通谋。事先通谋的，以共同犯罪论处；同时构成其他犯罪的，依照处罚较重的规定定罪处罚。当然法律和司法解释另有规定的除外。第三，以行为人主观“明知”内容及具体实施的罪行区分行为性质，定罪处罚。按有关“断卡”行动中法律适用问题的会议纪要意见及相关司法解释，准确区分掩饰、隐瞒犯罪所得、犯罪所得收益罪、帮助信息网络犯罪活动罪、诈骗罪。即：(1) 明知他人实施电信网络诈骗犯罪，参加诈骗团伙或者与诈骗团伙之间形成较为稳定的配合关系，长期为他人提供信用卡或者转账取现的，可以诈骗罪论处。(2) 行为人向他人出租、出售信用卡后，在明知是犯罪所得及其收益的情况下，又代为转账、套现、取现等，或者为配合他人转账、套现、取现而提供刷脸等验证服务的，可以掩饰、隐瞒犯罪所得、犯罪所得收益罪论处。(3) 明知他人利用信息网络实施犯罪，仅向他人出租、出售信用卡，未实施其他行为，达到情节严重标准的，可以帮助信息网络犯罪活动罪论处。第四，由于本类犯罪可能涉及上游犯罪人员众多、行为繁杂的情况，为保障被害人合法财产权益，及时止损，在包括侦查、审查起诉、审理各个刑事诉讼环节，协调上、下游犯罪受理单位采取资金控制措施，以确保执行环节达到良好的社会效果。

编写人：湖北省武汉东湖新技术开发区人民法院 余杰

26

## 执行终结后被执行人转移资产逃避执行行为性质的认定

### ——郜某建、祁某军拒不执行判决、裁定案

**【案件基本信息】**

1. 裁判书字号

河南省郑州市中级人民法院（2021）豫 01 刑终 861 号刑事裁定书

2. 案由：拒不执行判决、裁定罪

**【基本案情】**

2011 年 7 月 15 日，被告人郜某建出资购买阀门公司 68.4192%的股份，后任公司董事长兼法人代表，负责公司运营。2013 年 7 月 8 日，郜某建通过增资方式，在公司占股 84.1342%。2015 年 7 月被告人祁某军到阀门公司任生产副总经理，2017 年 3 月任总经理。

2017 年 1 月 22 日，某达公司与阀门公司买卖合同纠纷一案，郑州市上街

区人民法院作出（2017）豫0106民初169号民事调解书。2017年1月23日，阀门厂与阀门公司买卖合同纠纷一案，郑州市上街区人民法院作出（2017）豫0106民初168号民事调解书。上述民事调解书生效后，阀门公司均未履行还款义务。2018年10月23日，某达公司、阀门厂申请执行立案。2018年11月20日，郑州市上街区人民法院作出（2018）豫0106执911、912号执行裁定书，裁定查封、冻结、扣押、划拨、提取、拍卖被执行人名下价值1574117元的财产，并于2018年11月22日送达阀门公司。2018年11月22日，阀门公司与阀门厂、某达公司达成执行和解协议，后未依约履行。

被告人郜某建让被告人祁某军安排阀门公司出纳王某玲将公司账户款项及时转入王某玲的个人银行账户。客户给阀门公司汇款前，祁某军让王某玲查询公司账户是否被法院冻结，如果账户没有被冻结，祁某军就通知业务经理安排客户打款，同时安排王某玲将公司账户款项转移到王某玲的个人账户。经审计，自2018年11月23日至2019年6月12日，阀门公司银行账户共向王某玲银行账户转款7573400元。

阀门公司只在2019年1月3日向某达公司支付5万元后拒不执行，后经法院强制执行，将阀门公司所欠某达公司的款项执行完毕。但裁定涉及的阀门公司欠阀门厂的款项1089354.1元（不含利息）至今无法执行。

## 【案件焦点】

终结执行是否影响拒不执行判决、裁定罪的成立。

## 【法院裁判要旨】

河南省郑州市上街区人民法院经审理认为：拒不执行判决、裁定罪，是指对人民法院已经发生法律效力的判决、裁定有能力执行而拒不执行，情节严重的行为。《全国人民代表大会常务委员会关于〈中华人民共和国刑法〉第三百一十三条的解释》规定，人民法院为依法执行支付令、生效的调解书、仲裁裁决、公证债权文书等所作的裁定属于该条规定的裁定。在案的证据能够形成完整的证据链条，证明被告人郜某建作为阀门公司的董事长、法定代表人，被告人祁某军作为阀门公司的总经理，收到法院的裁定书后，明知阀门公司部分账户被法院查封、冻结，为防止法院对阀门公司账户查封、冻结，通过转移公司对公账户资金的方式逃避执行，严重影响法院执行工作，其行为已构成拒不执行裁定罪。在共同犯罪中，二被告人均起主要作用，均系主犯；其中，部某建作用相对较大。判决：

一、被告人部某建犯拒不执行裁定罪，判处有期徒刑二年；

二、被告人祁某军犯拒不执行裁定罪，判处有期徒刑一年六个月。

一审判决后，二被告人提起上诉，河南省郑州市中级人民法院经审理认为：原判认定的事实清楚，证据确实充分，适用法律正确，量刑适当，审判程序合法。针对上诉人的意见，人民法院认为，河南省郑州市上街区人民法院系在双方达成和解协议后以终结执行方式结案，此种情形终结执行对强制执行措施并非必须解除，且阀门公司并未主动履行和解协议，执行裁定要求执行阀门公司1574117元财产亦未执行完毕，执行裁定要求的内容仍具有强制执行效力。部某建、祁某军作为公司负责人员，指使和安排转移、隐藏公司账户资金，二人对此行为负有直接责任，致使执行标的未能实际执行完毕，符合拒不执行判决、裁定罪的规定，应承担相应刑事法律责任。依照《中华人民共和国刑事诉讼法》第二百三十六条第一款第一项之规定，裁定：

驳回上诉，维持原判。

**【法官后语】**

拒不执行判决、裁定罪罪状表述中的“执行”和终结执行、恢复执行的“执行”的内涵不同。前者是指当事人有能力执行而拒不执行人民法院已经发生法律效力的判决、裁定规定的义务；后者是指法院的强制执行手段，如查封、扣押、冻结等。执行案件流程系统须进行相应改造，在终结执行内增加“和解长期履行”作为终结执行的一种情形（可见该“终结执行”是一种内部报结方式，并不终结当事人的权利义务）；同时，对该种情形终结执行的案件在报结时可以不做必须解除强制执行措施的要求。只有进入执行程序，法院才能采取强制措施迫使被执行人履行生效法律文书确定的义务。在本案中，由于当事人达成执行和解协议，法院终结执行，终结的是执行人员采取强制措施的权力，而不是被执行人履行生效裁判文书确定的法律义务，法院的强制执行措施并没有结束。

阻却执行裁定书执行效力的，是当事人的和解，但这种阻却只存在于当事人按照和解协议正常履行义务的过程中，并没有改变原裁判文书的有效性和执行力；一旦当事人没有按照和解协议履行，原裁判文书的效力自动恢复。申请执行人申请恢复执行，是恢复法院对被执行人的强制执行手段和措施，而不是申请执行人申请后才恢复原生效裁判文书的执行力（即被执行人的履行义务）。本案中，执行裁定书的内容是生效的民事调解书，而不是执行裁定本身的一系列强制措施。该执行裁定书已经生效，具有法律约束力、执行力，其效力不会因为终结执行而终结。而且，终结执行并非执行完毕，不能因终结执行而令被执行人可以逃避履行义务，恣意转移财产。

综上，在法院作出并向被执行人送达执行裁定书后，尽管双方当事人达成了执行和解协议，但该执行裁定书并不因此失效。原执行裁定书确定的义务并未履行完毕，在被执行人未履行执行裁定书确定义务的情形下，该执行裁定书仍具有强制执行的效力。被告人在执行裁定书生效后采取转移、隐匿财产的行为逃避执行，至今仍未履行该裁定书所确定的义务，其行为已构成拒执犯罪。

用好拒执罪这一法律武器，不仅能实现维护国家司法秩序和保护申请执行人合法权益的立法目标，也能有力促使被执行人履行生效裁判文书确定义务。司法实践中，对拒执罪立法本意的理解还未做到完全统一。本案对于打击此类型的拒执犯罪，威慑部分不诚信的债务人，有效缓解执行难的困境，具有现实意义。

编写人：河南省郑州市上街区人民法院　王天超　陈超

27

# 在执行过程中隐瞒事实且以恶意提出执行异议的方式妨害执行的行为应如何定性

## ——韩某英拒不执行判决、裁定案

**【案件基本信息】**

1. 裁判书字号

江苏省启东市人民法院（2021）苏0681刑初552号刑事判决书

2. 案由：拒不执行判决、裁定罪

**【基本案情】**

江苏省南通市中级人民法院于2011年10月15日作出（2011）通中民终字第1105号民事判决书，判决被告人韩某英及陈某名、茅某舫、朱某芳于该判决生效之日起十日内在继承陈某如（韩某英丈夫，已故）的遗产的范围内向戴某盛承担偿还货款549440元及利息的义务。

2011年7月18日，被告人韩某英向上海市黄浦区人民法院起诉徐某云，诉称其丈夫陈某如生前将60万元借给徐某云并出具借据，后该院判决韩某英胜诉。韩某英先后于2012年10月10日至2019年2月1日收到徐某云给付的执行款合计63万余元。因韩某英未自觉履行（2011）通中民终字第1105号民事判决书中确定的对戴某盛的偿还义务，戴某盛向江苏省启东市人民法院申请强制执行，因韩某英隐瞒其收到徐某云还款的事实并转移了相关钱款，江苏省启东市人民法院未发现韩某英有可供执行的财产，遂于2014年10月17日裁定终结本次执行程序。2019年3月21日，戴某盛向江苏省启东市人民法院申请恢复执行。恢复执行中，江苏省启东市人民法院冻结韩某英名下的银行账户内的

261212.57 元存款，并扣划给戴某盛。2019 年 7 月 5 日，韩某英以未继承陈某如的遗产为由，向江苏省启东市人民法院提出书面执行异议，请求法院驳回戴某盛的执行申请，将“错误”扣划的银行存款予以返还。因韩某英隐瞒其收到的徐某云还款系继承陈某如遗产的事实，江苏省启东市人民法院错误地认为恢复执行中扣划韩某英名下银行存款无事实与法律依据，于 2019 年 8 月 26 日裁定撤销江苏省启东市人民法院执行中的冻结划扣裁定。戴某盛不服申请复议。江苏省南通市中级人民法院亦因韩某英隐瞒事实，错误地裁定驳回戴某盛的复议申请。江苏省启东市人民法院于 2021 年 1 月 2 日作出执行裁定，责令戴某盛向韩某英返还在江苏省启东市人民法院执行过程中已取得的 261212.57 元及其孳息，并于 2020 年 2 月 19 日立案执行回转，后扣划戴某盛名下银行存款 180504.54 元，退回执行费 3900 元，合计 184404.54 元，发还韩某英。

后自诉人戴某盛向公安机关控告，公安机关未接收控告材料，戴某盛遂向江苏省启东市人民法院提起刑事自诉。启东法院依职权调取了相关证据后立案受理。立案后，被告人韩某英经法院电话通知主动到案接受调查，如实供述了自己的罪行，后主动缴纳执行款，在本次继承遗产范围内履行了给付义务。

**【案件焦点】**

行为人在民事案件被执行过程中隐瞒事实，且恶意提出执行异议，导致法院作出错误的执行裁定，应当定性为虚假诉讼罪还是拒不执行判决、裁定罪。

**【法院裁判要旨】**

江苏省启东市人民法院经审理认为：被告人韩某英对人民法院的判决、裁定有能力执行而拒不执行，还通过虚假诉讼等方式妨害执行，情节特别严重，其行为已构成拒不执行判决、裁定罪，依法应当追究刑事责任。自诉人戴某盛控诉被告人韩某英犯拒不执行判决、裁定罪的事实清楚，证据确实充分，指控罪名成立，启东法院予以支持。被告人韩某英犯罪以后自动投案，如实供述自己的罪行，是自首，且认罪态度较好，在本次继承遗产范围内已履行了给付义务，可以对其减轻处罚并适用缓刑。

江苏省启东市人民法院根据《中华人民共和国刑法》第三百一十三条第一款、第六十七条第一款、第七十二条第一款、第七十三条第二款和第三款，《最高人民法院关于审理拒不执行判决、裁定刑事案件适用法律若干问题的解释》第二条第四项、第三条之规定，作出如下判决：

被告人韩某英犯拒不执行判决、裁定罪，判处有期徒刑二年六个月，缓刑三年。

一审宣判后，在法定期限内自诉人、被告人均未上诉，一审判决已经发生法律效力。

【法官后语】

行为人在被执行过程中以捏造的事实对执行标的提出异议，属于刑法虚假诉讼罪规定的“以捏造的事实提起民事诉讼”。行为人隐瞒事实恶意提起执行异议，妨害执行，导致法院作出错误的执行裁定，侵犯了司法秩序，既符合虚假诉讼罪的构成要件也符合拒不执行判决、裁定罪的构成要件。本案中罪名的选择取决于两个因素：一是两个罪名轻重的比较，二是罪名的外延及诉讼方式的限制。

1. 两个罪名轻重的比较

根据《最高人民法院关于审理拒不执行判决、裁定刑事案件适用法律若干问题的解释》第二条的规定，负有执行义务的人有能力执行而实施通过虚假诉讼方式妨害执行，致使判决、裁定无法执行的行为的，应当认定为其他有能力执行而拒不执行，情节严重的情形。《最高人民法院、最高人民检察院关于办理虚假诉讼刑事案件适用法律若干问题的解释》第四条规定，实施虚假诉讼行为，非法占有他人财产或者逃避合法债务，又构成诈骗罪、拒不执行判决、裁定罪等犯罪的，依照处罚较重的犯罪定罪从重处罚。从两个司法解释中不难发现，以虚假诉讼的方式追求拒不执行判决、裁定的结果，二者属于牵连犯关系，实践中二者应当择一重罪处罚。我国刑法对虚假诉讼罪和拒不执行判决、裁定罪的刑档设计上均有两个刑档，入罪刑档有所区别：虚假诉讼罪为三年以下有期徒刑、拘役或者管制，并处或者单处罚金；拒不执行判决、裁定罪为三年以下有期徒刑、拘役或者罚金。因为虚假诉讼罪比拒不执行判决、裁定罪在判处主刑的同时还可并处罚金，故可以认为虚假诉讼罪重于拒不执行判决、裁定罪。但是在两个罪的第二个刑档方面，二者均为三年以上七年以下有期徒刑，并处罚金，因此无法认定孰重孰轻。

2. 罪名外延及诉讼方式的限制

本案中，被告人的行为使两级法院均作出错误的裁定，且将已执行的钱款错误地执行回转。可以说被告人恶意的虚假诉讼行为直接导致了司法机关做出了一系列的错误行为，也导致法院无法对被告人进行有效执行，社会影响极其恶劣，无论认定两罪中任何一罪，均应在“三年以上七年以下有期徒刑，并处罚金”的刑档量刑。此时罪名的选择就要考虑罪名外延和诉讼方式的限制。被告人在被第一次执行时隐瞒事实（通过其他诉讼收到了继承的钱款）且将钱款转移，导致法院执行不能，在被第二次执行时恶意提出执行异议，导致法院作出错误的执行裁定。如果全案认定为虚假诉讼罪，则罪名无法涵盖被告人在被第一次执行时隐瞒事实及转移钱款的行为，而如认定拒不执行判决、裁定罪，则罪名能够涵盖被告人在整个执行过程中的全部行为。毕竟虚假诉讼仅是在第二次被执行时的手段，而拒不执行判决、裁定则是在整个被执行过程中所追求的目的。同时根据相关司法解释的规定，虚假诉讼罪是公诉罪名，拒不执行判决、裁定罪既是公诉罪名也是自诉罪名。本案中自诉人曾向公安机关提出控告，公安机关未予立案，自诉人以拒不执行判决、裁定罪向法院提起自诉，如查证属实，法院应当以拒不执行判决、裁定罪定罪处罚，非经公诉程序，不得在自诉案件中认定为虚假诉讼罪。

**编写人：江苏省启东市人民法院　王麒锟　陈中兵**

# （三）妨害文物管理罪

28

## 文物未到案情况下倒卖文物罪与掩饰隐瞒犯罪所得罪的区别认定

——刘某中倒卖文物案

**【案件基本信息】**

1. 裁判书字号

河南省安阳市中级人民法院（2021）豫05刑终25号刑事判决书

2. 案由：倒卖文物罪

**【基本案情】**

2012年11月，被告人刘某中在某宾馆，收购曲某亮、张某峰（均另案处理）等在某村民房（殷墟遗址保护区建设控制地带）盗墓时挖出的4个直径10~20厘米的玉璧、1个约10厘米长的鸟型（或鱼型）玉件、1个方形玉琮等文物，交易价格为40万元人民币。

**【案件焦点】**

倒卖文物罪中，被告人刘某中拒不退缴文物亦不交代文物去向情况下，倒卖文物罪与掩饰、隐瞒犯罪所得罪的区别认定。

**【法院裁判要旨】**

河南省安阳市殷都区人民法院经审理认为：被告人刘某中明知是犯罪所得赃物而予以收购，情节严重，其行为已构成掩饰、隐瞒犯罪所得罪。公诉机关指控被告人刘某中以牟利为目的倒卖国家禁止经营的文物，应以倒卖文物罪追究被告人刑事责任的意见，经查，公诉机关提交的现有在案证据不足以证实被告人刘某中是以倒卖牟利为目的而购买涉案玉件，故本院对该项指控罪名不予支持。

河南省安阳市殷都区人民法院依照《中华人民共和国刑法》第三百一十二条第一款、第六十七条第三款、第五十二条、第五十三条、第六十四条之规定，作出如下判决：

一、被告人刘某中犯掩饰、隐瞒犯罪所得罪，判处有期徒刑三年，并处罚金人民币 5 万元；

二、赃物、赃款予以追缴，均上缴国库。

被告人刘某中对一审判决不满，提起上诉，河南省安阳市殷都区人民检察院提起抗诉。河南省安阳市中级人民法院经审理认为：上诉人刘某中以牟利为目的，倒卖国家禁止经营的文物，交易数额人民币 40 万元，情节特别严重，其行为已构成倒卖文物罪。原判认定刘某中犯掩饰、隐瞒犯罪所得罪定罪不当，予以纠正。河南省安阳市殷都区人民检察院抗诉及出庭检察员出庭意见成立，予以支持。上诉人刘某中及其辩护人的辩护意见均不能成立，不予采纳。

河南省安阳市中级人民法院依照《中华人民共和国刑法》第三百二十六条第一款、第五十二条、第五十三条、第六十四条，《中华人民共和国刑事诉讼法》第二百三十六条第一款第二项之规定，作出如下判决：

一、维持安阳市殷都区人民法院（2020）豫 0505 刑初 112 号刑事判决第二项对涉案赃款、赃物的处置部分；

二、撤销安阳市殷都区人民法院（2020）豫 0505 刑初 112 号刑事判决第一项对上诉人刘某中的定罪和量刑；

三、上诉人刘某中犯倒卖文物罪，判处有期徒刑五年，并处罚金人民币 10

万元。

【法官后语】

未查获到交易的出土文物实物，如何认定倒卖文物罪的犯罪对象？下游文物犯罪分子到案后，如何区分以收藏为目的和以牟利为目的文物交易？这是惩治文物下游犯罪司法实务中遇到的两大难题。在此类案件的处理中，一是不能因交易文物未到案而直接认定倒卖文物罪犯罪对象不符；二是不能简单机械地以掩饰、隐瞒犯罪所得罪的定罪量刑。此类案件应当结合证据深入分析，提出处理意见，特别是针对职业文物倒卖者准确定罪量刑。

一、未查获文物实物如何认定倒卖文物罪犯罪对象

1. 上游犯罪盗掘古墓葬的位置。本案的交易对象玉器，根据出卖人（盗墓分子）的供述，是从安阳地区地下挖掘而来，交易时玉器仍带有泥土，属于出土后的第一手直接交易，并非后续流入市场的二次交易。虽无法清楚得知文物的真假及价值，但结合所盗掘墓葬的位置系全国重点文物保护单位殷墟遗址建设控制地带内，此次盗掘行为对商代文化层造成了严重破坏并破坏商代墓葬一座，且属于出土后首次交易，足以认定这批玉器属于古墓葬中盗掘而来，属于国家所有，禁止个人经营的文物。从价值以及文物交易的价格、交易双方对文物的认知程度等多因素综合判断，足以认定交易对象为国家禁止经营的文物，即使未查获到用于交易的出土文物实物的，依法可以认定为倒卖文物罪的犯罪对象。

2. 交易方式的特殊性。区别于正常交易方式，本案被告人刘某中多次驾车前往安阳进行生意往来，并且采用随身携带大量现金当面交易，而非当下最方便的电子转账等方式进行交易。从侧面显示出刘某中明显清楚其行为是法律不被允许的，因而采用隐蔽式交易的。

3. 交易地点的特殊性。安阳殷墟属于国家重点文物保护单位，对于职业文物经营者来讲，他们非常了解安阳地下仍有大量未开发的古墓葬及未挖掘出土的文物。因此，这些前来收购文物的人都十分明确，抱着收购文物的目的而来，并且根据证据显示，这并不是被告人刘某中第一次前往安阳收购文物，这也证

明了交易双方都很清楚交易对象系安阳殷墟盗掘而来出土文物。

4. 交易双方的认知程度。作为职业文物经营者，本案被告人刘某中作为一名文物经营者对于文物是存在一定鉴定能力的，其对自己所收购的文物具有清晰的认知，属于殷商时期的玉件。而本案交易的另一方系安阳地区职业盗墓人，在安阳地区多次进行有组织的盗掘行为，对于挖掘出来的物品具有清晰的了解，因此可确定交易双方对于交易对象是有明确认知的 。

二、如何区分以收藏为目的和以牟利为目的主观要件

倒卖文物罪，是指以牟利为目的，倒卖国家禁止经营的文物，情节严重的行为。该罪侵犯的客体是国家的文物管理制度，对象是国家禁止经营的文物。掩饰、隐瞒犯罪所得、犯罪所得收益罪和倒卖文物罪均属于妨害社会管理秩序罪，两者在主观方面均为故意，但故意内容不尽相同。掩饰、隐瞒犯罪所得、犯罪所得收益罪明知是犯罪所得及其产生的收益而采取窝藏、转移、收购、代为销售等方法，客观上妨害了司法机关对上游犯罪行为的追究。而倒卖文物罪以牟利为目的，并且要明知是禁止买卖的文物。对于以做古玩等文物生意为业的经营者而言，到案后如不能退出所收购的涉案文物，不能印证以收藏为目的的，这说明文物极有可能已经出售，并不在被告人手中。因此，如果简单地定罪为掩饰、隐瞒犯罪所得的话，那么将不符合罪责刑相适应的原则，相较而言，其主客观行为更为符合倒卖文物罪，以此定罪量刑更为恰当。

编写人：河南省安阳市中级人民法院　张国良　蒋辰

# （四）危害公共卫生罪

29

## 非法行医罪中因果关系的判断

——柏某金非法行医案

**【案件基本信息】**

1. 裁判书字号

四川省遂宁市中级人民法院（2019）川09刑终157号刑事附带民事判决书

2. 案由：非法行医罪

**【基本案情】**

2017年3月至5月8日，被告人柏某金在未取得医生执业资格的情况下，在其家中从事诊疗活动。同年3月8日，被害人王某英因身体不适（2015-2016年曾多次到某医院诊治未果），经他人介绍来到被告人柏某金家中就医，柏某金便连续21日对王某英进行肌肉注射青霉素、地塞米松等处方制剂。同年4月，王某英再次来到柏某金家中就医，柏某金便连续4日对王某英进行肌肉注射青霉素、林可霉素、小诺霉素、地塞米松等处方制剂。同年5月8日8时许，王某英因病情加重，再次来到柏某金家中就医，柏某金便对王某英进行静脉输液青霉素、林可霉素、小诺霉素、地塞米松等处方制剂。当日11时许，在输液过程中王某英死亡。期间，柏某金已收取就诊人费用约4000余元。

2017年6月15日，司法鉴定中心作出（2017）第55号《法医学鉴定意见书》，综合分析认为，被鉴定死者王某英应系急性肺炎、真菌性肺脓肿、左肺不张伴肝细胞广泛坏死等重要器官感染及组织坏死，致多个器官功能衰竭，导致呼吸循环衰竭死亡。同年7月27日，司法鉴定中心作出（2017）第812号《司法鉴定意见书》，综合分析认为，柏某金在对王某英的整个医疗过程中存在无任何病历记录及检验记录，未作任何客观检查，在病情诊断不明且无联合使用多种抗生素指针情况下长期大量使用多种抗生素，同时长期大剂量使用糖皮质激素（地塞米松），导致病员体内正常菌群失调，机体抵抗力下降，继发感染形成急性真菌性肺炎、真菌性脓肿、左肺不张、肝细胞广泛坏死等重要器官损伤及组织坏死，致多个器官功能衰竭，导致呼吸循环衰竭死亡。司法鉴定中心鉴定意见为，柏某金在对王某英的整个医疗行为过程中存在重大过错，与王某英死亡存在相当因果关系，其医疗行为过错参与度为40%-60%为宜。2019年3月28日，司法鉴定中心作出（2019）341号《司法鉴定意见书》，王某英承担主要责任60%。

**【案件焦点】**

柏某金非法行医行为与王某英的死亡结果是否存在因果关系。

**【法院裁判要旨】**

四川省遂宁市船山区人民法院经审理认为：被告人柏某金在未取得医生执业资格的情况下非法行医，严重损害就诊人身体健康，其行为已构成非法行医罪，作出如下判决：

一、被告人柏某金犯非法行医罪，判处有期徒刑五年六个月，并处罚金人民币1万元；

二、被告人柏某金在本判决书生效后十日内一次性赔偿附带民事诉讼原告人曾某昌、刘某、李某琪、李某军各项经济损失共计人民币5万元；

三、驳回附带民事诉讼原告人曾某昌、刘某、李某琪、李某军其他诉讼请求。

一审宣判后，被告人柏某金和附带民事诉讼原告人曾某昌、刘某、李某琪、李某军不服，提出上诉。四川省遂宁市中级人民法院审理认为：柏某金在未取得医生执业资格的情况下非法行医，情节严重，其行为已构成非法行医罪。在案证据不能证实柏某金的非法行医行为系造成就诊人王某英死亡的直接、主要原因，不属于造成就诊人死亡。附带民事诉讼原告人要求柏某金赔偿王某英死亡赔偿金、被扶养人生活费的请求，于法无据，本院不予支持。提出赔偿尸体管理费、赔偿医药费的请求，因未提供证据予以证明，本院不予支持。据此，原判认定事实清楚，审判程序合法，但是认定柏某金非法行医严重损害就诊人身体健康，系适用法律错误，本院依法予以纠正。

依照《中华人民共和国刑法》第三百三十六条第一款、第三十六条、第五十二条、第五十三条第一款，《中华人民共和国刑事诉讼法》第一百零一条第一款、第一百零三条、第二百三十六条第一款之规定，判决如下：

一、维持（2018）川0903刑初455号刑事附带民事判决的第二项、第三项，即被告人柏某金在本判决书生效后十日内一次性赔偿附带民事诉讼原告人曾某昌、刘某、李某琪、李某军各项经济损失共计人民币5万元；驳回附带民事诉讼原告人曾某昌、刘某、李某琪、李某军其他诉讼请求；

二、撤销（2018）川0903刑初455号刑事附带民事判决的第一项，即被告人柏某金犯非法行医罪，判处有期徒刑五年六个月，并处罚金人民币1万元；

三、上诉人（原审被告人）柏某金犯非法行医罪，判处有期徒刑三年，并处罚金人民币1万元。

**【法官后语】**

本案的重点在于判断非法行医行为和死亡结果是否存在因果关系。在刑法理论界，主流观点认为因果关系分为事实的因果关系和结果归属。事实的因果关系即判断行为与结果之间是否存在引起与被引起的事实联系，结果归属即判断是否可以将结果归属于行为人的行为。《最高人民法院关于审理非法行医刑事案件具体应用法律若干问题的解释》第四条规定，非法行医行为系造成就诊人死亡的直接、主要原因的，应认定为“造成就诊人死亡”。该规定亦表明非法行医行为是造成死亡的直接、主要原因时，才能将死亡结果归属于行为人。具体到非法行医罪中因果关系的判断，首先应当判断非法行医行为和就诊人死亡或者身体健康严重损害是否存在事实的因果关系，在得出肯定结论后，再从刑法的角度判断能否将死亡或者身体健康严重损害结果归属于非法行医行为。

本案中，王某英患有疾病，多次到某医院诊治未果，后在柏某金处就诊时死亡。根据鉴定意见，柏某金在对王某英的整个医疗过程中存在无任何病历记录及检验记录，未作任何客观检查，在病情诊断不明且无联合使用多种抗生素指针情况下长期大量使用多种抗生素，同时长期大剂量使用糖皮质激素（地塞米松），导致病员体内正常菌群失调，机体抵抗力下降，继发感染形成急性真菌性肺炎、真菌性脓肿、左肺不张、肝细胞广泛坏死等重要器官损伤及组织坏死，致多个器官功能衰竭，导致呼吸循环衰竭死亡。根据合法则的条件说①，可以认定柏某金的非法行医行为与王某英的死亡结果之间存在引起与被引起的事实联系，二者存在事实的因果关系。但是，王某英死亡结果的发生系多因一果，由柏某金的非法行医行为和王某英身体疾病共同引发。司法鉴定中心《司法鉴定意见书》认为，柏某金的医疗行为过错参与度为40%-60%为宜。司法鉴定中心《司法鉴定意见书》认为，王某英承担主要责任60%。柏某金的非法行医行为并非造成王某英死亡的直接或者主要原因，不能将王某英的死亡结果归责于柏某金的非法行医行为。根据《最高人民法院关于审理非法行医刑事案件具体应用法律若干问题的解释》第四条第二款之规定，可以不认定为“造成就诊人死亡”，但是根据案件情况，可以认定为“情节严重”，故二审法院改判有期徒刑三年。

编写人：四川省遂宁市中级人民法院　青小丁　杜祎

---

① 法则的条件说认为，因果关系并不是“没有该行为就不会发生该结果”的关系；只有根据科学知识，确定了前后现象之间是否存在一般的合法则的关联后，才能进行个别的、具备的判断。

# （五）破坏环境资源保护罪

30

## 非杀害、食用型危害珍危野生动物犯罪案件的裁判规则

——唐某危害珍贵、濒危野生动物案

### 【案件基本信息】

1. 裁判书字号

福建省泉州市中级人民法院（2021）闽05刑终1491号刑事裁定书

2. 案由：危害珍贵、濒危野生动物罪

### 【基本案情】

2017年下半年以来，被告人唐某在没有取得驯养、出售、繁殖等相关许可证的情况下，通过线上微信联系交易，线下发货的形式向他人非法收购属《濒危野生动植物种国际贸易公约》（以下简称《CITES》）附录Ⅰ保护的野生动物辐纹陆龟四只、《CITES》附录Ⅱ保护的野生动物豹纹陆龟十五只、苏卡达陆龟一只，向多人非法出售属《CITES》附录Ⅰ保护的野生动物安哥洛卡象龟（别称：马达加斯加陆龟、犁头龟）一只、辐纹陆龟五只。

### 【案件焦点】

1. 依据图片视频作出的物种鉴定意见的形式及实质认定标准；2. 人工繁育动物在定罪量刑上是否应当有所区分的问题。

**【法院裁判要旨】**

福建省晋江市人民法院经审理认为：被告人唐某非法收购、出售属《CITES》附录Ⅰ保护野生动物八只，属《CITES》附录Ⅱ保护野生动物十六只，结伙非法出售属《CITES》附录Ⅰ保护野生动物两只，情节特别严重，已构成危害珍贵、濒危野生动物罪。

福建省晋江市人民法院依照《中华人民共和国刑法》第三百四十一条第一款、第二十五条第一款、第六十七条第三款、第六十四条，《中华人民共和国民法典》第一百七十九条、第一千二百二十九条，《中华人民共和国刑事诉讼法》第一百零一条第二款，《中华人民共和国民事诉讼法》第五十五条第二款，《最高人民法院关于审理破坏野生动物资源刑事案件具体应用法律若干问题的解释》第一条、第三条、第十条，《最高人民法院、最高人民检察院关于执行〈中华人民共和国刑法〉确定罪名的补充规定（七）》，《最高人民法院关于审理环境民事公益诉讼案件适用法律若干问题的解释》第十八条，《最高人民法院、最高人民检察院关于检察公益诉讼案件适用法律若干问题的解释》第二十条，《最高人民法院关于适用〈中华人民共和国民法典〉时间效力的若干规定》第一条之规定，判决如下：

一、被告人唐某犯危害珍贵、濒危野生动物罪，判处有期徒刑十年二个月，并处罚金人民币2万元；

二、查扣在案的苹果6S手机一部，予以没收；

三、继续追缴被告人唐某违法所得人民币106994元；

四、附带民事公益诉讼被告唐某应在本判决生效后十日内在国家级媒体公开赔礼道歉。

被告人唐某不服提起上诉，请求对其减轻处罚。其辩护人提出原判认定唐某鉴定意见系根据聊天记录图片鉴定，缺乏活体鉴定，不能作为定案依据；涉案陆龟均为人工饲养，危害性较小。

福建省泉州市中级人民法院经审理认为：唐某长期从事非法收购、出售珍贵、濒危野生动物的交易，时间跨度长、且涉案陆龟数量远远超出情节特别严重的认定标准，原判在已综合考虑上述情节的情况下，对上诉人唐某的量刑并无不当，裁定：

驳回上诉、维持原判。

【法官后语】

随着移动互联网时代的到来，非法野生动物贸易不断改变形式隐匿于各类新型网络平台，给案件审理带来了不小的挑战。本案既是网络野生动物非法贸易案件，更是典型的非杀害、食用型危害珍危野生动物犯罪案件，法院在该类案件的重点、难点，即取证鉴定、主观恶性以及社会危害性等方面，均确立了一定的裁判规则，为切实推进打击野生动物非法交易，深入参与生物多样性保护贡献了司法力量。

1. 确立依据图片视频作出的物种鉴定意见的形式及实质认定标准。本案涉案陆龟大部分通过微信形式进行交易，侦查机关对交易双方确认收发货的图片视频内陆龟申请鉴定，辩护人认为不是实物鉴定而提出异议。法院认为，司法鉴定中心对公安机关依法侦查取证的微信聊天记录中的图片、视频内爬行动物进行品种、保护级别、价值等司法鉴定，出具的鉴定意见书、司法鉴定许可证及鉴定人员的资格证均符合司法鉴定的规范性要求，该类司法鉴定运用特征比对的方法进行，并以涉案野生动物照片、视频、实物等作为检材，并不影响鉴定意见的准确性、合法性，对该类司法鉴定意见予以采纳。实务中珍危野生动物系通过网络交易，证物难以获得，扣押后也难以保证存活，通过图片视频鉴定确认物种的方式只要符合形式和实质认定标准，依法应当予以确认。

2. 确立在危害珍危野生动物案中综合评估社会危害性的裁判规则。社会较为关注的人工繁育动物在定罪量刑上是否应当有所区分的问题，依据《最高人民法院、最高人民检察院、公安部、司法部关于依法惩治非法野生动物交易犯罪的指导意见》第九条的规定，在定罪量刑时应当从人工繁育、行为手段等情节综合评估社会危害性。法院认为涉案陆龟虽并非用于非法放生或食用，但均为国家一级、二级保护动物，并未列入人工繁育名录，部分陆龟如马达加斯加陆龟还被列入《世界自然保护联盟濒危物种红色名录》极危物种，被告人辩解涉案陆龟为人工饲养不仅证据不足，相反综合其微信聊天记录还证实被告人唐某及上游卖家在对外售卖中多次将涉案陆龟的“野生”特性作为重要卖点。且涉案陆龟均为外来物种，非法收购出售行为让动物失去正常生长环境，部分陆龟确在交易后不久即患病而死亡，应认定社会危害性较大，情节特别严重，可适用刑法及相关司法解释的定罪量刑标准，确保罪责刑相适应。

3. 综合大量聊天记录认定被告人的主观恶性。在非杀害、食用型危害珍危野生动物犯罪案件中普遍存在被告人辩解主观不知道是珍危物种，只是为了爱护而交易等。法院分析证据后认为，被告人长期从事陆龟交易，在其与其他微信好友的聊天记录中能够反映出其对珍贵、濒危野生陆龟是熟知的，并且在所谓“爬友圈”内有一定的知名度，对陆龟品种品相、来源产地、市场行情以及法律后果都很清楚，被告人相关辩解不能成立。

编写人：福建省晋江市人民法院　陈瑜滨

31

# 购私人是否明知售私人是走私人影响此罪与彼罪的认定

## ——袁某明、伍某光危害珍贵、濒危野生动物案

### 【案件基本信息】

1. 裁判书字号

广东省江门市中级人民法院（2021）粤07刑终297号刑事裁定书

2. 案由：危害珍贵、濒危野生动物罪

### 【基本案情】

2019年9月，陈某杰（另案判决查明其为涉案犀牛角的走私人）告知被告人伍某光有犀牛角出售，问伍某光是否认识有意购买犀牛角的人。同年10月，

伍某光在得知被告人袁某明和曾某平需要犀牛角治病后，提出可以帮忙联系朋友购买。后在伍某光介绍、陪同下，袁某明在台山向陈某杰收购犀牛角 4 件、总净重 1647.09 克、总价 411772.5 元，曾某平在台山向陈某杰收购犀牛角 1 件、净重 1420.26 克、价值 355065 元。交易完成后，由伍某光帮助驾车与袁某明、曾某平一起将收购的 5 件犀牛角运送回广州，袁某明当晚将 338910 元支付给陈某杰，作为其与曾某平购买犀牛角的价款。经鉴定，涉案犀牛角均为哺乳纲奇蹄目犀科白犀的角组织，该白犀属于国家重点保护的濒危野生动物。

另外，伍某光还于 2016 年向他人非法收购象牙筷 11 对、总净重 286.4 克、价值 11933.43 元。经鉴定，涉案象牙筷均为哺乳纲长鼻目象科现代象（现代生存的亚洲象和非洲象）象牙制品，该现代象属于国家重点保护的濒危野生动物。

**【案件焦点】**

在涉及珍贵、濒危野生动物制品非法交易犯罪活动中，如何结合证据审查认定购私人的主观故意内容，从而对其向走私人非法收购野生动物制品的客观行为进行规范评价。

**【法院裁判要旨】**

广东省台山市人民法院经审理认为：对于袁某明所提其构成走私珍贵动物制品罪的辩解，经查，认定袁某明知道向其出售涉案犀牛角的陈某杰即为直接走私人的证据不足，故不能认定其构成走私犯罪。对于伍某光所提本案罪名表述的辩解，尽管《最高人民法院、最高人民检察院关于执行〈中华人民共和国刑法〉确定罪名的补充规定（七）》（以下简称《补充规定》）对刑法条文中的部分罪名作了修改，但根据从旧兼从轻原则，本案不适用修改后的罪名。伍某光不仅居间介绍买卖涉案犀牛角，还运输涉案犀牛角，应根据其实际参与的行为选择确定罪名。袁某明非法收购国家重点保护的珍贵、濒危野生动物制品，情节特别严重，其行为构成非法收购珍贵、濒危野生动物制品罪；伍某光非法收购、运输、出售国家重点保护的珍贵、濒危野生动物制品，情节特别严重，其行为构成非法收购、运输、出售珍贵、濒危野生动物制品罪。

广东省台山市人民法院判决如下：

一、被告人袁某明犯非法收购珍贵、濒危野生动物制品罪，判处有期徒刑十年六个月，并处罚金 11 万元；

二、被告人伍某光犯非法收购、运输、出售珍贵、濒危野生动物制品罪，判处有期徒刑八年六个月，并处罚金 8 万元；

三、涉案犀牛角 5 件、象牙筷子 11 对、袁某明和伍某光的手机各 1 台，予以没收；扣押但未随案移送的其他财物，由扣押机关依法处理。

袁某明、伍某光上诉均对原判罪名有异议，袁某明认为其构成走私珍贵动物制品罪，伍某光认为其构成危害珍贵、濒危野生动物罪。广东省江门市中级人民法院经审理认为：在案证据不足以认定案发前袁某明对涉案犀牛角的卖家陈某杰是直接走私人具备主观明知，故袁某明不构成间接走私型犯罪。从旧兼从轻原则不适用于罪名表述发生变化的情形，故本案罪名应依据原审时生效的《补充规定》，表述为危害珍贵、濒危野生动物罪。

广东省江门市中级人民法院经审理认为：原审判决认定事实清楚，证据确实、充分，定罪量刑所适用的法律正确，量刑适当，审判程序合法；唯对袁某明、伍某光所犯犯罪的罪名表述不当，对应罪名纠正为“危害珍贵、濒危野生动物罪”。袁某明、伍某光的上诉，理据不足，不予支持。广东省江门市人民检察院建议变更罪名表述及维持原判的意见，予以采纳。依照《中华人民共和国刑事诉讼法》第二百三十六条第一款第一项之规定，作出如下裁定：

驳回上诉，维持原判。

**【法官后语】**

在涉及国家重点保护的珍贵、濒危野生动物制品非法交易犯罪活动中，如果收购人对所收购野生动物制品的来源为走私物品及行为的违法性具备主观明知，但对交易相对方为走私人不具备主观明知时，如何对购私人进行定罪量刑，亟待统一裁判思路和法律适用。本案二审裁判旨在重点打击野生动物制品非法交易环节中收购人的犯罪行为，结合收购人的主观故意内容，厘清我国刑法第一百五十五条与第三百四十一条第一款之间的关系，同时解决因调整罪名表述的司法解释出台而引发的本案罪名表述问题，具体阐述如下：

1. 根据主客观一致原则解决“购私型犯罪”的法律适用问题

实践中，非法交易野生动物制品的行为与上游走私犯罪密不可分，尤其是向走私犯罪分子进行收购的行为人可能触犯《中华人民共和国刑法》（以下简称《刑法》）第一百五十五条、第一百五十一条、第三百四十一条第一款规定罪名，如何准确适用法律对购私人定罪量刑关系到此罪与彼罪的区分认定问题。根据主客观相统一的原则，适用《刑法》第一百五十五条除满足“一手购私”即收购人直接从走私人处收购货物、物品的客观行为外，还应当要求购私人主观上明知同其交易的“售私人”即为走私人，否则缺少上述任何一个条件都不能认定为“间接走私型犯罪”。具体到本案，综合考虑上下游环节各被告人的供述和辩解、电子数据、交易价格等在案证据以及交易习惯、一般人认知水平、经验法则和生活常识等因素，认定袁某明、伍某光只知道所收购的犀牛角来源不法且系走私物品，但不知道也不应当知道向其出售犀牛角的陈某杰是走私人，即本案属于“购私人不明知售私人是走私人”的情形，因此对袁某明、伍某光不以走私犯罪论处，而以第三百四十一条第一款定罪处罚。

2. 解决了对刑法罪名表述不适用刑法溯及力原则的问题

本案审理期间，最高人民法院、最高人民检察院对之前颁行的有关刑法分则规定犯罪罪名的司法解释作出补充、修改，发布了《补充规定》。其中，取消非法猎捕、杀害珍贵、濒危野生动物罪和非法收购、运输、出售珍贵、濒危野生动物、珍贵、濒危野生动物制品罪罪名，将《刑法》第三百四十一条第一款罪名表述修改为危害珍贵、濒危野生动物罪；而对应的条文内容未发生变动。因此，如何确定本案罪名的表述成为一审、二审裁判必须解决的问题，对此，二审法院不认同一审法院援引从旧兼从轻的刑法溯及力原则选择修改前的罪名表述的法律适用，认为只有涉及有罪无罪、重罪轻罪等导致实体结果变动的司法解释才有准用刑法溯及力原则的必要，而《补充规定》只是调整刑法罪名表述的司法解释、不导致相应行为对应刑法效果的变动，仅用于指引裁判者规范适用刑法条文对应罪名表述事项，系裁判性规则的修改，故不应适用刑法溯及力原则，因此对一审罪名表述予以纠正。鉴于原判认定事实和适用法律正确、量刑适当，二审以裁定的方式结案。

编写人：广东省江门市中级人民法院 陈史豪 窦啸晨

## （六）走私、贩卖、运输、制造毒品罪

32

### 为缓解自身瘾癖而走私精神药品的犯罪认定

——唐某某走私毒品案

**【案件基本信息】**

1. 裁判书字号

广东省汕头市中级人民法院（2021）粤05刑初27号刑事判决书

2. 案由：走私毒品罪

**【基本案情】**

被告人唐某某因患有颈椎轻度骨质增生等症状，长期滥用泰勒宁、曲马多等精神药物并形成瘾癖。2020年1月5日，被告人唐某某明知曲马多系国家管制的精神药品，为解决自身瘾癖，通过微信向"如也"从日本购买2盒含有曲马多成分的药片。随后，"如也"通过国际快递将唐某某购买的药片从日本发往中国境内唐某某指定的地址。同月9日，机场海关对该进境邮件实施查验，经检查和鉴定，该邮件物品为曲马多片，共200粒，每粒重量380毫克，检出含有国家管制的二类精神药品曲马多成分，每片曲马多含量50毫克。同月17日，被告人唐某某在其妻子吴某的通知下主动投案。

被告人唐某某在审查起诉阶段自愿签署认罪认罚具结书，当庭对公诉机关指控的事实、罪名及量刑建议没有意见。其辩护人辩称，被告人唐某某具有自首情节，自愿认罪认罚，主观恶意轻，没有对他人造成危害，请求对其从轻、减轻处罚。

【案件焦点】

被告人以治病为由，实施走私精神药品进境的行为，该行为应如何定性。

【法院裁判要旨】

广东省汕头市中级人民法院经审理认为：被告人唐某某无视国家法律，明知曲马多系国家管制的精神药品，为解决自身瘾癖而从境外购买含有曲马多成分的药片并通过邮寄入境，其行为已构成走私毒品罪，依法应予处罚。公诉机关指控被告人唐某某犯走私毒品罪的罪名成立。被告人唐某某在其家人通知下主动投案，如实供述自己的罪行，有自首情节，依法可予从轻处罚；被告人唐某某当庭承认指控的犯罪事实，自愿认罪认罚，依法可以从宽处理。公诉机关提出的量刑建议适当，予以支持。辩护人提出被告人唐某某具有自首情节，自愿认罪认罚，主观恶意轻，没有对他人造成危害，请求对其从轻处罚的辩护意见，理由成立，予以采纳。

广东省汕头市中级人民法院依照《中华人民共和国刑法》第三百四十七条第一款和第四款、第三百五十七条、第五十二条、第六十四条、第六十七条第一款及《中华人民共和国刑事诉讼法》第十五条之规定，作出判决，以被告人唐某某犯走私毒品罪，判处有期徒刑六个月，并处罚金人民币 3000 元。对于被告人唐某某的作案工具黑色小米手机一部，予以没收。

一审判决作出后，被告人唐某某未提出上诉，公诉机关未抗诉。现判决已生效。

【法官后语】

根据《中华人民共和国刑法》和《中华人民共和国禁毒法》的规定，毒品是指鸦片、海洛因、甲基苯丙胺（冰毒）、吗啡、大麻、可卡因以及国家规定管制的其他能够使人形成瘾癖的麻醉药品和精神药品。国家对麻醉药品、精神药品的进口、出口实行许可制度，由国务院有关部门按照规定职责依法进行管理，禁止走私麻醉药品、精神药品。

一、打击麻醉药品、精神药品类毒品犯罪，应兼顾麻精药品的双重属性，审慎认定

麻精药品的成瘾性使其具备了毒品犯罪的刑罚可罚性及必要性，合理使用即为药品，滥用即为毒品。滥用或不合理使用麻醉药品和精神药品极易产生生理依赖性和精神依赖性，进而成瘾，影响身心健康，造成严重社会危害，因而国家对麻醉药品药用原植物的种植以及麻醉药品和精神药品的实验研究、生产、经营、使用、储存、运输等活动实行严格的特殊管制。

鉴于麻醉药品、精神药品的双重属性，与一般毒品犯罪的特性、手段、目的等均存在一定差异，在主观恶性、人身危险性、社会危害性上都相较其他传统型毒品犯罪小，对于麻醉药品、精神药品走私行为的打击惩处应贯彻宽严相济刑事政策及刑罚谦抑性原则，坚持主客观相一致，慎重把握定罪标准及量刑尺度，依法稳妥处置走私国家管制的麻精药品犯罪案件。

结合审判实践，笔者认为，行为人在没有吸毒史或传统毒品吸食行为，不存在滥用麻醉药品、精神药品的前提下，同时不具有向走私、贩卖毒品的犯罪分子或者吸食、注射毒品的违法人员出售、提供麻醉药品、精神药品的主观故意，仅系出于特定患者的疾病治疗目的，走私国家管制的麻醉药品、精神药品进境，如该药物对特定患者的疾病确有正面、积极的治疗效果，且未明显超出正常用量，行为人对其走私国家管制的麻醉药品、精神药品的数量也能作出合理解释，则不应认定为走私毒品罪，可由侦查机关依法对行为人作行政处理，但达到走私普通物品、货物罪、走私国家禁止进出口的货物、物品罪或者其他相关罪名的追诉标准的，则应对行为人以走私普通物品、货物罪、走私国家禁止进出口的货物、物品罪或者其他相关罪名追究刑事责任。

## 二、判断药用还是滥用，应以是否形成瘾癖为标准

本案中，被告人唐某昌于2017年年中因自身颈椎疼痛问题开始网购泰勒宁（羟考酮）服用止痛。2019年9月，被告人唐某昌明知泰勒宁列入管制已无法通过网购途径自行购买后，便通过微信联系他人从日本代购邮寄曲马多片服用，在服药过程中，被告人唐某昌的用药量从每日三四片，逐渐增加至五六片，最后需要七八片，如果停服就会出现流鼻涕、双脚发酸、全身不舒服等症状，为缓解上述症状而需不断服用曲马多，直至案发时已连续服用曲马多近两年时间。

根据被告人唐某昌的连续服用状况，其行为是否构成走私毒品罪，应从治疗目的、购买数量及用量、是否贩卖或滥用等方面综合评判。被告人唐某昌服用涉案药品之前无既往吸毒史且非传统毒品吸食人员，所购药物曲马多均为自用，也未发现其有向贩毒分子或者吸毒人员进行贩卖。因此，本案中认定被告人唐某昌的行为属于药物使用还是“毒品”滥用的关键在于其服用曲马多是否出于疾病治疗目的，以及其购买、使用数量是否明显超出正常用量范围，也即其是否构成滥用。

### （一）被告人唐某昌服用曲马多非为疾病治疗

经查，被告人唐某昌网购服用的曲马多、泰勒宁（羟考酮）均系国家管制的二类精神药品，个人不得随意购买或使用，且根据医院出具的相关证实材料，该类药物一般用于恶性肿瘤、尿毒症等严重疾病并伴有剧痛的患者，镇痛时效短，且不能连续服用。而被告人唐某昌虽患有颈椎轻度骨质增生等症状，但结合其就诊记录及病历，其病情并不需长期、连续服用曲马多、泰勒宁等药物。案发时，侦查机关查明被告人唐某昌服用上述药物无相关疾病诊断材料证明及医嘱建议等，被告人唐某昌服用曲马多已明显超出治疗目的，并非出于自身疾病治疗。

### （二）被告人唐某昌购买药物及使用数量明显超出疾病治疗所必需而构成滥用

本案中，被告人唐某昌偶然从他人处得知泰勒宁、曲马多具有镇痛效果后，

未经医院诊断治疗，在没有医生处方的前提下自行通过网购、代购等方式购买泰勒宁、曲马多服用，根据被告人唐某昌的供述，其服用药物剂量逐渐加大，中断使用后出现流鼻涕、双脚发酸、全身不舒服等症状，且在侦查阶段取保候审期间仍难以克服身体反应而继续服用曲马多，足以证实被告人唐某昌对于曲马多药物的需求和用量超出正常止痛所需，且其身体反应呈现明显的精神瘾癖，属于药物滥用。

综上所述，被告人唐某昌服用泰勒宁、曲马多主要为解决自身瘾癖，而非出于疾病治疗，其明知曲马多、泰勒宁均系国家管制的精神药品且自身疾病无需长期使用上述药物，仍通过网购、代购等方式，长期、大量购买服用曲马多、泰勒宁，并通过瞒报或伪报的方式走私曲马多入境，其行为依法应认定为走私毒品。

编写人：广东省汕头市中级人民法院　黄俊娇

33

# 贩毒故意推定规则的限制及毒品犯罪的罪名确定

## ——姜某某、谢某等诈骗、贩卖、运输毒品案

**【案件基本信息】**

1. 裁判书字号

上海市第二中级人民法院（2021）沪 02 刑终 30 号刑事裁定书

2. 案由：诈骗罪、贩卖、运输毒品罪

**【基本案情】**

2020 年 3 月 22 日，经事先联系，被告人姜某某带被害人陈某某至四川省成都市向被告人谢某、张甲购买 150 克冰毒，谢某、张甲在没有毒品的情况下，

谎称将以快递的方式将毒品寄送给陈某某，骗取陈某某支付毒资 8 万元。其间，姜某某得知谢某、张甲二人没有毒品，也提议其三人将毒资占有，再寄送假的毒品给陈某某。后谢某、姜某某经预谋，又向陈某某虚构多准备了 150 克冰毒的事实，让陈某某增加毒资。同年 4 月 16 日，谢某由成都至上海，伙同姜某某一起，以 300 克假冰毒（头痛粉）再次骗取被害人陈某某毒资及好处费 13 万元。

同月 19 日，姜某某向谢某转账 1 万元以购买毒品。同月 21 日，姜某某飞抵成都，谢某将 20 克毒品交与姜某某，姜某某于次日乘飞机携毒品返沪。同月 22 日 17 时许，被告人姜某某在某小区门口，将其中约 1 克冰毒以 800 元的价格贩予张乙。同月 23 日，民警抓获姜某某，当场从其住处查获 4 包白色晶体（其中 3 包重 17.87 克，检出甲基苯丙胺成分；1 包重 5.78 克，未检出常见毒品成分），并在其住处门口消防通道内查获 1 包白色晶体（重 298.02 克，未检测出常见毒品成分）。

**【案件焦点】**

被告人姜某某的行为是否具备适用贩毒故意推定规则的条件，其罪名该如何确定。

**【法院裁判要旨】**

上海市宝山区人民法院经审理认为：被告人姜某某因涉嫌非法持有毒品而案发，2021 年 4 月 23 日在其住处被抓获并查获毒品 17.87 克，再根据其供述查实其于 22 日有贩毒 1 克予张乙的事实。故涉案毒品并非被告人姜某某因贩毒行为被当场抓获后当场从其住处查获，不能适用贩毒故意的推定规则，认定为包含于其贩毒故意之中。被告人姜某某为贩卖而购买、运输毒品 20 克并已贩卖部分予他人，其行为构成贩卖、运输毒品罪，依法应予数罪并罚。

上海市宝山区人民法院依照《中华人民共和国刑法》第二百六十六条、第三百四十七条第一款和第三款、第三百五十六条、第二十五条第一款、第六十五条第一款、第六十七条第一款和第三款、第五十二条、第五十三条第一款、第六十九条、第六十四条之规定，作出如下判决：

一、被告人谢某犯诈骗罪，判处有期徒刑五年，并处罚金人民币2万元；犯贩卖毒品罪，判处有期徒刑九年，并处罚金人民币1万元，决定执行有期徒刑十二年，并处罚金 人民币3万元；

二、被告人姜某某犯诈骗罪，判处有期徒刑四年九个月，并处罚金人民币2万元；犯贩卖、运输毒品罪，判处有期徒刑八年，并处罚金人民币1万元，决定执行有期徒刑十一年，并处罚金人民币3万元；

三、被告人张甲犯诈骗罪，判处有期徒刑三年六个月，并处罚金人民币1万元；

四、扣押在案的毒品及作案工具依法没收；追缴三名被告人的违法所得依法没收。

谢某提出上诉。上海市第二中级人民法院经审理认为：原判根据谢某、姜某某、张甲的犯罪事实、性质、对社会的危害程度及累犯、毒品再犯、自首、如实供述等情节，所作量刑并无不当，且审判程序合法。谢某的上诉理由不能成立。

上海市第二中级人民法院依照《中华人民共和国刑事诉讼法》第二百三十六条第一款第一项的规定，作出如下裁定：

驳回上诉，维持原判。

## 【法官后语】

本案处理的重点在于被告人姜某某的行为是否具备适用贩毒故意推定规则的条件及其罪名的确定问题。虽然本案逻辑进路的差异对本案被告人姜某某的量刑影响不大，但在罪名认定上差异明显，对后期同类案件的处理亦可能有参考价值，故有必要厘清争点，确立规则。

（一）贩毒故意推定规则的适用以有贩毒行为为前提，但应受“当场性”要件的限定

司法实践中，绝大多数的贩卖毒品罪案件中贩毒行为均表现为零包贩卖。对实践中常见的在贩毒现场仅查获少量毒品而在贩毒人员住处又查获较大数量的毒品等情形，如何确定罪名，实践中做法不一，客观上影响了对毒品犯罪的

打击效果。①

1. 贩毒故意推定规则的适用应以实施了贩毒行为为前提

从文理解释的角度来讲，贩毒故意的推定规则是指行为人实施贩毒行为被抓获后，对从其住所、车辆等处查获的毒品，均计入行为人贩卖毒品的数量。简言之，该规则通过扩大解释，将处于行为人控制下的毒品数量推定包含于经查证属实的行为人贩毒故意之中。一旦推定成立，行为人要为查获的全部毒品承担贩卖毒品罪既遂的罪责。

本案中，被告人姜某某于2020年4月22日将约1克冰毒贩予张乙；同月23日，民警抓获姜某某，当场从其住处查获17.87克冰毒。被告人姜某某的贩毒行为除其本人供认不讳外，还有张乙的证言及辨认笔录、微信聊天记录可予印证，且被告人姜某某贩毒行为与其被查获之间时隔较短，故公诉机关认为本案具备适用贩毒故意推定规则的条件，认定被告人姜某某贩卖毒品18.87克。但贩毒故意推定规则的适用还受“当场性”要件的限定。

2. 贩毒故意推定规则的适用以“当场性”要件为限定

“由于用语具有模糊性、多义性等特点，将文理解释作为解释理由，其说服力总是有限的。”② 因此，准确理解贩毒故意的推定规则，还需要结合体系解释的解释理由。行为与责任同时存在是责任主义原则的基本内容，贯穿于整个刑法体系。行为人因贩毒行为被当场抓获，将当场从其住处等处查获的毒品数量推定包含于其贩毒故意之中，尚在不违背责任主义原则的扩大解释语意射程之内；行为人因先前贩毒行为被抓获，将从其住处等处查获的毒品数量推定包含于其贩毒故意之中，以先前贩毒故意推定其对当前毒品有贩卖故意，显然已成为违背责任主义原则的类推解释。故从体系解释的角度言之，贩毒故意推定规则的适用受“当场性”要件的限定是应有之义。

---

① 高贵军等：《〈全国法院毒品犯罪审判工作座谈会纪要〉的理解与适用》，载中华人民共和国最高人民法院刑事审判第一、二、三、四、五庭主办：《中国刑事审判指导案例》总第5集，法律出版社2017年版。

② 张明楷：《刑法学》（第五版），法律出版社2016年版，第36页。

本案中，被告人姜某某因涉嫌非法持有毒品而案发，民警于2021年4月23日抓获被告人姜某某并在其住处查获毒品，再根据其供述查实其于22日有贩毒予张乙的事实。故涉案毒品并非被告人姜某某因贩毒行为被当场抓获后当场从其住处查获，不能适用贩毒故意的推定规则，认定为包含于其贩毒故意之中。若无其他事由，法律仅能要求被告人姜某某对从其住处查获的毒品承担非法持有毒品罪或贩卖毒品罪（犯罪预备）的罪责。在此，能否适用贩毒故意的推定规则，取决于是否满足“当场性”要件，而非先前贩毒行为与查获毒品之间的时隔长短。

（二）毒品犯罪罪名的确定以所实施行为的性质选择并列，但应以证据确凿为前提

刑法第三百四十七条规定，走私、贩卖、运输、制造毒品，无论数量多少，都应当追究刑事责任，予以刑事处罚。

本案中，被告人姜某某供称，其于2020年4月19日向被告人谢某转账1万元用于购买毒品20克，并飞赴成都将毒品带回；被告人谢某在庭审中对其贩卖毒品20克予被告人姜某某供认不讳，并称涉案毒品系被告人姜某某赴成都取回，相关的银行交易明细可以证实毒资支付事实。之后，检察机关调取了被告人姜某某在此期间的出行信息。调取的民航离港信息显示，被告人姜某某于同月21日乘飞机从上海浦东机场飞抵成都双流机场，于同月22日乘飞机从成都双流机场飞抵上海浦东机场。至此，认定被告人姜某某实施运输毒品行为的证据已达确实、充分的证明标准，且相关犯罪事实被告人姜某某庭前均已供认，增加选择性罪名并不会加重其刑事责任。经庭审质证全案证据后，一审法院认定被告人姜某某为贩卖而购买、运输毒品20克并已贩卖部分予他人，对其以贩卖、运输毒品罪论处，是妥当的。

编写人：上海市宝山区人民法院　张国滨　牛玲玲

34

# 贩卖毒品罪中共同犯罪及毒品数量的认定

——陈某等贩卖毒品案

## 【案件基本信息】

1. 裁判书字号

湖北省荆州市中级人民法院（2020）鄂10刑初30号刑事附带民事判决书

2. 案由：贩卖毒品罪

## 【基本案情】

2018年，被告人陈某决定在洪湖市中心城区大规模贩卖毒品，从中牟取暴利并供养团伙成员，以支持该组织的违法犯罪活动。从2月开始，由陈某提供购毒资金并统筹贩卖毒品事宜，同时安排被告人刘某、朱某组织具体实施。刘某管理日常毒品销售，负责排班、管账、发放工资与“口粮”等，朱某负责保障毒品来源。被告人刘某某、甘某、殷某某每人每天按8小时被排成三班，全天24小时轮流值守，节假日无休。当班成员手持专设的“业务手机”用于接听购毒电话，通过骑乘摩托车或乘坐的士等方式将毒品派送至约定地点并收取毒资，交接班时上交毒资并与刘某对账，刘某再将毒资转交陈某。同年7月，陈某因顾虑长期、大量贩卖毒品风险巨大，其在举办婚宴后改变了贩毒模式，先由其出资购进毒品，再让刘某、朱某以每颗甲基苯丙胺片剂加价5元、每克甲基苯丙胺加价50元的方式回购，之后交由被告人甘某、卢某某、汪某、张某某等人按前述方式轮班贩卖。刘某某平时守候在团伙据点，参与运送和分装毒品，被告人黄某某主要负责解决贩毒过程中发生的纠纷，如有需要还帮助联系购毒货源。贩毒模式改变后，刘某与朱某自负盈亏，除去上交陈某的提成与必要开支后，盈余由二人平分。

截至2018年12月，该组织共贩卖毒品甲基苯丙胺片剂约4122.03克、甲基苯丙胺约1350.88克。

该组织每天贩卖毒品约150颗甲基苯丙胺片剂与45小袋甲基苯丙胺，并且各班次因时段不同而贩卖毒品数量各有差异：第一班（0时至8时）贩卖毒品不少于25颗甲基苯丙胺片剂（每颗净重约0.09克）与七八小袋甲基苯丙胺（每小袋净重约0.1克），第二班（8时至16时）贩卖毒品约50颗甲基苯丙胺片剂与15小袋甲基苯丙胺，第三班（16时至24时）贩卖毒品不少于50颗甲基苯丙胺片剂与15小袋甲基苯丙胺。

综上，被告人陈某、刘某、朱某贩卖毒品甲基苯丙胺片剂约4122.03克、甲基苯丙胺约1350.88克；其他散货被告人贩毒数量按所在班次最少贩毒数量分别认定。

**【案件焦点】**

1. 陈某、刘某、朱某与各散货人员构成何种形式的共同犯罪；2. 该组织贩毒总量与各散货人员贩毒数量认定问题。

**【法院裁判要旨】**

湖北省荆州市中级人民法院经审理认为：被告人陈某为牟取非法利益，与被告人刘某、朱某、刘某某、甘某、黄某某、殷某某等，形成了人数众多，有明确的组织者、领导者，骨干成员基本固定的较为稳定的犯罪组织。有组织地通过实施违法犯罪活动，获取经济利益，具有一定的经济实力，以支持组织的活动。该组织以暴力、威胁等手段，有组织地进行贩卖毒品、故意伤害、寻衅滋事、非法持有枪支等违法犯罪活动，为非作恶，欺压、残害群众，称霸一方，在洪湖市中心城区形成重大影响，严重破坏了当地的经济、社会生活秩序。该组织依法应认定为黑社会性质组织。

被告人陈某作为黑社会性质组织的组织者、领导者、犯罪集团的首要分子，应当对该组织所犯全部罪行负责，在贩卖毒品的共同犯罪中，陈某提起犯意并组织集团成员实施作案，系主犯。被告人刘某、朱某积极参加黑社会性质组织，在陈某的指使下伙同朱某购进毒品并管理值班贩毒，在共同犯罪中起主要作用，系主犯。被告人刘某某、甘某等积极参加黑社会性质组织，在陈某的指使与刘某、朱某的管理下贩卖毒品并送“货”上门，在共同犯罪中均听命于他人，起次要或辅助作用，系从犯。

依照《中华人民共和国刑法》第三百四十七条第二款第一项、第三款、第四款、第七款，第三百五十六条，第二十五条第一款，第二十六条，第二十七条，第四十八条，第五十二条，第五十三条第一款，第五十五条第一款，第五十六条第一款，第五十七条第一款，第五十九条，第六十二条，第六十三条第一款，第六十七条，第六十八条之规定，判决：

一、陈某犯贩卖毒品罪，判处死刑，缓期二年执行，剥夺政治权利终身，并处没收个人全部财产；

二、刘某犯贩卖毒品罪，判处无期徒刑，剥夺政治权利终身，并处没收个人全部财产；

三、朱某犯贩卖毒品罪，判处有期徒刑十五年，并处没收个人财产 5 万元；

四、刘某某犯贩卖毒品罪，判处有期徒刑九年六个月，并处罚金人民币 2 万元；

五、甘某犯贩卖毒品罪，判处有期徒刑十一年，并处罚金人民币 5000 元；

六、黄某某犯贩卖毒品罪，判处有期徒刑七年六个月，并处罚金人民币 5000 元；

七、殷某某犯贩卖毒品罪，判处有期徒刑十三年，并处罚金人民币 5000 元；

八、卢某某犯贩卖毒品罪，判处有期徒刑十年六个月，并处罚金人民币 5000 元；

九、汪某犯贩卖毒品罪，判处有期徒刑八年，并处罚金人民币 5000 元；

十、张某某犯贩卖毒品罪，判处有期徒刑七年六个月，并处罚金人民币 5000 元。

宣判后，被告人未提起上诉，检察机关亦未提起抗诉，该判决已发生法律效力。

湖北省高级人民法院（2020）鄂刑核88677096号刑事裁定书核准了对陈某判处死刑缓期两年执行的判决。

【法官后语】

本案的重点和难点在于贩卖毒品的共同犯罪认定以及组织贩毒总量、各散货人员贩毒数量认定。本案中贩卖毒品的方式是采取值班贩毒的方式向吸毒人员提供毒品零售，值班人员在本案中被称为“散货人员”，分为3班，每班8个小时，是一种人休息贩毒不间断，全年无休的模式。

1. 关于本案中贩卖毒品共同犯罪的问题。本案不能全案作共同犯罪处理，也不分作部分共同犯罪处理，因为各被告人值班期间与其他值班贩毒人员没有共同的行为及意思联络。但本案仍然是共同犯罪，只是不是全体或部分的共同，而是分别的共同。该共同的形式是从共同的范围上来区分的，各散货人员中的某一人均与中层管理人员、组织领导者在纵向上形成共同犯罪，而不是在横向上与其他散货人员形成共犯，原因在于各散货人员只对上层管理者负责，而不听命于其他散货人员。因此，在此种共同形态下各散货人员在参与组织值班贩毒期间，相较于上层管理者处于从属地位，可以认定为从犯。

2. 关于毒品数量的计算的问题。本案属于有组织、有规律的贩卖毒品行为，该组织贩卖毒品持续时间长，交易次数多，但无法像普通贩毒案件一样逐笔查清，但可以在查明贩毒规律与相关要素后，从有利于被告人的原则下进行合理的推算。根据本案的贩毒方式可以认定组织贩毒总量=贩毒总天数×每天毒品平均销量+现场查获的毒品，组织贩毒总量为约5.4公斤。而在确认各散货人员毒品数量时发现虽然各散货人员的值班班次相对较为固定，但个人值班情况及其班次的销量还是不能较为准确地查清。本案的贩毒数量均以口供为主要定案依据，为取得较好的法律效果需要尽量争取每个被告人对自己贩毒数量的认同，因此在认定个人贩卖毒品数量的时候从有利于被告人的原则出发标准会进一步对被告人有利。据此经过对各被告人供述的认真审查最后确定的各散货人员贩毒数量之和为3.8公斤，虽然组织贩毒数量与个人贩毒数量之间并不能完全实现数量上的吻合，但是可以作合理的解释，此种毒品数量计算方式达到了法律效果和社会效果的统一。

编写人：湖北省荆州市中级人民法院　李荆州　刘佳

35

# 被告人采取隐蔽方式运输毒品但其辩解是受蒙骗而为之，如何推定其主观明知

## ——莫某运输毒品案

**【案件基本信息】**

1. 裁判书字号

广西壮族自治区高级人民法院（2021）桂刑终404号刑事裁定书

2. 案由：运输毒品罪

**【基本案情】**

2019年4月，被告人莫某接受“阿超”的雇请，同意帮“阿超”驾驶大货车给他人拉货。2019年5月3日，莫某通过“阿超”派过来的一名男子在某1停车场取得大货车钥匙、行驶证等，当日，莫某独自驾驶大货车离开平南县，后驾驶大货车到某2停车场停放。同年5月10日14时许，莫某独自驾驶大货车空车离开广西岑溪市，于次日到达某工业园区装货（空塑料筐），5月13日18时许，到达贸易公司内卸货，23时许莫某入住商务酒店，5月15日9时许莫某退房，空车从废旧回收公司装废旧品，当日23时许到达商贸城内卸货。5月16日8时许，莫某空车从保山市开往昆明市，20时许到昆明市的机械公司装一台鄂式破碎机，后从昆明收费站进入高速公路，并沿高速路往广西灵山县

方向行驶。5月17日14时许，莫某驾驶的货车从云南省收费站驶出高速公路，当行至砖瓦厂附近路段时被民警查获，并从大货车车厢前端夹层中提取到40包用黑色塑料袋包装的毒品可疑物，经对毒品可疑物品进行称量，其中包装层数、材质、特征均一样的共有39包，净重共计39028.6克，包装不同的1包（内含两块方块状），净重共计701.4克。经检验，查获的毒品可疑物中，有39包毒品可疑物均检出甲基苯丙胺，平均含量为47.8%，1包（内含两块方块状）毒品可疑物均检出海洛因，平均含量为71.7%和72.2%。

【案件焦点】

莫某是否受蒙骗装载毒品，其是否主观明知是毒品而运输。

【法院裁判要旨】

广西壮族自治区百色市中级人民法院经审理认为：被告人莫某违反国家对毒品的管制，明知是毒品而运输甲基苯丙胺39028.6克及海洛因701.4克，其行为已构成运输毒品罪。鉴于莫某受人雇请，听人指挥实施运输毒品犯罪，决定对莫某从轻处罚，对莫某判处死刑，可不立即执行。根据被告人所犯罪行的性质、情节和对社会的危害程度，依照《中华人民共和国刑法》第三百四十七条第二款第一项、第四十八条第一款、第五十七条、第五十九条、第六十一条及第六十四条的规定，判决：

一、被告人莫某犯运输毒品罪，判处死刑，缓期二年执行，剥夺政治权利终身，并处没收个人全部财产；

二、扣押在案的作案工具二部华为手机，予以没收，扣押在案的2150元现金，予以没收，上缴国库。

原审被告人莫某上诉提出：其不是主观明知有毒品而运输，是受蒙骗装载毒品的。广西壮族自治区高级人民法院经审理认为：在无证据证明受蒙骗的情况下，莫某采取高度隐蔽的方式运输毒品，且行程路线故意绕开检查站点而在运输途中被查获，且与大货车交付人“阿超”分别用非本人名下手机卡联系，足以认定莫某主观明知是毒品而运输。裁定：

驳回上诉，维持原判。

【法官后语】

相较于其他刑事犯罪，运输毒品犯罪在客观方面呈现出极其隐蔽的特点。在此情形下，需对被告人是否具有运输毒品的主观明知予以推定。

一审法院认定莫某存在运输毒品的主观明知，主要基于以下几点理由：(1) 案件毒品系在莫某驾驶的大货车车厢前端改装的夹层铁板中发现，属于高度隐蔽方式。(2) 莫某从云南省瑞丽市返回广西途中，全程走高速路，却在云南省收费站下高速路走国道，正好绕开前方的两处公安检查站。(3) 不等值的报酬及运输费用。综合全案的证据，莫某此次出行不仅没有赚钱，而且是亏本的，与其供述受雇开货车赚钱的目的不符。

针对上诉人莫某提出“是受蒙骗而装载，在不知情的情况下运输毒品，主观上不明知”的问题。二审法院结合案件证据材料，对一审判决的说理部分进行了补强。本案毒品系在莫某驾驶的大货车车厢前端改装夹层铁板中发现的，而莫某在某1停车场取得大货车钥匙后，其在往返云南途中没有将钥匙给过他人。而证据中广西检查站现场查缉的照片显示，货车是需拿钥匙翻起驾驶室才能在夹层中装运毒品的，而拿钥匙的只有莫某，由此可推定莫某参与了毒品装运到车厢夹层的活动。由此，莫某并非受蒙骗装载运输毒品，其对运输毒品主观明知。

只要采取隐蔽的方式运输毒品，可推定其具有运输毒品的主观明知。但是，确属受蒙骗的是排除情形。在审理过程中，如果不能完全排除被告人受蒙骗的情形，势必会对是否应推定被告人主观明知产生疑问。在此情形下，需要结合案件证据，对隐蔽运输毒品所需的条件进行全面、综合分析，从而认定被告人确无受蒙骗情形，进而推定被告人具有运输毒品主观明知。

编写人：广西壮族自治区高级人民法院　蒋茂强

36

# 非法持有毒品案件中，购毒者拒不供述具体购毒数量的，应根据主客观相统一原则认定非法持有毒品的数量

——农某地、周某礼非法持有毒品案

## 【案件基本信息】

1. 裁判书字号

广西壮族自治区百色市中级人民法院（2021）桂 10 刑终 225 号刑事裁定书

2. 案由：非法持有毒品罪

## 【基本案情】

2015 年 1 月，被告人农某地联系在广东的“阿强”要冰毒（即甲基苯丙胺）。“阿强”表示同意并通过邮寄方式送冰毒给农某地。被告人农某地向被告人周某礼索要某县的收货地址，并许诺收货后让周某礼一起吸食毒品。被告人周某礼将其堂弟在某县城的商铺门面地址提供给被告人农某地。被告人农某地将其使用的 1867765××××电话号码、收件人名字龙某华及上述地址发给“阿强”。后“阿强”将冰毒放入装有运动鞋的鞋盒中，按照农某地提供的地址，通过快递将毒品包裹邮寄往某县某街××号。2015 年 1 月 30 日 11 时许，快递员黄某派送该快递包裹到某县城某小巷巷口，并根据收件人信息栏预留的电话号码 1867765××××联系被告人农某地领取快递。后被告人农某地电话通知被告人周某礼去领取快递包裹。几分钟后，被告人周某礼到达该巷口，从黄某手上接过包裹准备签收时被民警当场抓获。经检查，包裹内的一双鞋子里各有一包冰毒，净重分别是 49.87 克和 49.61 克，总净重为 99.48 克。

【案件焦点】

购毒者农某地拒不供述具体购毒数量，如何认定本案行为人非法持有毒品的数量。

【法院裁判要旨】

广西壮族自治区德保县人民法院经审理认为：被告人农某地通过电话联系贩毒者并确认通过物流方式交付毒品后，让被告人周某礼提供收货地址，被告人周某礼明知被告人农某地欲购买毒品而为其提供收货地址，并按被告人农某地的要求，于快递送达当日接收贩毒者通过物流寄递方式交付的冰毒（甲基苯丙胺），二人的行为构成非法持有毒品罪。在本案中，被告人周某礼在接收邮寄的毒品包裹过程中被公安民警查获，因此二被告人实际未能直接或者间接持有该毒品，属非法持有毒品罪的犯罪未遂。对于毒品数量认定的问题。虽然本案没有证据证实被告人农某地向“阿强”购买毒品的具体数量，但是农某地的供述反映其在主观上积极追求“阿强”多给毒品，“阿强”也按照农某地的要求向农某地实际寄出冰毒（甲基苯丙胺）99.48 克，因此被告人农某地应为其积极追求并实际产生的犯罪后果承担刑事责任，故认定本案非法持有冰毒 99.48 克。周某礼在本案中起辅助作用，系从犯。

广西壮族自治区德保县人民法院依照《中华人民共和国刑法》第三百四十八条、第二十三条、第二十五条、第二十六条、第二十七条、第四十五条、第四十七条、第五十二条、第五十三条、第六十五条、第六十七条第三款之规定，作出如下判决：

一、被告人农某地犯非法持有毒品罪，判处有期徒刑五年十个月，并处罚金人民币 15000 元；

二、被告人周某礼犯非法持有毒品罪，判处有期徒刑四年二个月，并处罚金人民币 10000 元。

农某地以一审法院量刑过重为由提起上诉。广西壮族自治区百色市中级人民法院经审理认为：原判定性准确。原判已根据上诉人具有的量刑情节给予减轻处罚，上诉人上诉理由不成立，请求改判无事实及法律依据，不予支持。原审法院根据认定的事实清楚，适用法律正确，量刑适当，审判程序合法，应予维持。

广西壮族自治区百色市中级人民法院依照《中华人民共和国刑事诉讼法》第二百三十六条第一项之规定，作出如下裁定：

驳回上诉，维持原判。

## 【法官后语】

本案中，购毒者农某地拒不供述其与贩毒者联系购买毒品时约定的毒品交易数量，如何认定本案购毒者非法持有毒品的数量，关乎案件定罪量刑是否准确。对于此种情形，应根据主客观相统一原则，以购毒者主观故意支配下实施的购毒行为并实际购得的毒品数量认定非法持有毒品数量。

根据我国刑法的规定，将一个行为评价为犯罪，需要判断该行为是否符合犯罪构成要件。犯罪构成要件则是指我国刑法规定的，决定某一行为的社会危害性及其程度，而为该行为构成犯罪所必需的一切主观要件和客观要件的有机统一，其主要特征之一是主客观相统一。据此，认定犯罪时应遵循主客观相统一原则。非法持有毒品罪中，毒品数量不仅是评价行为人的行为是否构成犯罪的标准，还是对行为人科处刑罚的基础。可见，毒品数量的认定具有界定犯罪和确定量刑双重功能，是非法持有毒品罪犯罪构成要件的重要内容。基于毒品数量的认定这一特性，查明毒品数量应遵循主客观相统一原则。具体到本案：首先，在主观故意方面，农某地在联系“阿强”进行毒品交易时，在认识因素上对“阿强”给其毒品已有明确的认识，并在意识因素上具有积极追求“阿强”多给其毒品的意志态度。在客观方面，虽然农某地拒不供认其与“阿强”约定的毒品交易的具体数量，但是“阿强”按照农某地的要求实际寄出冰毒99.48克，农某地让周某礼前去签收毒品包裹，可见农某地的主观故意实质上已经得以实现，产生了购得99.48克毒品的客观结果，只不过因介入因素而导致犯罪未遂，故应认定农某地非法持有毒品数量为99.48克。

值得注意的是，在司法实践中，揭示行为人的主观故意，是普遍的、重要的工作内容，司法裁判通常需要借助查明行为人的主观故意，进而还原案件事实。而查明主观故意的主要依据是行为人的供述。供述类型主要有：如实供述、避重就轻供述、虚假供述、不供述，后三种均属于不如实供述。由此可见，供述往往具有不确定性，查明主观故意颇具难度。根据我国刑法规定，毒品犯罪在主观上均表现为故意，毒品犯罪的客观事实均是主观故意付诸实施的结果，因而查明主观故意对于正确处理案件显得极为关键。在毒品犯罪中，由于行为人普遍具有一定的反侦查能力和辩解能力，多数情况下并未作如实供述，尤其是对毒品交易的目的、毒品数量等方面往往不如实供述，企图使侦查机关无法查清案件事实，以达到脱罪的目的。因此，处理毒品犯罪案件时，应当坚持主客观相统一原则，既要着眼于客观行为和事实，又要考虑行为人的主观认识和真实心理状态，全面分析，才能正确定罪量刑。

编写人：广西壮族自治区德保县人民法院　韦文明

## （七）组织、强迫、引诱、容留、介绍卖淫罪

37

### 卖淫行为的入罪标准及犯罪所得的界定

——刘某军、王某芬组织卖淫案

**【案件基本信息】**

1. 裁判书字号

山东省聊城市中级人民法院（2022）鲁15刑终11号刑事判决书

2. 案由：组织卖淫罪

**【基本案情】**

2020 年 4 月以来，刘某军伙同王某芬在聊城市经营足浴店期间，组织徐某某、张某某、姜某、黄某某从事卖淫活动，非法获利 960530 元，犯罪所得 480265 元。

**【案件焦点】**

卖淫行为的入罪标准及犯罪所得的界定。

**【法院裁判要旨】**

山东省聊城市茌平区人民法院经审理认为：被告人刘某军、王某芬共同组织他人卖淫，情节严重，其行为已构成组织卖淫罪。公诉机关指控罪名成立，应予依法惩处。被告人刘某军、王某芬共同组织卖淫，属共同犯罪，且在共同犯罪中积极参与，均起主要作用，系主犯，依法应按二被告人各自在共同犯罪中所处地位，所起作用大小，分别对二被告人予以处罚。二被告人在开庭审理过程中认罪态度较好，且被告人刘某军认罪认罚，依法对二被告人从轻处罚。被告人刘某军的辩护人所持被告人刘某军认罪认罚，请求法庭对其从轻处罚的辩护意见与法庭所查证的事实相符，亦于法有据，本院予以采纳。其他辩护意见与事实不符，亦于法无据，本院不予采纳。被告人王某芬的辩护人所持被告人王某芬当庭认罪、悔罪，请求法庭对其从轻处罚的意见，与法庭所查证的事实相符，亦于法有据，本院予以采纳。其他辩护意见与事实不符，亦于法无据，本院不予采纳。据此，对被告人刘某军依照《中华人民共和国刑法》第三百五十八条第一款，第二十五条第一款，第二十六条第一款、第四款，第六十七条第三款，第四十七条，第五十二条，第五十三条，第六十四条及《中华人民共和国刑事诉讼法》第十五条，第二百零一条和《最高人民法院、最高人民检察院关于办理组织、强迫、引诱、容留、介绍卖淫刑事案件适用法律若干问题的解释》第二条第四项，第十三条第一款之规定；对被告人王某芬依照《中华人民共和国刑法》第三百五十八条第一款，第二十五条第一款，第二十六条第一款、第四款，第六十七条第三款，第四十七条，第五十二条，第五十三条，第六十四条及《最高人民法院、最高人民检察院关于办理组织、强迫、引诱、容留、介绍卖淫刑事案件适用法律若干问题的解释》第二条第四项，第十三条第一款之规定，判决如下：

一、被告人刘某军犯组织卖淫罪，判处有期徒刑十一年，并处罚金人民币五十万元；

二、被告人王某芬犯组织卖淫罪，判处有期徒刑十年，并处罚金人民币四十七万元。

被告人不服一审判决，提起上诉。山东省聊城市中级人民法院经审理认为：上诉人刘某军、王某芬组织他人卖淫，卖淫人员在三人以上，其行为均构成组织卖淫罪。根据在案证据，刘某军是足浴店的投资人，为卖淫活动提供场所、在店外望风、参与日常管理，与王某芬共同支配使用犯罪所得，不是单纯的容留行为，其行为构成组织卖淫罪。王某芬负责接待联络、安排上钟、收取嫖资、给卖淫人员发放工资等，与刘某军共同支配使用犯罪所得，不是单纯的协助行为，其行为构成组织卖淫罪。对卖淫行为的认定应依照刑法的基本含义，结合大众的普遍认知和公民的心理预期，并严格遵循罪刑法定原则，对于性交之外的口交等进入式的性行为，应当认定为刑法意义上的卖淫，对于手淫行为不宜认定为刑法意义上的卖淫，二审将微信、支付宝交易明细统计的 298 元、300 元涉及手淫行为的非法获利数额予以扣减。非法获利是指行为人收取的全部嫖资，不应扣除卖淫人员的分成部分；犯罪所得是指行为人实际所得的利益，认定应退缴犯罪所得时，应扣除卖淫人员的分成，原审判决对非法获利、犯罪所得认定有误，应予纠正。上诉人刘某军、王某芬非法获利 960530 元，犯罪所得调整为 480265 元，应判处五年以上十年以下有期徒刑，并处罚金。上诉人刘某军、王某芬在共同犯罪中均起主要作用，均系主犯，但刘某军作用更大，本院在量刑时予以考虑。根据《最高人民法院、最高人民检察院关于办理组织、强迫、引诱、容留、介绍卖淫刑事案件适用法律若干问题的解释》第十三条第一款的规定，罚金应判处犯罪所得二倍以上，可对刘某军并处罚金 50 万元，对王某芬并处罚金 47 万元。据此，依照《中华人民共和国刑法》第三百五十八条第一款，第二十五条第一款，第二十六条第一款、第四款，第四十七条，第五十二条，第六十四条，《最高人民法院、最高人民检察院关于办理组织、强迫、引诱、容留、介绍卖淫刑事案件适用法律若干问题的解释》第一条，第十三条第一款，《中华人民共和国刑事诉讼法》第二百三十六条第一款三项之规定，判决如下：

一、维持山东省聊城市茌平区人民法院（2021）鲁1523刑初210号刑事判决第一项、第二项定罪部分；

二、撤销山东省聊城市茌平区人民法院（2021）鲁1523刑初210号刑事判决第一项、第二项量刑部分及第三项；

三、上诉人（原审被告人）刘某军犯组织卖淫罪，判处有期徒刑九年，并处罚金人民币50万元；

（刑期从判决执行之日起计算；判决执行以前先行羁押的，羁押一日折抵刑期一日，即自2021年10月19日起至2030年10月18日止。罚金限判决生效后十日内缴纳。）

四、上诉人（原审被告人）王某芬犯组织卖淫罪，判处有期徒刑七年，并处罚金人民币47万元。

（刑期从判决执行之日起计算；判决执行以前先行羁押的，羁押一日折抵刑期一日，即自2021年6月16日起至2028年6月15日止。罚金限判决生效后十日内缴纳。）

五、上诉人刘某军、王某芬犯罪所得共计480265元，予以追缴，上缴国库。

## 【法官后语】

本案主要涉及卖淫行为的具体入罪标准及非法获利与犯罪所得的概念区分问题。

本案中对于性交之外的口交、手淫等行为是否应该纳入刑法意义上的卖淫进行了论证，厘清非法获利与犯罪所得的概念，对审理该类案件提供了思路。

1. 口交等进入式性行为应当认定为刑法意义上的卖淫

刑法及司法解释未对刑法意义上的卖淫概念作出规定或解释，但在司法实务中，因卖淫概念带来的行为人是否构成卖淫犯罪的案件越来越多，争议也一直存在。长期以来，在民众的心理预期中，卖淫一词多为传统意义上的性交，对于口交也为民众难以接受，对进入式的色情服务如果排除在刑法之外容易引发民众误解，也与伦理道德所不容，该类行为纳入到卖淫概念中予以入罪有利于惩罚犯罪，打击卖淫嫖娼行为，维护家庭、社会和谐，因此应该将口交这种进入式性行为纳入卖淫进行打击。但如果将所有的性行为方式均纳入到卖淫概念予以入罪又不符合罪刑法定原则，不宜扩大入罪标准，应维护刑法的谦抑性和宽容性，暂时将手淫行为不入罪，可根据时间变化、社会发展、公众心理接受程度、卖淫类犯罪的趋势予以调整入罪标准。

2. 计算非法获利时应扣除卖淫女提成

如何区分组织卖淫罪的非法获利和犯罪所得，在实践中认识不一致，主要有非法获利及犯罪所得均指全部嫖资（不扣除卖淫女分成）、均指实际获得的利益（扣除卖淫女分成）及本案中的观点三种意见。非法获利及犯罪所得是两个不同的概念，在认定非法获利时应考虑全部嫖资，非法获利这个概念是量刑的主要依据，超过100万元处十年以上有期徒刑，如非法获利扣除卖淫女提成则不利于打击犯罪。犯罪所得，也有案例使用“违法所得”这个概念，本案中使用“犯罪所得”，应该说“犯罪所得”更精确，这个概念是判处罚金或追缴的主要依据，应扣除卖淫女提成，否则对行为人进行了双重处罚。

3. 组织卖淫罪与容留卖淫罪的区分

区分组织卖淫罪与容留卖淫罪，应注重分析认定行为人在组织卖淫罪中的作用，应当透过现象看本质，审查共同犯罪人的关系、具体分工、表象作用与隐象推动，着重审查言词证据的真伪，防止放纵犯罪。刘某军是足浴店的投资人，为卖淫活动提供场所、在店外望风、参与日常管理，与王某芬共同支配使用犯罪所得，不是单纯的容留行为，其行为构成组织卖淫罪。王某芬负责接待联络、安排上钟、收取嫖资、给卖淫人员发放工资等，与刘某军共同支配使用犯罪所得，不是单纯的协助行为，其行为构成组织卖淫罪。

综上，在办理组织卖淫罪时，虽然刑法未明确规定卖淫行为的具体入罪标准，但根据刑法条文的基本含义，将性交之外的口交等进入式性行为认定为刑法意义上的卖淫，不违反罪刑法定原则和一般公众的认知。针对非法获利与犯罪所得在司法实践中经常混淆的情形，本案厘清了二者的关系，非法获利是指行为人收取的全部嫖资，不应扣除卖淫人员的分成部分；犯罪所得是指行为人实际所得的利益，认定应退缴犯罪所得时，应扣除卖淫人员的分成。

编写人：山东省聊城市中级人民法院　王亚利

38

# 未管控卖淫的非核心管理人员的定性问题

## ——林某和组织卖淫，曾某成、张某岐协助组织卖淫案

**【案件基本信息】**

1. 裁判书字号

福建省漳州市中级人民法院（2021）闽06刑终325号刑事裁定书

2. 案由：组织卖淫罪、协助组织卖淫罪

**【基本案情】**

2014年8月8日，某乐公司登记设立，住所地某大厦××号、××号。该公司设有财务总监、店总经理、技师经理、前厅经理、督导等管理岗位以及人事、财务、迎宾、收银、保安、保洁、厨师、厨工等岗位，制定完整的出勤请销假、工资提成、财务报支等管理制度，招募“女技师”向客户提供“阳光指压”“奢享之旅”“私人订制”“五行养生”等服务，并向男性客户收取“买钟”费，由男性客户带“女技师”离开营业场所进行性交易。其中“私人订制”

“五行养生”包含“技师”为男性客户按摩、口交、手淫等服务。2017 年 6 月 6 日凌晨，该组织卖淫窝点被公安机关查获。经专项审计，该公司共吸收会员 9625 人，收取现金充值合计 3741 万余元；为会员提供名为“奢享之旅”“五行养生”“私人订制”的服务项目累计次数共计 57929 次，累计消费金额 3887 万余元；截至 2017 年 6 月 5 日，在岗“女技师”62 人，提供涉及卖淫活动的服务共计 23465 次。

被告人林某和参与公司的筹建工作并作为店总经理自公司设立以来负责管理公司的日常经营，招募、管理“技师”。被告人曾某成于 2016 年 11 月 28 日入职，2017 年 5 月离职，其间担任前厅经理，负责管理迎宾、收银员、服务员、保洁员、厨房工作人员以及处理客人投诉等。被告人张某岐于 2017 年 5 月 15 日入职，在曾某成离职后接替曾某成的工作岗位及职责。林某和在工作期间违法所得累计达 29 万元，曾某成违法所得累计达 2.6 万元。

**【案件焦点】**

在组织卖淫共同犯罪中，“前厅经理”等一些不具有处置决定权、未直接管控卖淫人员的非核心管理人员，应定性为组织卖淫罪还是协助组织卖淫罪。

**【法院裁判要旨】**

福建省漳州市龙文区人民法院经审理认为：被告人林某和作为某乐公司的总经理，利用公司条件，组织林某兰、赖某梅等 10 名卖淫人员卖淫，其行为已构成组织卖淫罪。被告人曾某成、张某岐明知某乐公司内有组织卖淫犯罪活动而予以协助，二人的行为均已构成协助组织卖淫罪，情节严重。

福建省漳州市龙文区人民法院根据《中华人民共和国刑法》第三百五十八条第一款和第四款、第三百六十一条第一款、第二十五条第一款、第二十六条第一款和第四款、第二十七条、第五十二条、第六十四条、第六十七条第三款以及《最高人民法院、最高人民检察院关于办理组织、强迫、引诱、容留、介绍卖淫刑事案件适用法律若干问题的解释》第一条第一款、第二条第一项、第四条第一款、第五条第六项、第十三条第一款的规定，作出如下判决：

一、被告人林某和犯组织卖淫罪，判处有期徒刑十一年，并处罚金人民币 15 万元；

二、被告人曾某成犯协助组织卖淫罪，判处有期徒刑五年六个月，并处罚金人民币 6 万元；

三、被告人张某岐犯协助组织卖淫罪，判处有期徒刑四年，并处罚金人民币 1 万元；

四、被告人林某和违法所得人民币 29 万元，被告人曾某成违法所得人民币 26000 元，予以追缴，上缴国库；

五、扣押在案的违法所得人民币 6966 元，予以没收，上缴国库。

宣判后，福建省漳州市龙文区人民检察院提出抗诉，林某和提起上诉。

福建省漳州市中级人民法院经审理认为：上诉人林某和受雇佣，作为某乐公司的总经理，组织、管理林某兰、赖某梅等卖淫人员实施卖淫活动，其行为已构成组织卖淫罪，属情节严重。原审被告人曾某成、张某岐明知某乐公司内有组织卖淫犯罪活动而予以协助，二人的行为均已构成协助组织卖淫罪，属情节严重。原判认定林某和组织卖淫人数不具有合理性，应予纠正。但综合本案的犯罪事实、犯罪证据、情节和对社会的危害程度，原判认定事实清楚，证据确实充分，定性准确，量刑适当，审判程序合法，应予以维持。

福建省漳州市中级人民法院依照《中华人民共和国刑事诉讼法》第二百二十五条第一款第一项的规定，作出如下裁定：

驳回上诉，维持原判。

**【法官后语】**

此类集团性组织卖淫犯罪，往往成员众多，层级较为明显，包括总经理、副总经理、部门经理、财务和出纳等。对有一定管理职责，又不具有处置决定权的非核心管理人员，如现场经理、部门经理等人员的定性问题，是认定组织卖淫罪还是协助组织卖淫罪，在司法实践中存在争议。

在本案中，抗诉机关认为曾某成、张某岐作为现场前厅经理，其职责范围包括管理请销假、负责卫生、客人投诉、负责管理前厅事务等，具有管理职责，就应当认定为组织卖淫罪。而一审、二审法院都认为，曾某成、张某岐受雇佣，仅领取固定工资，不享有利润分成，虽为前厅经理，但管理职权没有涉及对卖淫活动的人、物等，对组织卖淫活动的核心事项没有管理处置决定权，仅起协助作用，符合协助组织卖淫罪的构成要件。

区分组织卖淫罪与协助组织卖淫罪应围绕“组织性”“管控范围”“地位作用”特征来分析，结合在案证据，客观判断被告人的行为作用与卖淫活动的关系。在组织性特征方面。组织卖淫罪和协助组织卖淫罪的区分不在于职位层级的高低或者发挥作用的大小，而在于其行为是否具有组织性。根据组织卖淫罪的刑法释义，组织是指发起、建立卖淫集团或卖淫窝点，将分散的卖淫行为进行集中和控制，并在其中起组织作用的行为，包括组织、策划、指挥，只要具备其中一种或者数种组织性行为，就可以认定实施了组织卖淫行为。在司法实践中，有些人员虽是受雇人员，但直接参与了招募卖淫女或者参与制定卖淫规则等卖淫事项，也可以认定为组织卖淫。在管控范围方面。组织卖淫行为人与卖淫人员之间形成管理与被管理的关系，卖淫人员的人身、财产或者卖淫活动受控于行为人，接受行为人安排、调度以及分配卖淫所得等。而协助组织卖淫是为组织卖淫创造便利条件，处于卖淫活动外围的协助，并未参与到对卖淫人员的纠集和控制、对卖淫活动的管控和处置决定等实行行为中。从而可知，参与控制、管理卖淫人员的，或者参与安排卖淫人员进行卖淫活动的，应认定为组织卖淫罪；明知他人实施组织卖淫而为其招募、运送卖淫人员或者充当保镖、打手、管账人等，与卖淫人员、卖淫行为无直接管理、控制关系的，以协助组织卖淫罪定罪处罚。在地位作用方面。行为人在组织卖淫中是否发挥核心作用，是从功能因素认定组织卖淫罪的关键。核心作用，是指对卖淫团伙中的人、物等全部实现或核心事项具有最后的统筹、决定权。若行为人受雇参与管理、控制卖淫者，是依照上级管理、指挥行事，其没有处置决定权，不足以左右卖淫人员或者卖淫活动，对卖淫女与嫖客之间达成卖淫契约不起统筹、决定作用的，应认定为协助组织卖淫罪。

在对“涉黄”犯罪保持高压打击态势的同时，要严格坚守“法律底线”，不拔高、不降格、不凑数。对集团性组织卖淫犯罪不同层级的人员，应根据具体案情、结合“组织性”“管控范围”“地位作用”三个特征进行分析，若犯罪行为符合三个特性之一的，可认定为组织卖淫罪，继而结合犯罪作用认定系主犯或从犯；若不符合上述三个特性的，应认定为协助组织卖淫罪。

编写人：福建省漳州市中级人民法院 杨凌芳 罗德渊

39

# 包庇罪、组织卖淫罪与协助组织卖淫罪的界定

## ——于某招摇撞骗、协助组织卖淫案

### 【案件基本信息】

1. 裁判书字号

北京市第三中级人民法院（2021）京03刑终522号刑事判决书

2. 案由：招摇撞骗罪、协助组织卖淫罪

### 【基本案情】

被告人于某系××街道社区保安员。2014年5月至2018年8月在某派出所打击队负责协助民警摸排违法犯罪线索、收集违法犯罪证据等工作。2018年，赵某在其租用的××门脸房实施组织卖淫犯罪活动期间，被告人于某为赵某介绍卖淫人员孙某某，并为赵某实施组织卖淫活动提供通风报信等帮助。2018年8月19日，赵某在该场所组织多人卖淫，被公安机关抓获。现赵某因犯组织卖淫罪于2019年1月被判处有期徒刑三年。

### 【案件焦点】

对于被告人于某为组织卖淫活动提供通风报信、介绍卖淫女、偶尔看店、

招待嫖客等帮助行为应如何认定其罪名。

**【法院裁判要旨】**

北京市密云区人民法院经审理认为：被告人于某明知他人实施组织卖淫犯罪活动，仍予以协助，其行为已构成协助组织卖淫罪，应予惩处。公诉机关指控犯罪事实清楚，证据确凿、充分，指控罪名成立，予以支持。在案证据能够证明被告人于某实施了为他人组织卖淫活动通风报信、提供便利等帮助行为，符合协助组织卖淫罪的犯罪构成。关于被告人于某所称其没对郭某婷、孙某某说过自己是警察骗取钱财、没协助赵某组织卖淫的辩解，均与事实不符，不予采信。

北京市密云区人民法院依照《中华人民共和国刑法》第二百七十九条、第三百五十八条第四款、第四十五条、第四十七条、第五十二条、第五十三条、第六十九条第一款和第三款、第六十四条、第六十一条之规定，作出如下判决：

一、被告人于某犯招摇撞骗罪，判处有期徒刑四年六个月；犯协助组织卖淫罪，判处有期徒刑三年，罚金人民币 3000 元；数罪并罚决定执行有期徒刑六年六个月，罚金人民币 3000 元（刑期从判决执行之日起计算，判决执行以前先行羁押一日折抵刑期一日，即自 2019 年 4 月 2 日起至 2025 年 10 月 1 日止；罚金限判决生效之日起 1 个月内缴纳）；

二、继续追缴被告人于某违法所得人民币 3 万元，发还被害人郭某婷；

三、随案移送的被告人于某违法所得浪琴牌手表一只、千足金项链一条、千足金戒指一枚发还被害人孙某某。

于某提起上诉。北京市第三中级人民法院经审理认为：上诉人于某明知他人实施组织卖淫犯罪活动，仍予以协助，其行为已构成协助组织卖淫罪。一审法院定罪及适用法律正确，量刑及在案物品处理适当。北京市第三中级人民法院依照《中华人民共和国刑事诉讼法》第二百三十六条第一款第一项的规定，作出如下裁定：

驳回上诉，维持原判。

**【法官后语】**

一、是否构成包庇罪

根据《最高人民法院、最高人民检察院关于办理组织、强迫、引诱、容留、介绍卖淫刑事案件适用法律若干问题的解释》第十四条的规定，旅馆业、饮食服务业、文化娱乐业等单位的人员，在公安机关查处卖淫、嫖娼活动时，为违法犯罪分子通风报信的，广义上也是一种包庇行为，符合“情节严重”的，应按包庇罪定罪处罚。本案中于某作为派出所保安员长期为赵某组织卖淫活动通风报信且达到情节严重，似乎应以包庇罪定罪处罚，但该条还规定了事前与犯罪分子通谋的，以共同犯罪论处。因此，在司法实践中能否以包庇罪定罪处罚还要看事前是否有同谋。如果事前有同谋的，应为共同犯罪，不以包庇罪论处；如果事前缺乏同谋，仅在犯罪完成后为帮助罪犯逃避司法责任的，则应定为包庇罪。本案于某事前与赵某同谋，并且以为赵某组织卖淫活动通风报信等帮助行为获取利益，不符合包庇罪的构成要件。因此，于某不构成包庇罪。

二、协助组织卖淫罪界定

（一）协助组织卖淫罪的发展

刑法修正案（八）将“为组织卖淫的人招募、运送人员”认定为协助组织卖淫行为之一。《最高人民法院、最高人民检察院关于办理组织、强迫、引诱、容留、介绍卖淫刑事案件适用法律若干问题的解释》对本罪罪状进行了更加详细的解释，即“明知他人实施组织卖淫犯罪活动而为其招募、运送人员或者充当保镖、打手、管账人等的，依照刑法第三百五十八条第四款的规定，以协助组织卖淫罪定罪处罚，不以组织卖淫罪的从犯论处”。

（二）协助组织卖淫罪单独成罪分析

第一，需求分析。严厉打击猖獗的组织卖淫犯罪活动是将协助组织卖淫罪单独成罪的现实因素。在组织卖淫活动过程中，离不开保镖、打手、管账人等的“协助”，因此，协助组织行为已经常态化、类型化，是实现犯罪必不可少的环节。由于犯罪人之间分工不同、所起的作用不同，承担的刑事责任也不同，因此，有必要将这些协助行为从组织卖淫行为中分离出来，区别定罪量刑。

第二，法理分析。一般来讲，在我国刑法理论中，帮助犯从属于正犯，与正犯构成共同犯罪。在刑法没有对帮助犯设置具体罪状并单独规定法定刑的情况下，对帮助犯只能适用正犯的法定刑，并结合刑法总则规定的从犯处罚原则进行处罚。但考虑到实践中某些帮助行为已出现常态化、类型化趋势，社会危害性较大，为加大对此类行为的打击，我国刑法分则将部分帮助行为规定为独立犯罪，如刑法第一百零七条规定的资助危害国家安全犯罪活动罪，第一百二十条之一第一款规定的帮助恐怖活动罪。在司法实践中，不少专门为卖淫场所招募、雇用、运输、培训卖淫者的组织和个人，他们不仅仅服务于某一个组织卖淫团伙，而是同时为多个组织卖淫团伙服务。通常情况下，他们独立于卖淫活动组织，也不参与卖淫场所的组织卖淫、强迫卖淫活动，因此，之前大多没有受到法律追究。但正是这些招募、接送行为，为性剥削场所输送了源源不断的被剥削者，使更多的人落入悲惨境地。因此，为保护受害人的权益有必要将协助组织卖淫行为单独成罪，以更好地打击违法犯罪活动，保护公民的合法权利。

三、组织卖淫罪和协助组织卖淫罪区分

在本案中，对被告人于某的行为定性存在两种意见。

第一种意见认为，于某的行为构成协助组织卖淫罪。理由如下：(1) 于某并未参与发起、建立卖淫团伙。于某在帮助赵某看店、招待嫖客、约定利润分成之前，该店内的卖淫活动和相关管理制度已经存在，于某并没有将分散的卖淫行为予以集中并加以控制、操纵，即于某并未实施“组织行为”。(2) 于某在共同组织卖淫活动中地位、作用属于从犯，应当认定为协助组织卖淫罪。

第二种意见认为，于某的行为构成组织卖淫罪。虽然于某并未参与发起、建立卖淫团伙，但在其接受于某提议约定均分收益后，继续通风报信、看店、招待嫖客，此时这些行为已经超出了协助组织卖淫的范畴，而属于组织卖淫罪中的管理行为，实际系卖淫活动的管理者，直接参与组织卖淫事项，其行为应当认定为组织卖淫罪的共犯。

笔者赞同第一种意见，具体理由如下：

刑法第三百五十八条规定，组织卖淫罪是指以招募、雇佣、强迫、引诱、容留等手段，控制多人从事卖淫的行为。协助组织卖淫罪是指为组织卖淫的人招募、运送人员或者有其他协助组织他人卖淫的行为。通过对组织卖淫罪与协助组织卖淫罪概念的比对，可以看出区分两罪的关键是看行为人在整个犯罪过程中对卖淫行为的组织、控制、管理程度。具体而言，是指行为人在组织卖淫中是否发挥核心作用，即是否有对卖淫团伙中的人（卖淫人员及其他人员）、事（卖淫活动及其他联络、保障工作）、物（卖淫定价及非法所得的分配使用）等全部事项或者核心事项有统筹、决定的权力。具体从以下两个方面分析：

一是行为人在组织卖淫中是否发挥组织作用。组织卖淫罪中的组织行为主要体现在将分散的卖淫人员纠集、控制起来，管理、安排她们进行卖淫。具体包括：(1) 卖淫组织的建立。卖淫组织的建立一般是为组织卖淫活动进行谋划布置、制订计划的行为。例如，为组织卖淫集团制订计划、拟定具体方案、物色卖淫妇女以及为建立卖淫窝点而进行的选择时间、地点、设计伪装现场等。(2) 对卖淫者进行管理。组织者通过制定、确立相关的人、财、物、卖淫行为等管理制度从而实现与卖淫人员之间形成管理和被管理的关系。(3) 组织、安排卖淫活动。组织者通过推荐、介绍、招揽嫖客，安排相关服务，提供物质条件，从而安排具体的卖淫活动等。二是行为人在组织卖淫中是否发挥控制作用。具体包括：(1) 组织他人卖淫的行为贯穿于组织卖淫活动的整个过程。既包括将卖淫人员组织在一起的行为，也包括将卖淫人员组织起来后实施卖淫的行为。(2) 行为人在实施组织他人卖淫活动中起领导、指挥作用。如实际指挥、命令、调度等卖淫活动的具体实施等。(3) 是否以招募、雇佣、纠集等手段对卖淫人员达到人身、财产、行为等方面的管理和控制。即卖淫人员服从于组织行为，受组织卖淫人员的管理和控制，而协助者没有权力参与对卖淫人员的指挥、管理和控制。

根据罪责刑相适应原则，在组织卖淫类案件中应对体现组织性、控制性的行为进行具体分析，当案件中的组织性、控制性和行为的社会危害性均没有达到组织卖淫罪的严重程度时，就不能以组织卖淫罪定罪处罚。在本案中，首先，被告人于某虽然在卖淫活动中实施了一定的帮助，如看店、招待嫖客等行为，但综合全案分析，其不是卖淫场所和卖淫活动的实际所有者、控制者，事先与组织者赵某没有分工合谋、利润分成约定，卖淫活动实际受赵某领导和指挥，于某相对作用较小，组织地位较低。其次，于某在卖淫活动中不直接指挥、管理或指派卖淫人员，失足妇女的卖淫活动对于某的行为亦不具有依赖性，不符合组织卖淫罪的特征。最后，于某为赵某组织卖淫活动提供帮助并非其唯一经济来源，其还向多家店老板通风报信并从中谋取利益。综上所述，应当认定于某为协助组织卖淫罪。

编写人：北京市密云区人民法院　张学森

## （八）制作、贩卖、传播淫秽物品罪

40

### 以牟利为目的进行淫秽色情直播应认定为制作、传播淫秽物品牟利罪

——王某某等制作、传播淫秽物品牟利案

【案件基本信息】

1. 裁判书字号

河南省平顶山市中级人民法院（2022）豫 04 刑终 110 号刑事裁定书

2. 案由：制作、传播淫秽物品牟利罪

## 【基本案情】

被告人侯某某、二强（身份不明）系网络淫秽直播平台和主播之间的中间人，即家族长。家族长负责指导和监督主播的淫秽直播表演，安排、管理主播的播出时间段和播出时长，主播的收益由直播平台转给家族长，由家族长转给主播，家族长的收益来源于主播的收益分成。

2021 年 3 月至 6 月，被告人王某某雇用被告人佘某某、马某某、党某某（未满 18 周岁，另案处理）、王某雯、王某龙、赵某某在驻马店市通过被告人侯某某、二强介绍的网络淫秽直播平台进行网络淫秽直播。

被告人侯某某、王某某、直播平台的分成比例是 1∶7∶2，侯某某按照上述比例转给王某某 220313 元，侯某某获利 31473 元，直播期间的总违法所得 314733 元。二强转给王某某 95900 元，因二强未到案无法核实分成比例，故无法计算总违法所得。

其余被告人获得违法所得为：佘某某 23806 元，马某某 24632.88 元，王某雯 8000 元，王某龙 11800 元，赵某某 2100 元。其中王某雯参与直播期间王某某直播团队的总收入是 48695 元，赵某某参与直播期间王某某直播团队的总收入是 39064 元，佘某某、马某某、王某龙参与直播期间王某某直播团队的总收入无法查明。

2021 年 6 月 22 日，被告人马某某到舞钢市公安局投案。七被告人到案后自愿如实供述自己的罪行。

## 【案件焦点】

1. 以牟利为目的进行淫秽直播的行为应如何认定；2. 在淫秽直播团队和平台之间充当“家族长”的行为应如何认定。

## 【法院裁判要旨】

河南省舞钢市人民法院经审理认为：被告人王某某以牟利为目的，组织被告人佘某某、马某某、王某龙、赵某某、王某雯进行网络淫秽直播，其行为均已构成制作、传播淫秽物品牟利罪，其中王某某情节特别严重；被告人侯某某以牟利为目的协助王某某传播淫秽物品，情节特别严重，其行为构成传播淫秽物品牟利罪。余某某、马某某、王某龙、赵某某、王某雯虽受雇于王某某，但亦参与制作网络淫秽直播表演并从中牟利；侯某某作为家族长向王某某介绍12个淫秽网络直播平台，是王某某与直播平台联系、违法所得分成的中间人。综上，六名被告人在共同犯罪中均起主要作用而非次要或辅助作用，应当认定为主犯。公安机关扣押的侯某某白色轿车，依据现有证据无法证明是犯罪工具或系违法所得购买，应予以退还；扣押的其他物品（详见随案移送赃款物品清单）为犯罪工具，应予以没收。被告人王某某、侯某某、余某某、王某龙、赵某某、王某雯如实供述主要犯罪事实，属坦白，可依法从轻处罚；被告人马某某主动投案并如实供述犯罪事实，属自首，可依法从轻处罚；王某某、侯某某、余某某、王某龙、赵某某、王某雯、马某某当庭认罪，可依法从轻处罚。

河南省舞钢市人民法院依照《中华人民共和国刑法》第三百六十三条、第二十五条、第二十六条、第五十二条、第五十三条、第六十四条、第六十七条第一款和第三款，《最高人民法院、最高人民检察院关于办理利用互联网、移动通讯终端、声讯台制作、复制、出版、贩卖、传播淫秽电子信息刑事案件具体应用法律若干问题的解释》第一条第一款第六项、第二条，《最高人民法院、最高人民检察院关于办理利用互联网、移动通讯终端、声讯台制作、复制、出版、贩卖、传播淫秽电子信息刑事案件具体应用法律若干问题的解释（二）》第十一条之规定，判决：

一、被告人王某某犯制作、传播淫秽物品牟利罪，判处有期徒刑十一年，并处罚金350000元；

二、被告人侯某某犯传播淫秽物品牟利罪，判处有期徒刑十年，并处罚金50000元；

三、被告人余某某犯制作、传播淫秽物品牟利罪，判处有期徒刑一年六个月，并处罚金30000元；

四、被告人马某某犯制作、传播淫秽物品牟利罪，判处有期徒刑一年，并处罚金30000元；

五、被告人王某龙犯制作、传播淫秽物品牟利罪，判处有期徒刑一年，并处罚金 20000 元；

六、被告人王某雯犯制作、传播淫秽物品牟利罪，判处有期徒刑一年，并处罚金 10000 元；

七、被告人赵某某犯制作、传播淫秽物品牟利罪，判处有期徒刑十个月，并处罚金 3000 元；

八、对被告人王某某违法所得 316213 元、被告人侯某某违法所得 31473 元、被告人余某某违法所得 23806 元、被告人马某某违法所得 24632.88 元、被告人王某龙违法所得 11800 元、被告人王某雯违法所得 8000 元、被告人赵某某违法所得 2100 元予以追缴，上缴国库；

九、扣押的白色轿车由扣押机关予以退还；扣押的犯罪工具予以没收。

王某某、侯某某、王某龙、王某雯提起上诉。河南省平顶山市中级人民法院经审理认为：王某某以牟利为目的，组织王某龙、王某雯以及原审被告人余某某、马某某、赵某某利用互联网络直播平台制作、传播淫秽电子信息，上述六人行为均构成制作、传播淫秽物品牟利罪，系共同犯罪；其中，王某某系组织者，在共同犯罪中起主要作用，系主犯，且应认定为“情节特别严重”，王某龙、王某雯、余某某、马某某、赵某某五人起次要或者辅助作用，均是从犯，应从轻处罚，一审认定五人均为主犯不当，予以纠正；马某某主动投案并如实供述犯罪事实，属自首，可从轻处罚。侯某某明知王某某等人实施传播淫秽电子信息犯罪，为其提供帮助并从中获利，情节特别严重，其行为构成传播淫秽物品牟利罪；侯某某在共同犯罪中起主要作用，应认定主犯。原审判决认定事实清楚，证据确实、充分，审判程序合法，量刑适当。

河南省平顶山市中级人民法院依照《中华人民共和国刑事诉讼法》第二百三十六条第一款第一项之规定，作出如下裁定：

驳回上诉，维持原判。

【法官后语】

当前，伴随着互联网科技的飞速发展、智能手机的广泛普及和移动通信技术的不断更新换代，网络直播作为新兴行业也应运而生，日渐火爆，从而催生出“网络主播”这个新职业。网络直播存在实时性、互动性、便携性等特点，为社会公众娱乐消遣提供了更为多样化的选择，创造了一定的社会价值，但与此同时，也为不法分子牟取私利提供了更为便利的空间，通过各类互联网平台实施淫秽色情直播的行为层出不穷。淫秽色情直播依托流媒体传输技术，能够实现淫秽音频的实时传输，通过智能手机便可以迅速大范围传播，且直播内容具有即时性和隐蔽性，调查取证较为困难，相比较传统依托物理载体的涉淫秽物品犯罪行为，受众更为广泛，传播更为便捷。上述行为严重扰乱了公共网络领域的社会管理秩序，在当前“扫黄打非”不断向纵深推进的政策背景下，相关行为的精准认定和严厉打击也尤为重要。关于通过淫秽直播获取非法利益行为的定性，司法实务中存在一定的争议，一种观点认为构成制作、传播淫秽物品牟利罪，另一种观点则认为构成组织淫秽表演罪。笔者认为，上述行为认定为制作、传播淫秽物品牟利罪更为适宜。

组织淫秽表演罪，在客观上表现为组织他人当众进行淫秽性的表演，其中“组织”行为涵盖了策划表演过程，纠集、招募和雇用表演者，寻找、租用表演场地，招揽观众等组织演出的行为，而“淫秽表演”，是指关于性行为或露骨宣扬色情的淫秽性表演，如进行性交表演、手淫口淫表演、脱衣舞表演等。由此看来，通过互联网直播平台实施淫秽直播的组织者在行为方式上符合组织淫秽表演罪的构成，但在主观方面，该罪并未规定“以牟利为目的”，更多侧重于对客观行为的认定，实践中，网络淫秽直播的组织和实施者往往通过观看者“打赏”、“刷礼物”、缴纳会费等形式从中获取非法利益，主观方面的牟利目的相当明显。《最高人民法院、最高人民检察院关于办理利用互联网、移动通讯终端、声讯台制作、复制、出版、贩卖、传播淫秽电子信息刑事案件具体应用法律若干问题的解释》（以下简称《淫秽电子信息解释》）第一条第一款以及第二款规定，以牟利为目的，利用互联网、移动通讯终端制作、复制、出版、贩卖、传播淫秽电子信息，具有八种情形之一的，以制作、复制、出版、贩卖、传播淫秽物品牟利罪定罪处罚；利用聊天室、论坛、即时通信软件、电子邮件等方式，实施第一款规定行为的，以制作、复制、出版、贩卖、传播淫秽物品牟利罪定罪处罚。该规定虽然早在智能手机尚不普及的2004年就已发布，但仍为当今的淫秽直播行为认定提供了指引和参照。淫秽直播行为在主观方面往往为获取非法利益，客观方面依托各类互联网直播平台对外传播，具体行为所依托的直播平台应属《淫秽电子信息解释》中规定的“即时通信软件”，而淫秽直播内容因其载体和形式的特殊性，应认定为“淫秽电子信息”。需注意的是，实体淫秽物品的制作和传播行为在时间和空间上往往是分离的，而在淫秽直播过程中，淫秽电子信息的制作和传播是同步进行的，不存在时间和空间跨度，即针对以牟利为目的而实施的淫秽直播行为，应认定为制作、传播淫秽物品牟利罪。

有观点认为，网络直播的视频不能被观看者下载，只是借助互联网数据传输，不存在存储并用以反复使用的载体，一旦主播结束淫秽表演行为，观看者便无法反复观看，不具有被不特定多数人反复使用的可能性，不存在传播淫秽物品犯罪的社会危害特征，不应以制作、传播淫秽物品牟利罪论处。笔者认为，即使淫秽直播的内容稍纵即逝，但依托现代信息科技手段，观看者通过录屏、录像、截图等方式仍可以对直播内容进行留存，更为重要的是，淫秽直播所采取的点对面传播方式，相较于传统实体载体一对一的传播方式传播能力更强、范围更广、速度更快，社会危害性也更为突出。

回归本案，王某某招募余某某、马某某、王某龙、赵某某、王某雯，共同以“主播”的身份利用互联网直播平台对外进行网络淫秽直播，通过看客“打赏”“刷礼物”等方式获取非法利益，并向部分看客私信发送淫秽视频和图片等淫秽电子信息，上述六人通过互联网对外实施淫秽直播的过程，实质上也是制作和传播淫秽电子信息的行为，符合制作、传播淫秽物品牟利罪的犯罪构成。其中，王某某参与犯罪过程中犯罪团伙违法所得数额在25万元以上，根据《淫秽电子信息解释》第一条第一款第六项、第二条之规定，应当认定为“情节特别严重”。侯某某明知王某某等人实施传播淫秽电子信息犯罪，为其提供互联网直播平台和费用结算等，从中获取非法利益，依照《淫秽电子信息解释》第七条之规定，应以传播淫秽物品牟利罪的共同犯罪论处，且其在参与犯罪过程中犯罪团伙的违法所得数额在25万元以上，亦应认定为“情节特别严重”。关于主从犯的认定，王某某作为其直播团队的组织者和招募者，对团队内其他同案被告人进行管理，在实施制作、传播淫秽物品牟利犯罪的过程中居于主导地位，起主要作用，依法应认定为主犯；余某某、马某某、王某龙、赵某某、王某雯系在王某某招募下加入直播团队，结合上述五人参与直播时间、利益分成等情况，能够认定五人在共同犯罪中居于从属地位，起次要或者辅助作用，依法应认定为从犯；侯某某在王某某团队淫秽直播的过程中提供平台支持以及费用结算，并以“家族长”的身份对王某某团队的淫秽直播活动进行管理和指导，其行为对王某某团队的淫秽直播有着不可或缺的作用，在共同犯罪中起主要作用，依法应认定为主犯。

**编写人：河南省平顶山市中级人民法院　李倩　朱至元**

# 二、贪污贿赂罪

41

## 村基层组织工作人员在征地拆迁案件中骗取拆迁补偿款行为性质的认定

——史某庆贪污案

**【案件基本信息】**

1. 裁判书字号

北京市高级人民法院（2021）京刑终 150 号刑事裁定书

2. 案由：贪污罪

**【基本案情】**

2014 年至 2019 年，被告人史某庆利用担任某村党支部书记、村委会主任，在某中学项目外部道路工程过程中协助某镇政府从事行政管理工作的职务便利，伙同张某春、高某君（均另案处理）等，采取隐瞒搬迁地上物系违法建筑等手段，骗取非住宅地上物搬迁补偿费共计人民币 1301.1302 万元。其中，史某庆非法获得拆迁补偿款共计人民币 383.87 万元。

**【案件焦点】**

村基层组织工作人员在协助政府进行拆迁工作的过程中，通过隐瞒搬迁地上物系违法建筑等手段骗取拆迁补偿款行为性质的认定。

【法院裁判要旨】

北京市第三中级人民法院经审理认为：史某庆系某村党支部书记、村委会主任，在本案中其不仅参与协助当地人民政府从事拆迁补偿款的发放对象、拆迁面积认定等工作，而且作为“五方工作小组”的一方，参与对被搬迁人、占地面积、建筑面积、经营面积认定等事项的研究确定。史某庆在“五方工作小组”会议上，故意隐瞒涉案地块的真实情况，向拆迁方做虚假证明，一定程度上导致了“五方工作小组”作出了错误认定，并使“五方工作小组”签署了认定单，该认定结果作为拆迁补偿的依据，对拆迁款的发放具有决定性的意义。被告人史某庆伙同张某春、高某君利用职务上的便利，骗取公共财物，犯罪数额特别巨大，其行为已构成贪污罪，依法应予惩处。鉴于史某庆当庭自愿认罪认罚，如实供述，可依法对其从轻处罚。在案扣押之款物一并依法处理。故依法判决：

一、被告人史某庆犯贪污罪，判处有期徒刑十一年，并处罚金人民币 60 万元；

二、在案冻结张某春名下北京农商银行账户内的钱款（人民币 383.87 万元）及孳息发还北京市通州区宋庄镇人民政府；责令被告人史某庆就本判决认定的犯罪数额（人民币 1301.1302 万元）继续退赔，发还某镇人民政府。

宣判后，史某庆以其没有利用职务便利骗取公共财物；其没有隐瞒涉案地块的真实情况，也未出具虚假证明；其不知道涉案地块上的建筑系违法建筑，其投资不应当认定为犯罪成本；其仅应当退赔个人的获利数额等为由提起上诉。

北京市高级人民法院经审理认为：上诉人史某庆伙同他人利用职务上的便利，骗取公共财物，犯罪数额特别巨大，其行为已构成贪污罪，依法应予惩处。鉴于史某庆自愿认罪认罚，如实供述，可依法对其从轻处罚。一审法院根据史某庆犯罪的事实、性质、情节及对于社会的危害程度所作的刑事判决，事实清楚，证据确实、充分，定罪正确，量刑适当，审判程序合法，应予维持。

## 【法官后语】

本案系一起村基层组织工作人员在协助政府进行拆迁工作的过程中，通过隐瞒搬迁地上物系违法建筑等手段骗取拆迁补偿款的典型案例。本案的争议焦点为史某庆伙同他人骗取拆迁补偿款的行为构成贪污罪还是诈骗罪。第一种观点认为，史某庆虽然是在协助政府从事行政管理工作，但在本案中是通过虚构事实、隐瞒真相的方式骗取国家支付拆迁补偿款，并没有利用国家工作人员的职务便利，构成诈骗罪；第二种观点认为，史某庆代表村委会作为“五方工作小组”的成员，对镇政府发放拆迁补偿款起到决定性的作用，具有主管公共财物的职务便利，构成贪污罪。

在此类村基层组织工作人员伙同、帮助他人骗取拆迁补偿款案件中，被告人是否具有“国家工作人员的职务便利”成为区别贪污罪和诈骗罪的关键。贪污罪与诈骗罪在法条上具有特别法与普通法的关系，贪污罪中的“骗取”，是指借职务上的合法形式，采用欺骗的手段，使具有处分权的受骗人产生认识错误，进而取得公共财物，必然符合诈骗罪的犯罪构成。同样，在骗取行为已经构成了诈骗罪的前提下，如果满足了国家工作人员利用职务上的便利，那么就构成了贪污罪。

笔者同意第二种观点。具体理由如下：

1. 被告人具有国家工作人员身份

根据《全国人民代表大会常务委员会关于〈中华人民共和国刑法〉第九十三条第二款的解释》，村民委员会等村基层组织人员协助人民政府从事下列行政管理工作，属于刑法第九十三条第二款规定的“其他依照法律从事公务的人员”：(1) 救灾、抢险、防汛、优抚、扶贫、移民、救济款物的管理；(2) 社会捐助公益事业款物的管理；(3) 国有土地的经营和管理；(4) 土地征收、征用补偿费用的管理；(5) 代征、代缴税款；(6) 有关计划生育、户籍、征兵工作；(7) 协助人民政府从事的其他行政管理工作。

被告人史某庆作为被搬迁地上物所在的基层组织六合村党支部书记、村主任，负责六合村全面工作，协助人民政府从事非住宅地上物搬迁过程中拆迁补偿款的发放对象、面积等认定工作，履行部分搬迁补偿工作职责，并且作为“五方工作小组”的一方，参与对被搬迁人、占地面积、建筑面积、经营面积认定等事项研究确定，签署“五方工作小组”共同的确认单。因此，本案中史某庆作为村基层组织人员，协助政府从事行政管理工作，属于其他依照法律从事公务的人员，具有国家工作人员身份，符合贪污罪的主体要件。

2. “五方工作小组”的职能具有一定的公务属性

在拆迁过程中，政府往往会成立负责组织拆迁工作的拆迁工作小组，村委会往往会在拆迁工作小组中承担履行一定的职责。这种职责是否是履行公务，则要在不同案件中具体分析。如果村委会仅仅是协助履行后勤服务保障的工作，则不具有履行公务的性质，那样村委会的成员也不具有国家工作人员的职务便利。

本案中的“五方工作小组”作为一个关键的组织，是由拆迁办公室、测绘方、评估方、村委会、拆迁公司共同组成的，在“五方工作小组”会议上签署的确认单作为最后认定被拆迁人及拆迁面积的依据，镇政府不会对确认单进行实质的审核，也就是该确认单对拆迁结果起到了决定性的作用。故本案中的“五方工作小组”相当于代替政府履行了决定拆迁事宜的权利，具有一定的公务属性。

3. 被告人利用了“职务上的便利”

贪污罪在客观上要求国家工作人员利用职务便利，侵吞、窃取、骗取或者以其他手段非法占有公共财物。最高人民法院发布的指导案例 11 号杨某虎等贪污案①明确指出，贪污罪中的“利用职务上的便利”，是指利用职务上主管、管理、经手公共财物的权力及方便条件，既包括利用本人职务上主管、管理公共财物的职务便利，也包括利用职务上有隶属关系的其他国家工作人员的职务便利。主管，主要指负责调拨、处置及其他支配公共财物的活动；管理，主要指负责保管、处理及其他使公共财物不流失的职务活动；经手，指领取、支出等

---

① 《指导案例 11 号：杨某虎等贪污案》，载最高人民法院网站，https：//www. court. gov. cn/shenpan-xiangqing-13308. html，2023 年 4 月 12 日访问。

经办公共财物因而占有公共财物的职务活动。不是任何利用职务上的便利非法占有公共财物的行为都能成立贪污罪，只有当国家工作人员现实地对公共财物享有支配权、决定权，或者对具体支配财物的人员处于领导、指示、支配地位，进而利用了职务上的便利的，才能认定为贪污罪。否则，只能认定为盗窃、诈骗等罪①。

本案中，史某庆不仅参与协助当地人民政府从事拆迁补偿款的发放对象、拆迁面积认定等工作，而且作为“五方工作小组”的一方，参与对被搬迁人、占地面积、建筑面积、经营面积认定等事项的研究确定，且村委会作为最了解村里情况的一方，在“五方工作小组”中起到了主导作用。史某庆在“五方工作小组”会议上，故意隐瞒涉案地块的真实情况，向拆迁方作虚假证明，误导“五方工作小组”作出了错误认定，并使“五方工作小组”签署了确认单，该认定结果作为拆迁补偿的依据，对拆迁款的发放具有决定性的意义，可以视为其具有主管公共财物的权力及方便条件。因此，史某庆参与的工作性质已经超出了管理集体事务的范畴，在协助政府进行土地拆迁工作中，不仅具有国家工作人员的身份，显然利用管理、经手拆迁补偿款的职务便利，其行为应当认定为贪污罪。

综上，在认定村基层组织工作人员伙同、帮助他人骗取拆迁补偿款的行为性质时，要从其是否具有国家工作人员身份、相关拆迁机构是否具有公务属性、是否利用职务上的便利三个方面综合认定。当村基层组织工作人员协助人民政府从事行政管理工作，且利用职务便利骗取公共财物时，其行为构成贪污罪，而非诈骗罪。

**编写人：北京市第三中级人民法院　余诤　张元元　边辑**

---

① 张明楷：《刑法学（下）》，法律出版社2016年版，第1183~1184页。

42

# 村委委员在协助政府征地拆迁过程中通过伪造补偿标准的方式骗取国家补偿款的行为应定性为贪污

## ——郭某六贪污案

### 【案件基本信息】

1. 裁判书字号

河南省平顶山市中级人民法院（2021）豫04刑终156号刑事裁定书

2. 案由：贪污罪

### 【基本案情】

2000年10月，我市因修建某路占用某纺纱厂的土地，后被告人郭某六租用该厂在路南剩余的土地上建一降解塑料餐盒厂。因经营不善停止经营后，郭某六利用该土地（并擅自占用相邻的某村土地），建造房屋。2017年12月，市政府对新南环路进行扩建，需拆除路边相关的建筑物，某街道办事处与某村委会研究，某村统一规划的宅基地、有村镇房屋所有权证及村、办事处、区三级证明所建的房屋等，拆迁补偿标准为每平方米2700元，其他为自建房，补偿标准为每平方米630元。该补偿的认定，须经某村委会开会研究同意，并作相应公示。2017年，郭某六伪造相关材料，通过贿赂区建设局的杜某涛，为其儿子郭某磊、郭某顶办理了涉案土地上所建房屋的村镇房屋所有权证。2018年1月，郭某六利用其负责拆迁补偿公示工作的便利条件，未经某村委开会同意，并伪造公示程序，骗取拆迁补偿款1052485元。

**【案件焦点】**

1. 郭某六作为村委委员，在人民政府征地拆迁过程中，从事协助拆迁补助款公示工作，是否属于国家工作人员；2. 其在本人确实占有房屋且有宅基地使用证的情况下，通过虚构补偿标准的方式骗取国家补偿款，是否属于贪污行为。

**【法院裁判要旨】**

河南省平顶山市湛河区人民法院经审理认为：郭某六利用其担任某村党总支部委员，负责人民政府拆迁公示等工作的职务便利，骗取公共财物，数额巨大，其行为已构成贪污罪。根据被告人郭某六犯罪的事实、犯罪的性质、情节和对于社会的危害程度，依照《中华人民共和国刑法》第三百八十二条、第三百八十三条、第五十二条、第五十三条、第六十四条之规定，判决：

一、被告人郭某六犯贪污罪，判处有期徒刑五年，并处罚金人民币二十万元；

二、责令被告人郭某六退赔被害单位人民币 1052485 元。

宣判后，被告人郭某六不服，上诉称：（1）其非国家工作人员，未受国家机关及单位委托管理和经营国有财产，未利用职务便利贪污国家财产；（2）其有真实的房产证，办事处及村委予以了确认并与郭某磊、郭某顶二人签订《征收补偿协议》，该补偿程序没有问题，补偿款项系合法所得，且拆迁补偿款并未给予郭某六，故其不构成贪污罪。

河南省平顶山市中级人民法院经审理认为：上诉人郭某六利用其担任某村党总支部委员，负责人民政府拆迁公示等工作的职务便利，骗取公共财物，数额巨大，其行为已构成贪污罪。原审判决认定犯罪事实清楚，证据确实、充分，定罪准确，审判程序合法，量刑适当。上诉人郭某六的上诉理由不能成立。依照《中华人民共和国刑事诉讼法》第二百三十六条第一款第一项之规定，作出如下裁定：

驳回上诉，维持原判。

【法官后语】

本案争议的焦点在于郭某六的主体身份和侵犯的客体性质。在审理过程中，有观点认为郭某六的行为不应当构成犯罪，亦有观点认为郭某六的行为应当定诈骗罪，故对本案主体身份的准确认定以及所侵犯的财产的性质，是本案确定罪与非罪、此罪与彼罪的关键所在。

1. 郭某六是否属于刑法规定的国家工作人员。刑法第九十三条规定，本法所称国家工作人员，是指国家机关中从事公务的人员，国有公司、企业、事业单位、人民团体中从事公务的人员和国家机关、国有公司、企业、事业单位委派到非国有公司、企业、事业单位、社会团体从事公务的人员，以及其他依照法律从事公务的人员，以国家工作人员论。根据该规定，村委会成员是否视为国家工作人员，由于情况较为复杂而不能简单看待，应当具体情况具体分析。根据宪法的规定，村民委员会并非我国的一级行政机关，而是基层群众自治性组织，其职责主要是管理一个村的集体性事务，但除此之外，村民委员会还经常协助行政机关传达贯彻党和国家的方针政策，代行一些行政管理事务，因此不能简单地从村民委员会或居民委员会成员这一外在身份来判断是否为国家工作人员。详而言之，村民委员会成员如果从事的仅是集体组织的事务，如管理村中或者社会居民的集体财产就不能以国家工作人员论，但是，如果其受行政机关委托代替行政机关从事一定的行政管理事务，如发放救灾款等。在此情况下，这实际上是依法受委托而从事公务，对其可视为刑法第九十三条规定的其他依照法律从事公务的人员，应以国家工作人员论。本案中，相关证人证言及某街道工作委员会出具的证明，可证实郭某六在案发时系某村党支部委员，其在负责某路拆迁补偿工作过程中，利用职务便利，伪造会议记录，违规增补公示名单，后将公示后所需材料通过非正规程序加盖村委公章向办事处报送，并最终得到国家赔偿，使国家财产受到损失。郭某六作为村两委人员，协助乡镇人民政府、街道办事处从事行政管理工作，属于刑法第九十三条第二款规定的其他依法从事公务的人员，符合贪污罪的主体构成要件。

2. 郭某六的行为是否构成贪污罪。本案的在案证据证实：第一，证人证言证实郭某磊及郭某顶二人名下的房产所占的土地并非经村集体规划的合法宅基地，且所占土地有部分系郭庄村的土地，国土资源局出具的证明显示，国土部门并未向该二人发放宅基地使用权证，故其二人名下的房产并不具备合法办理房产证的条件；第二，二人房产证登记的发放时间为2000年11月20日，房屋所有权登记审批表中所记载的时间为2000年4月18日，但申请办理房产证的资料中显示，申请单所使用的纸张系2009年出厂，且该申请单上加盖的村委会的公章经鉴定系伪造，证实郭某磊二人申请办理房产证的资料不真实；第三，证人杜某涛及高某良证实该二人的房产证办理时间系2018年左右，但其二人同时证明，办理村镇房屋所有权证这项业务自2007年起就停办，且与住建局出具的2007年以后停办村镇房产证的证明能够相互印证，故可以证实郭某磊二人的房屋不符合依法办理房产证的条件。郭某磊二人的房屋所占土地无宅基地使用权，未通过合法途径办理房产证，但郭某六利用其在村委所担任的职务和所负责的工作便利，以非法占有为目的，骗取国家财物，其行为符合贪污罪的构成要件。虽然赔偿款系国家补偿，分别转到郭某磊和郭某顶的账户中，郭某六并未直接掌握和支配，但该情节是郭某六犯罪既遂后对赃款的分配和处置，不影响对其定罪处罚。

编写人：河南省平顶山市中级人民法院　曹秋凤

43

# 征地办工作人员利用职务便利帮助村民骗取征地补偿款有关法律适用的认定

## ——陈某贪污、诈骗案

**【案件基本信息】**

1. 裁判书字号

湖北省宜昌市中级人民法院（2020）鄂05刑终79号刑事裁定书

2. 案由：贪污罪、诈骗罪

**【基本案情】**

一、贪污罪

2015年至2018年，被告人陈某在担任某社区居委会主任，协助某镇人民政府从事土地征收和房屋拆迁工作期间，利用职务上的便利，虚构房屋买卖协议，非法占有房屋拆迁补偿款288691.92元和价值194400元的安置房一套。具体事实如下：

2015年，时任某社区居委会主任陈某，根据县城管委会的安排，协助某镇人民政府从事土地征收和房屋拆迁工作，具体负责某社区某隧道建设征收工作等。

2015年5月，陈某在某社区二组居民陈某1（系陈某堂叔）家中动员拆迁时，与陈某1及其子陈某2商议，由陈某购买陈某1的附属屋，房屋拆迁后，陈某享受房屋拆迁安置政策，陈某1和陈某2享受拆迁补偿政策，陈某1和陈某2表示同意。随后，陈某以其子陈某3的名义与陈某1签订虚假房屋买卖协议，为规避县人民政府的相关政策规定，故意将房屋买卖协议签订时间提前至

2009年10月28日，并虚构购房款9.5万元的事实。

2015年6月3日，县城管委会征地拆迁部下属实物调查组进行实物调查时，陈某告知实物调查组陈某1的附属屋系其子陈某3购买，后实物调查组违规将该附属屋按照正房认定，确定面积为255平方米。为获取更多拆迁补偿，陈某编造虚假房屋租赁协议，使该附属屋按仓储标准补偿。同年7月8日，陈某以其子陈某3的名义与某镇人民政府签订房屋征收与补偿协议。

2016年1月至2017年2月，陈某通过陈某3的银行账户，先后四次获得房屋拆迁补偿款共计288691.92元，获取某镇某小区价值194400元的安置房一套。其间，陈某告知陈某1和陈某2附属屋补偿款为146153元，于2016年10月5日通过银行账户转账给陈某2146239.68元（含利息86.68元）。陈某将余下补偿款用于个人购房。

二、诈骗罪

2014年至2016年，被告人陈某协助某镇人民政府从事土地征收工作时，根据某社区居民陈某2等的要求，通过重复征收、虚增面积等方式帮助陈某2等骗取征地补偿款共计1039084.2元，并收取陈某2等所送现金2.3万元。具体事实如下：

2014年至2016年，被告人陈某在担任某镇某社区居委会主任，协助某镇人民政府从事土地征收工作期间，在某社区二组高压塔移线、某隧道建设、某沟渠治理项目征地过程中，具体负责土地四界确认、丈量、绘图、记录、签订土地征收调查结果确认书等工作。陈某在对社区居民陈某2、陈某1、陈某某（均另案处理）征地面积进行丈量时，应陈某2、陈某1、陈某某要求，采取多丈量或重复丈量方式，帮助陈某2、陈某某、陈某1骗取征地补偿款。经公安机关侦查认定，陈某2、陈某1、陈某某在三次工程项目征地过程中，征地面积共为37.6158亩，虚增征地面积为21.2058亩，其中，陈某2多计征地面积11.0422亩，骗取征地补偿款为541067.3元；陈某1多计征地面积1.0665亩，骗取征地补偿款为52259元；陈某某多计征地面积9.0971亩，骗取征地补偿款为445757.9元。

为感谢陈某的帮助，陈某 2 于 2014 年 10 月、2017 年上半年两次送给陈某现金人民币 1.5 万元；陈某某于 2014 年 10 月送给陈某现金人民币 8000 元。陈某将上述 2.3 万元钱占为己有，用于个人消费。

被告人陈某归案后，如实供述其主要犯罪事实，并主动退缴全部赃款和违法所得共计 327000.00 元及安置房一套。且其在留置期间，提供他人犯罪线索，并经查证属实。

**【案件焦点】**

1. 陈某与村民陈某 1、陈某 2 的行为是否构成共同犯罪，如果不构成共同犯罪，陈某的行为是否构成滥用职权罪；2. 假如构成共同犯罪，是构成贪污罪，还是构成诈骗罪。

**【法院裁判要旨】**

湖北省五峰土家族自治县人民法院经审理认为：被告人陈某作为村基层组织人员，协助人民政府从事征收拆迁等行政管理工作，属于其他依照法律从事公务的人员，应以国家工作人员论。其间，其在协助政府从事房屋征收拆迁工作时，为骗取房屋拆迁补偿款，利用职务上的便利，采取虚构事实、隐瞒真相等手段，非法将公共财物占为己有，数额巨大，其行为已构成贪污罪；其在协助政府从事土地征收工作时，通过采取重复征收、虚增面积等方法，帮助他人骗取征地补偿款，数额特别巨大，其行为已构成诈骗罪。公诉机关指控的罪名成立，依法应予惩处。且被告人陈某有犯罪前科，应酌情从重处罚。鉴于被告人陈某归案后如实供述其主要犯罪事实，可从轻处罚；积极退缴全部赃款、赃物，可酌情从轻处罚；在共同诈骗犯罪中起次要作用，且未分得赃款，系从犯，可从轻或减轻处罚；提供他人犯罪线索，经查证属实，有一般立功表现，可从轻或减轻处罚。且经庭审查明，公诉机关提出的《认罪认罚具结书》内容真实、合法，被告人陈某当庭亦自愿认罪认罚，可依法从宽处罚。公诉机关的量刑建议恰当，本院予以采纳。辩护人提出的相关辩护意见，本院予以采纳。

依照《中华人民共和国刑法》第三百八十二条第二款、第三百八十三条第一款第二项、第二百六十六条第三款、第六十四条、第六十七条第三款、第九十三条第二款、第六十八条、第六十九条第一款、第二十五条、第二十七条及《全国人民代表大会常务委员会关于〈中华人民共和国刑法〉第九十三条第二款的解释》,《最高人民法院、最高人民检察院关于办理贪污贿赂刑事案件适用法律若干问题的解释》第二条第一款、第十八条、第十九条第一款,《中华人民共和国监察法》第四十四条第三款,《中华人民共和国刑事诉讼法》第十五条、第二百零一条的规定,判决如下:

一、被告人陈某犯贪污罪,判处有期徒刑三年,并处罚金人民币 25 万元;犯诈骗罪,判处有期徒刑四年七个月,并处罚金 10 万元;决定执行有期徒刑六年,并处罚金人民币 35 万元;

二、被告人陈某退缴的违法所得 311691.92 元,予以没收,由扣押机关依法处理;退缴房屋一套,依法发还给五峰土家族自治县县城规划建设管理委员会。

被告人陈某以原判认定贪污罪事实不清、认定诈骗罪定性错误,量刑过重提起上诉。湖北省宜昌市中级人民法院经审理认为:被告人陈某作为社区居委会人员,依照法律协助人民政府从事征收拆迁等行政管理工作,应当以国家工作人员论。被告人陈某利用职务上的便利,骗取公共财物,数额巨大,其行为已构成贪污罪;以非法占有为目的,与他人共同采取虚构事实、隐瞒真相的手段,骗取公共财物,数额特别巨大,其行为已构成诈骗罪。依法应予惩处。经查,原审认定本案事实清楚,证据确实、充分,定罪准确。故陈某的上诉理由,不能成立,应予驳回。

湖北省宜昌市中级人民法院依照《中华人民共和国刑事诉讼法》第二百三十六条第一款第一项的规定,作出如下裁定:

驳回上诉,维持原判。

## 【法官后语】

滥用职权罪的主体要求是国家机关工作人员,刑法所称国家机关工作人员,是指在国家机关中从事公务的人员,包括在各级国家权力机关、行政机关、司法机关和军队中从事公务的人员。同时，根据《全国人民代表大会常务委员会关于〈中华人民共和国刑法〉第九章渎职罪主体适用问题的解释》的规定，第一类“在依照法律、法规规定行使国家行政管理职权的组织中从事公务的人员”是指依照行政处罚法第十九条规的定，法律、法规授权的具有公共事务职能的组织可以在法定授权范围内实施行政处罚。第二类“在受国家机关委托代表国家机关行使职权的组织中从事公务的人员”是指依照行政处罚法第二十条的规定，行政机关依照法律、法规或者规章的规定，可以在其法定权限内委托符合法定条件的组织实施行政处罚。第三类“虽未列入国家机关人员编制但在国家机关中从事公务的人员”是指国家机关通过聘用等方式以劳动合同签订不具有国家机关人员编制的人员在该机关从事公务的人员，如合同制民警等。上述三类人员可视为国家机关工作人员，涉嫌渎职犯罪可予以追究。本案中，陈某作为居委会主任按照县人民政府要求，参加征地工作专班从事行政管理工作，显然不符合国家机关工作人员主体身份，不能以滥用职权罪追究其刑事责任。但根据《全国人民代表大会常务委员会关于〈中华人民共和国刑法〉第九十三条第二款的解释》的规定，村民委员会等村基层组织人员协助人民政府从事行政管理工作，属于“其他依照法律从事公务的人员”，以国家工作人员论。符合贪污贿赂犯罪的主体身份。

内外勾结共同骗取国家征地补偿款属于共同犯罪范畴，不仅内外勾结的客观行为必须符合共犯的特征，而且共同犯罪的主观故意是认定共同犯罪重要条件。共同犯罪故意的判断取决于行为人与其他犯罪人是否进行意思联络，具体到征地补偿中，即征地工作人员对他人骗取征地补偿款的事实是否明知，所谓明知，指知道或者应当知道，若明知而违，应认定具有共同犯罪的故意。本案中陈某某在其履行职务之前，就知道陈某 1、陈某 2 骗取补偿款的行为而予以帮助，事后收取了他人给予的感谢费，属于事前明知而作为行为，具有犯罪主观故意的认识因素和意志因素，符合共同犯罪的实践形态。同时根据共犯理论，非法占有的目的，并不是专指非法占为己有的目的，而是指包括本人占有、第三人占有或本人和第三人共同占有，而且陈某某收受感谢费只是主观认识问题，实质上应属于分得的部分补偿款，故陈某与陈某1、陈某2之间具有相互勾结骗取补偿款而共同占有的主观故意和客观行为，应认定为共同犯罪。

陈某与陈某1、陈某2三人构成诈骗罪共同犯罪。首先，根据一般的刑法原理，在身份犯和非身份犯共同实施犯罪时，应当以实行犯的行为性质定罪，本案中陈某某利用职务上便利提供帮助，应为帮助犯，而陈某1、陈某2应为实行犯，故按刑法原理，本案应认定为诈骗罪共犯。其次，《最高人民法院关于审理贪污、职务侵占案件如何认定共同犯罪几个问题的解释》确定的三条原则，公司、企业或者其他单位中，不具有国家工作人员身份的人与国家工作人员勾结，分别利用各自的职务便利，共同将本单位财物非法占为己有的，按照主犯的犯罪性质定罪。可以得出，共同犯罪应区分主从犯，共同犯罪性质应按主犯性质确定。本案中无论从犯意的提起还是到最后非法利益的获得，应认定陈某1、陈某2属于共同犯罪的主犯，而陈某某仅在共同犯罪提供帮助，起次要作用，应属于从犯。且陈某1、陈某2的行为构成诈骗罪，故本案共同犯罪的定性，应认定为共同诈骗，陈某某构成诈骗罪，系从犯，可比照主犯从轻或减轻处罚，亦符合罪责刑相适应原则。

**编写人：湖北省五峰土家族自治县人民法院　李敬之**

44

# 安排所分管的企业出借资金归个人使用，构成挪用公款罪而不是滥用职权罪

——何某华挪用公款案

## 【案件基本信息】

1. 裁判书字号

四川省乐山市中级人民法院（2021）川11刑终91号刑事裁定书

2. 案由：挪用公款罪

## 【基本案情】

何某华案发期间分别任某市委常委、市政府党组成员、副市长，分管园区管委会。2016年底至2017年初，何某华为了偿还个人债务，多次与某运公司股东曾某文商议，成立一家新公司，以该公司名义向园区管委会主管的某源公司“借款”。2017年1月20日，曾某文注册成立某祥公司。2017年1月，何某华安排小额贷款公司贷款、申请政府拨款增加注册资本等方式筹资共1260万元，其中60万元用于支付园区内的开支，其余1200万元留在某源公司账上。同期，何某华找到某立公司行政副总程某群，请某立公司帮园区内企业转贷作名义的担保，在得到何某华承诺保证资金安全情况下，程某群代表某立公司同意；同时，何某华安排时任园区管委会副主任刘某武草拟了请求融资报告、委托书、借款合同等相关文书，何某华对相关文书进行了修改。2017年1月22日，何某华召集园区管委会骆某利、刘某武，某立公司代表程某群、张某英，某祥公司曾某文、蒋某红到园区管委会。程某群、张某英在已拟好的《关于请求市政府利用某台公司帮助融资确保稳定的报告》盖章，在两份内容一致的

《委托书》上签名和盖章，其内容为："某立公司委托某源公司将请求政府融资的款项600万元，代某立公司支付建筑工程材料款给某祥公司"。园区管委会向创立公司出具两份内容一致的承诺书，内容为"贵公司请求市政府利用某台公司帮助融资600万元，实际用于园区内企业某祥公司转贷使用"，何某华在承诺书上签名，园区管委会盖章。随后，某祥公司向某源公司借款1200万元，借款期限为12个月，在某立公司不知情的情况下，私自以某立公司的厂房及租金补贴优惠政策作为担保，并约定由某祥公司承担某源公司应付利息。同年1月23日、25日，某源公司分两次将1200万元转入某祥公司银行账户。2017年1月至2月，何某华安排蒋某红将上述资金用于归还个人债务、转账给其他公司和个人等。2018年8月至2020年8月，何某华筹集资金偿清上述1200万元及利息。另查明，某立公司和某祥公司无任何业务关系。何某华在调查机关掌握其犯罪线索后，经通知到案，归案后如实供述了自己的犯罪事实。

**【案件焦点】**

何某华构成挪用公款罪还是滥用职权罪。

**【法院裁判要旨】**

四川省犍为县人民法院经审理认为：何某华利用分管工业园区管委会的职务便利，通过弄虚作假的方式向分管的某源公司"借款"1200万元，归个人使用，侵犯的是公共财产的所有权及公务行为的廉洁性，而不是将"借款"挪作他用，侵犯的是国家机关的正常活动，故何某华的行为构成挪用公款罪。

综上，依照《中华人民共和国刑法》第三百八十四条第一款、第六十七条第三款的规定，作出如下判决：

何某华犯挪用公款罪，判处有期徒刑六年。

何某华提起上诉，四川省乐山市中级人民法院经审理认为：何某华构成挪用公款罪。理由为：（1）何某华利用了职务便利。案发期间，何某华任某市委常委、市政府党组成员、副市长。虽然何某华不具有直接经营、支配某源公司财产的权利，但是其作为分管园区管委会的副市长，在职务上对管委会及下属企业具有管理职权。何某华假借某源公司有贷款、增资需求安排某源公司向财政申请拨款及向某坤公司贷款共计1260万元，后又假借某立公司融资需要安排建源公司向某祥公司出借1200万元，实质归个人使用，正是利用了何某华分管园区管委会及下属企业的职责。（2）本案中1200万元公款的出借未经股东会或者董事会同意，出借1200万元是在何某华的统筹、安排下进行的。虽然管委会、某源公司的部分负责人在相关文件上签字、盖章，但因何某华的隐瞒导致对该1200万元的实际用途并不知情。故1200万元的出借行为并非集体意志的体现，不能认定为“集体研究决定”。（3）刑法对挪用公款罪的评价重点在于公务行为的廉洁性和公款的使用、收益权，即挪用并不以受到实际损失为要件，而是以国有资金的稳定为判断依据，虽然本案债务人后期通过民事程序已收回本息，但不能就此否定何某华行为的社会危害性已达到刑事追诉标准的行为性质评价。

何某华在一审庭审过程中对本案的定性提出异议，且当庭撤回签署的认罪认罚具结书，不接受司法机关认定的意见，不属于认罪认罚。

四川省乐山市中级人民法院依照《中华人民共和国刑事诉讼法》第二百三十六条第一款第一项之规定，作出如下裁定：

驳回上诉，维持原判。

**【法官后语】**

根据控辩双方一审、二审的诉辩，本案有以下几个问题需要说明。

1. 罪与非罪

本案罪与非罪涉及两个问题：（1）何某华“借款”1200万元的行为是借款还是挪用公款？挪用公款是单位领导不知道或者规章制度不允许的情况下私自使用公款，达到一定数额和时间就属于犯罪。向单位借款是经过领导同意或者规章制度允许的情况下个人使用，即使有一定数额也不构成犯罪，但不排除逾期未归还要承担的纪律责任。（2）向某源公司“借款”1200万是集体研究决定还是何某华个人决定？挪用公款“归个人使用”有三种情形：一是将公款供本人、亲友或其他自然人使用；二是以个人名义将公款供其他单位使用；三是个人决定以单位名义将公款供其他单位使用，谋取个人利益。“个人决定”既包括行为人在其职权范围内决定，也包括超越职权决定，但是单位集体讨论决定的不属于“个人决定”。本案1200万元公款的出借未经股东会或者董事会同意，是在何某华的统筹、安排下进行的。虽有部分负责人的签章，但他们是因何某华的隐瞒不知借款的实际用途而进行的签章，并非其真实意思表示。案涉“借款”行为并非集体意志的体现，不能认定为“集体研究决定”。

2. 构成挪用公款罪还是滥用职权罪

辩护人称何某华的行为应参照李某昌滥用职权一案处理，虽然两者均是运用手中职权将相关款项挪用出来，但李某昌违反的是专款专用的资金使用原则，将专款挪作他用，而何某华是将相关款项挪为个人使用，两者侵犯的客体完全不同。前者侵犯的客体主要是公共财产的所有权，同时在一定程度上也侵犯了国家的财经管理制度；后者是国家机关工作人员故意逾越职权或者不当履行职责，致使国家机关的某项具体工作遭到破坏，给国家、集体和人民的利益造成严重损害的行为，侵犯的客体是国家机关的正常活动。故何某华构成挪用公款罪，而不是滥用职权罪。

3. 能否适用认罪认罚从宽制度

自愿认罪认罚具结书是公诉机关与被告人之间就罪名与量刑达成的一种合意。何某华在庭审中撤回之前签署的自愿认罪认罚具结书，公诉机关鉴于何某华撤回具结书的行为，认为何某华并不具有自愿认罪认罚的态度，遂撤回其量刑建议，相当于公诉机关与何某华之间并没有达成认罪认罚的合意，自然也就不能适用从宽制度。

编写人：四川省犍为县人民法院　杨文菊

45

# 口头约定由行贿人“保管”贿赂款的行为性质认定

——尤某受贿案

## 【案件基本信息】

1. 裁判书字号

广西壮族自治区崇左市中级人民法院（2021）桂14刑终132号刑事裁定书

2. 案由：受贿罪

## 【基本案情】

2016年至2019年，被告人尤某利用担任容县人民法院院长的职务便利，接受邓某凡的请托，为邓某凡在承接建设土地平整工程、勘探工程、项目设计工程上提供帮助，直接收受邓某凡给予的好处费共105万元。其中：（1）为在土地平整项目提供帮助，2018年上半年，尤某在某酒庄收受邓某凡送给的5万元；（2）为在设计项目提供帮助，2019年年底，尤某在休闲公园收受邓某凡送给的6万元；（3）为在勘探项目提供帮助，2019年上半年，尤某在休闲公园收受邓某凡送给的4万元。另外，2019年10月的一天，邓某凡为感谢尤某在工程建设项目提供帮助，在某酒庄喝茶时承诺要送给尤某好处费90万元，尤某表示接受该90万元并表示先由邓某凡代为保管。

## 【案件焦点】

受贿案件中，受贿人与行贿人口头约定由行贿人代为“保管”贿赂款的行为性质认定。

**【法院裁判要旨】**

广西壮族自治区龙州县人民法院经审理认为：被告人尤某身为国家工作人员，利用职务上的便利，为他人谋取利益，收受他人财物，数额特别巨大，其行为构成受贿罪。其中，关于尤某答应收受邓某凡90万元好处费，双方口头约定暂时由邓某凡代为保管的事实，有尤某的供述和自书材料，与证人邓某凡的3次证言相吻合，并有证人何某的证言及相关施工合同、工程款支付材料等书证予以印证，形成完整证据链条，足以认定，且属于既遂。

广西壮族自治区龙州县人民法院依照《中华人民共和国刑法》第三百八十五条第一款、第三百八十三条第一款第三项、第三百八十六条、第六十七条第三款、第六十四条、第五十二条、第五十三条及《最高人民法院、最高人民检察院关于办理贪污贿赂刑事案件适用法律若干问题的解释》第三条第一款、第十八条、第十九条第一款之规定，作出如下判决：

一、被告人尤某犯受贿罪，判处有期徒刑十年六个月，并处罚金人民币80万元；

二、退出的违法所得人民币299万元，予以没收，上缴国库；

三、继续向利害关系人邓某凡追缴尤某受贿赃款人民币90万元。

尤某二审辩解提出：原审判决认定尤某收受邓某凡90万元受贿款，事实不清，证据不足，相关证言和供述不真实，同时，存在其被诱供、逼供的情况。

广西壮族自治区崇左市中级人民法院经审理认为：关于上诉人尤某收受邓某凡90万元好处费的事实是否清楚，证据是否充分的问题。经查，尤某对于为邓某凡中标工程建设项目提供帮助而收受90万元好处费的事实共有1次自书、3次供述，自书时间为2020年9月9日，供述时间分别为9月20日、9月26日及10月18日，3次讯问均制作同步录音录像，更换不同讯问人员，讯问中尤某的供述均自然、稳定，且每次讯问人员均问其“有无遭受虐待体罚、威胁、引诱、欺骗或者其他非法情形”，尤某均回答“没有”，并在讯问笔录上亲笔签有“经我看过，和我说的相符”字样并签名、捺印。尤某作为司法机关的领导，其应当知晓在讯问笔录上签名捺印应承担的责任和后果。在讯问中，亦没有发现办案人员有诱供、逼供的行为，讯问符合法律规定。从尤某自书材料到最后一次供述，时间间隔一个多月，自书内容和供述内容基本一致。在案证据未能证实尤某在接受调查阶段受到或可能受到诱供、变相肉刑等非法方法迫使其违背意愿作出有罪供述的情形。故尤某的上诉理由，不能成立，应予驳回。

广西壮族自治区崇左市中级人民法院依照《中华人民共和国刑事诉讼法》第二百三十六条第一款第一项、第二百四十四条之规定，作出如下裁定：

驳回上诉，维持原判。

## 【法官后语】

本案的焦点问题是被告人尤某与行贿人邓某凡口头约定由邓某凡代为“保管”90万元贿赂款的行为性质的认定。

《中华人民共和国刑法》第三百八十五条第一款规定，国家工作人员利用职务上的便利，索取他人财物的，或者非法收受他人财物，为他人谋取利益的，是受贿罪。对于“实际收受”行为的具体认定，目前并没有相应的司法解释，但一直以来我国刑法学界存在以下几种观点：一是转移说，二是藏匿说，三是控制说或取得说，四是失控说或损失说，五是失控加控制说。而“控制说或取得说”更符合受贿罪的立法精神和客观实际，即以行为人是否实际上取得或控制了其索取或收受的财物作为判断构成受贿既遂的标准。

从本案来看，被告人尤某与行贿人邓某凡口头约定由邓某凡代为“保管”90万元贿赂款的行为已经构成受贿既遂。

从主观方面看，尤某具有受贿的故意。在邓某凡表示送给其90万元作为其承建建设工程的报酬时，其明知是不正当的报酬仍予以接受，说明其主观上明显具有收受贿赂的直接故意。

从客观方面看，一方面，贿赂款项90万元具有客观事实基础。尤某实施了利用其职务之便，为邓某凡承建建设工程提供帮助，为邓某凡谋取利益。而在收受该笔90万元贿赂款之前，尤某实际已经利用职务便利帮助邓某凡承建的其他建设工程并且收受了共计三笔15万元的受贿款。该90万元的受贿款与前三笔性质完全相同，符合常情常理。另一方面，尤某对邓某凡代为保管的90万元已经形成实际控制。尤某在邓某凡表示送给其90万元时，其已经明确表示接受，并且两人当场达成保管90万元贿赂款的约定时，即视为邓某凡已经实际交付了贿赂款，尤某已经收受了贿赂款，并对贿赂款作出处分，贿赂款的属性已经变为尤某所有；贿赂款虽在邓某凡处保管，但尤某能够要求邓某凡随时给付贿赂款，对贿赂款具有实际控制权。

笔者认为，贪污罪既遂、未遂采取实际控制说，行为人控制财物后，是否将财物据为己有，不影响既遂的认定。对于贪污罪既未遂标准采用实际控制说，并不要求行为人实际占有。贪污罪和受贿罪都是国家工作人员职务犯罪案件，对既遂、未遂标准应当一致。受贿罪参照适用实际控制说更加符合司法实践的一贯精神。

编写人：广西壮族自治区龙州县人民法院　方品能　王冬玲

46

# 利用影响力受贿罪中犯罪主体及不正当利益的认定

——冯某辉受贿、利用影响力受贿案

## 【案件基本信息】

1. 裁判书字号

广西壮族自治区玉林市中级人民法院（2021）桂09刑终515号刑事裁定书

2. 案由：受贿罪、利用影响力受贿罪

## 【基本案情】

一、受贿的事实

2020年2月26日，交警总队决定推行有条件的县市区开展摩托车驾驶人下乡考试。2020年4月，某摩托车协会时任会长李某海找到时任某交管大队政治教导员巫某锋帮忙推进下乡考试，并许诺给予好处费，巫某锋便安排被告人冯某辉作为中间人与李某海沟通。经冯某辉与李某海进行协商并得到巫某锋同意，摩托车协会承诺，摩托车下乡考试每通过1人，协会便按每人250元的标准以加班费等名义给予好处费。与此同时，巫某锋要求冯某辉每次收到摩托车协会送的好处费后，将好处费分成三份，其中一份按每人160元归巫某锋所有，一份按每人80元交给负责下乡考试的北流市车管中队负责人林某，一份按每人10元归被告人冯某辉所有，每次分配的好处费均由冯某辉以现金方式转交给巫某锋及林某。

2020年5月至11月，被告人冯某辉伙同巫某锋、林某通过上述方式，实际收受李某海、陶某波代摩托车协会贿赂款共计287.275万元，其中被告人冯某辉个人实际分得11.12万元。

二、利用影响力受贿的事实

2020年5月，被告人冯某辉通过与时任某交管大队政治教导员巫某锋的密切关系，得以代表巫某锋出面与摩托车协会原会长李某海商量好处费。其间，李某海请求冯某辉帮忙推动巫某锋尽快落实下乡考试并感谢冯某辉从中所起作用，以及为了在以后冯某辉代巫某锋收受摩托车协会送的好处费过程中给予关照，经与冯某辉商量后，承诺在按之前约定好的每考试通过1人给巫某锋等250元好处费的情况下，另外按每考试通过1人给冯某辉10元好处费，冯某辉表示同意。之后，冯某辉通过上述方式收受李某海、陶某波代摩托车协会送给的贿赂款共计11.12万元。

综上，被告人冯某辉伙同他人共同受贿数额287.275万元，个人实际分得11.12万元；利用影响力受贿数额11.12万元。

**【案件焦点】**

1. 被告人冯某辉是否具备构成利用影响力受贿罪的主体资格；2. 被告人冯某辉在利用影响力受贿犯罪中是否为请托人谋取了不正当利益。

**【法院裁判要旨】**

广西壮族自治区北流市人民法院经审理认为：对辩护人提出冯某辉不具备利用影响力受贿罪的主体资格且为请托人所谋取的是正当利益的辩护意见。经核查，利用影响力受贿罪的犯罪主体包括“与该国家工作人员关系密切的人”，而冯某辉、巫某锋多次稳定供述，二人为校友，经过几次接触逐渐熟络，巫某锋对冯某辉较为信任，且本案二人共同收受他人贿赂，在此事项上存在共同利益，因此冯某辉具备完全的利用影响力受贿犯罪主体资格。

虽然摩托车协会的驾校具备相关资质，且开展下乡考试有相关政策支持，但请托人额外送给冯某辉的好处费的请托事项，不仅包含请求冯某辉催促巫某锋推动下乡考试事宜，更直接包含请托冯某辉代为核对、收受和转交贿赂的事项，并且李某海、陶某波等急于推进下乡考试，其实际目的在于通过摩托车协会垄断市场，随意提高价格，谋取不正当高额利润，因此请托人请托冯某辉谋取的事项既违反法律法规又排除公平合理市场竞争，明显属于“不正当利益”。

广西壮族自治区北流市人民法院依照相关法律及司法解释的规定，作出如下判决：

一、被告人冯某辉犯受贿罪，判处有期徒刑五年六个月，并处罚金人民币 25 万元；犯利用影响力受贿罪，判处有期徒刑一年三个月，并处罚金人民币十万元。数罪并罚，决定执行有期徒刑六年五个月，并处罚金人民币 35 万元；

二、被告人冯某辉退出的违法所得人民币 314400 元，没收上缴国库。

冯某辉及其辩护人主要持原审辩解及辩护意见提起上诉。广西壮族自治区玉林市中级人民法院经审理认为：同意一审法院裁判意见，认为冯某辉及其辩护人提出的上诉理由、辩护意见不能成立，均不予采纳。原判认定事实清楚，证据确实、充分，定罪准确，量刑适当，适用法律正确，依法应予维持。

广西壮族自治区玉林市中级人民法院依照《中华人民共和国刑事诉讼法》第二百三十六条第一款第一项的规定，作出如下裁定：

驳回上诉，维持原判。

【法官后语】

本案中，控辩双方对受贿犯罪事实和罪名均无异议，主要是对被告人是否构成利用影响力受贿罪存在分歧，而争议焦点是被告人是否具备“利用影响力受贿罪”的主体资格以及是否“为请托人谋取不正当利益”。笔者认为，本案中冯某辉具备构成“利用影响力受贿罪”的主体资格，同时其在本案中确实“为请托人谋取不正当利益”，具体分析如下：

1. 关于主体资格问题。根据刑法第三百八十八条之一的规定，构成该罪的主体是“国家工作人员的近亲属或者其他与该国家工作人员关系密切的人”。由此可见该罪主体是特殊主体，而特殊之处在于既可以是“形式特殊”，也可以是“实质特殊”。对于“形式特殊”，只要求行为人是国家工作人员的近亲属即可具备主体资格。一般而言，国家工作人员的近亲属高概率可以利用自身的身份地位对国家工作人员施加影响，至少对于请托人而言具有天然的高可信任度。因此，只要具备“国家工作人员的近亲属”这一形式要件，即具备主体资格。但是如果不具备“形式特殊”，但成为“实质特殊”，亦同样可以具备该罪主体资格。何谓“实质特殊”？即“其他与该国家工作人员关系密切的人”。法条表明，构成实质特殊的主体不需要形式要求，只需要实质上的关系密切即可。换言之，任何人，只要与该国家工作人员关系密切即可成为该罪的犯罪主体。在实践中，相当一部分实施犯罪的国家工作人员出于保护家人或者其他目的，往往不让近亲属介入违法犯罪活动之中，而是让近亲属以外值得信赖的人参与违法犯罪活动，如果因为形式不适格而排除这部分人的犯罪可能，显然是不合适的，因此法律规定了“实质特殊”的主体。对于“实质特殊”应该以该国家工作人员的主观意思的外化表现为判断依据。即行为人与国家工作人员的关系是否密切，应该由该国家工作人员“说了算”。本案中冯某辉、巫某锋多次稳定供述，二人为校友，经过几次接触逐渐熟络，巫某锋对冯某辉较为信任，由此可见，巫某锋主观上是认可并信任冯某辉的。此外，为了收取好处费，巫某锋主动找到冯某辉，并安排冯某辉与李某海、陶某波等人对接，负责收款事宜，仅此行为就对外直接明示了其与冯某辉的特殊关系，也明示了冯某辉即为其收取好处费的代理人，因此冯某辉具备该罪的主体资格是十分清楚，明确的。

2. 关于是否“为请托人谋取不正当利益”的问题。根据刑法第三百八十八条之一的规定，只有“为请托人谋取不正当利益”才构成该罪，因此是否谋取不正当利益成为罪与非罪的焦点。对此笔者认为应从请托事项的具体情况，以及请托的实质目的两个方面加以分析。

从请托事项的具体情况而言。本案请托人至少有二项具体的请托事项。第一，就是表面显而易见的，请托冯某辉作为巫某锋关系密切的人，督促冯某辉推进下乡考试事宜。该事项确实具备形式上的正当性。第二，冯某辉作为中间人，既接受巫某锋的安排，与行贿人（请托人）对接收受贿赂事宜，又接受行贿人（请托人）的请托，代为向巫某锋行贿。而请托事项中包含一个明显属于违法犯罪的事项，自然属于“谋取不正当利益”。

从请托的实质目的而言。对于第一个请托事项，即推进下乡考试事宜。表面看有政策支持，具有正当性。但请托人急于求人推进下乡，即使行贿也要达成目的，实际上是借推进下乡考试之名，行排除市场竞争，垄断市场经营，谋取非法利益之实，因此该请托事项实际上也是为了谋取不正当利益。综合而言，请托人以谋求垄断的不法经济利益为目的，通过请托冯某辉代为实施行贿行为，推动表面形式合法的下乡考试，理应认定为“为请托人谋取不正当利益”。

该案不论从主体资格还是“不正当利益”的认定上，都凸显了一个“实质”。对于部分案件特别是职务犯罪类案件，其表象有可能具备一定的迷惑性，而行为人往往会利用表面形式做文章，裁判者对待此类案件，不仅对形式进行审查，更应该根据立法精神和全面的解释，抽丝剥茧，拨云见日，找到案件“实质”。

编写人：广西壮族自治区北流市人民法院　梁希

47

# 国家工作人员身份的认定

——史某峰受贿案

## 【案件基本信息】

1. 裁判书字号

新疆维吾尔自治区乌鲁木齐市中级人民法院（2021）新 01 刑终 71 号刑事裁定书

2. 案由：受贿罪

## 【基本案情】

2016 年至 2018 年，被告人史某峰任开发公司原料油销售事业部经理期间，利用职务之便为投资管理公司总经理李某平在签订履行油品、物流、辅助服务合同业务方面提供帮助，多次收受李某平所送好处费共计 330 万元。

2007 年至 2012 年，被告人史某峰利用马某江、许某南、赵某泉的职权或者地位形成的便利条件，通过许某南、赵某泉职务上的行为，为他人在办理车皮计划方面提供帮助，收受何某、龚某、向某文、许某、朱某川、鲍某勇所送好处费共计 291.9 万元，其中 2009 年 2 月 28 日前收取好处费 101.4 万元，2009 年 2 月 28 日之后收取好处费 190.5 万元。

## 【案件焦点】

关于上诉人史某峰是否具有国家工作人员身份，能否成立受贿罪。

## 【法院裁判要旨】

新疆维吾尔自治区乌鲁木齐市头屯河区人民法院经审理认为：被告人史某

峰利用职务上的便利，收取他人人民币 330 万元，属数额特别巨大；利用其他国家工作人员职务上的便利，为请托人谋取不正当利益，收取请托人人民币共计 190.5 万元，属数额较大。被告人史某峰同时构成两罪，依法应当予以数罪并罚。经查，被告人史某峰 2019 年 10 月 9 日因涉嫌掩饰隐瞒犯罪所得罪被乌鲁木齐铁路公安处刑事拘留，其在拘留期间如实供述了收取何某、龚某等人贿赂款共计 291.9 万元的犯罪事实，乌鲁木齐铁路公安处将被告人史某峰利用影响力受贿罪线索移交至乌鲁木齐市监察委员会，被告人史某峰在留置期间如实交代了自己的违法犯罪事实，其主动交代全部犯罪行为符合“被采取强制措施的犯罪嫌疑人、被告人和正在服刑的罪犯，如实供述司法机关还未掌握的本人其他罪行的，以自首论”的法律规定，构成自首，对其可减轻处罚。被告人史某峰自愿认罪认罚，对其可从宽处罚。被告人史某峰亲属积极退赃退赔全部违法所得，对其可酌情从轻处罚。

新疆维吾尔自治区乌鲁木齐市头屯河区人民法院依照《中华人民共和国刑法》第三百八十五条第一款、第三百八十八条之一第一款、第十二条、第九十三条、第六十九条、第六十七条第一款和第二款、第五十二条、第五十三条、第六十四条，《最高人民法院关于处理自首和立功具体应用法律若干问题的解释》第二条，《最高人民法院、最高人民检察院关于办理依法贿赂刑事案件适用法律若干问题的解释》第三条第一款，《最高人民法院、最高人民检察院关于办理国家出资企业中职务犯罪案件具体应用法律若干问题的意见》第六条、第七条之规定，判决如下：

一、被告人史某峰犯受贿罪，判处有期徒刑六年，并处罚金人民币 30 万元；犯利用影响力受贿罪，判处有期徒刑三年，并处罚金 10 万元；决定执行有期徒刑七年八个月，并处罚金人民币 40 万元；

二、被告人史某峰违法所得人民币 5255000 元及判处的罚金从扣缴在案的款项中扣除，依法没收，上缴国库。

史某峰不服一审判决，提起上诉。

新疆维吾尔自治区乌鲁木齐市中级人民法院经审理认为：2016 年至 2018

年，上诉人史某峰经国有公司任命，担任开发公司原料油销售事业部经理，在国有独资公司中从事组织、领导、经营、管理工作，在其公司与投资管理公司合作运输油品过程中，利用职务之便，为他人谋取利益，收受李某平好处费330万元的行为侵犯了国家工作人员的廉洁性，其行为已构成受贿罪。关于上诉人史某峰是否具有国家工作人员身份，针对上述从事组织、领导、监督、经营、管理工作的人员，结合刑法理论及审判实践，一是看其身份是否经国家出资企业中负有管理、监督国有资产职责的组织批准或者研究决定。在案证据显示，开发公司系国有独资公司，上诉人史某峰自2006年3月至2018年，先后担任开发公司总调度室经理、经营三部经理、总经理助理、生产调度部部长、石油化工事业二部经理、经营二部经理、经营一部经理、原料油销售业务部经理，其间2015年1月被提拔为副科级，上诉人的任命经本级国有独资企业内部党政联席会议或党委会研究通过后颁发命令。二是以其工作是否具有监督、管理国有资产的职权活动为标准，实业开发公司系国有独资公司，上诉人担任原料油销售事业部经理，工作职责有业务性工作，也有管理性工作，原审法院认为上诉人参加总公司及上级的各类会议，负责总经理、党委书记、主管领导及其他领导布置的事项的落实，落实管生产必须管安全，一岗双责，完成上级领导交办的临时性工作及其他工作等为完成管理性工作。落实监督安全生产工作本身就是对国有资产的监督和管理，本院认为并无不当。开发公司为铁路集团的下属国有独资子公司，主要业务为油品、化学品等的铁路中转、换装、仓储、运输及销售，上诉人所工作的部门也是负责原油辅助物流、油田大客户物流等物流经营业务。铁路物流业务所依赖和利用的基础为国家所有的铁路、铁道、货车、仓库等国有资产，因此公司的经营行为不可避免地要涉及对这些国有资产的使用、维护、安全等监督和管理行为，开发公司与投资管理公司有油品物流辅助服务合同关系，上诉人史某峰作为开发公司原料油销售业务部经理，主要负责与投资管理公司总经理李某平接洽相关事宜，其在合同接洽中接受李某平贿赂，贿赂款名为油品物流辅助运输中，按运输的油品每吨收取一定的好处费，其收取好处费的基础也是对国家资产的利用和使用。此行为不同于一般的经营和销售行为中收受好处费的行为。上诉人史某峰在留置期间如实交代了自己的违法犯罪事实，其主动交代全部犯罪行为符合“被采取强制措施的犯罪嫌疑人、被告人和正在服刑的罪犯，如实供述司法机关还未掌握的本人其他罪行的，以自首论”的法律规定，构成自首，对其可减轻处罚。上诉人史某峰自愿认罪认罚，对其可从宽处罚。上诉人史某峰亲属积极退赃退赔全部违法所得，对其可酌情从轻处罚。

上诉人史某峰利用关系密切的人马某江作为主管运输、公安、外事、路风、收入等方面工作的副局长职务上的便利条件，通过赵某泉、许某南职务上的行为，帮助请托人何某、龚某、向某文、许某、朱某川、鲍某勇获得了车皮计划，属于谋取不正当利益，从中收取贿赂款的行为构成利用影响力受贿罪。

综上，原判认定事实清楚，定罪准确，量刑适当，审判程序合法，二审应予支持。

新疆维吾尔自治区乌鲁木齐市中级人民法院依照《中华人民共和国刑事诉讼法》第二百三十六条第一款第一项规定，裁定如下：

驳回上诉，维持原判。

【法官后语】

在本案审理过程中，控辩双方的主要争议在于被告人史某峰是否具有国家工作人员身份。结合刑法理论及审判实践，应该从形式要件和实质要件两方面分析：

一是看其身份是否经国家出资企业中负有管理、监督国有资产职责的组织批准或者研究决定。

在案证据显示，开发公司系国有独资公司，上诉人史某峰自 2006 年 3 月至 2018 年，先后担任开发公司总调度室经理、经营三部经理、总经理助理、生产调度部部长、石油化工事业二部经理、经营二部经理、经营一部经理、原料油销售业务部经理，其间 2015 年 1 月被提拔为副科级，上诉人的任命经本级国有独资企业内部党政联席会议或党委会研究通过后颁发命令。

二是以其工作是否具有监督、管理国有资产的职权活动为标准。

开发公司系国有独资公司，上诉人担任原料油销售事业部经理，工作职责有业务性工作，也有管理性工作，原审法院认为上诉人参加总公司及上级的各类会议，负责总经理、党委书记、主管领导及其他领导布置的事项的落实，落实管生产必须管安全，一岗双责，完成上级领导交办的临时性工作及其他工作等为完成管理性工作。落实监督安全生产工作本身就是对国有资产的监督和管理，本院认为并无不当。开发公司为铁路集团的下属国有独资子公司，主要业务为油品、化学品等的铁路中转、换装、仓储、运输及销售，上诉人所工作的部门也是负责原油辅助物流、油田大客户物流等物流经营业务。铁路物流业务所依赖和利用的基础为国家所有的铁路、铁道、货车、仓库等国有资产，因此公司的经营行为不可避免地要涉及对这些国有资产的使用、维护、安全等监督和管理行为，开发公司与投资管理公司有油品物流辅助服务合同关系，上诉人史某峰作为实业开发公司原料油销售业务部经理，主要负责与投资管理公司总经理李某平接洽相关事宜，其在合同接洽中接受李某平贿赂，贿赂款名为油品物流辅助运输中，按运输的油品每吨收取一定的好处费，其收取好处费的基础也是对国家资产的利用和使用。此行为不同于一般的经营和销售行为中收受好处费的行为。综上，原审被告人史某峰在国有出资企业中作为高层管理人员，所任职务系经国家公司提名、任命，从事组织、领导、监督、经营、管理工作，属于从事公务，应当认定为国家工作人员。

**编写人：新疆维吾尔自治区乌鲁木齐市中级人民法院　宋超**

48

# 一人公司股东之行贿行为的性质认定

——李某原行贿案

## 【案件基本信息】

1. 裁判书字号

天津市第一中级人民法院（2021）津01刑终359号刑事裁定书

2. 案由：行贿罪

## 【基本案情】

2008年1月，被告人李某原为在产业园区承揽工程等方面谋取不正当利益，向时任某镇党委书记、产业园区公司总经理刘某（另案处理）给予钱款，将人民币50万元现金存入刘某指定的两张银行卡账户各25万元。2008年2月、5月，刘某未履行公开招投标程序直接将该园区的展示中心、第一供热站及第一工业蒸汽站等工程发包给李某原，并及时结清工程款。

2006年至2014年，被告人李某原为在承揽工程等方面谋取不正当利益，多次向时任规划局局长、某街道办事处党工委书记、副区长钟某军（另案处理）给予钱款，共计人民币218万元，金条1根。经价格认定办公室认定，该金条价值人民币15.29万元。2008年，钟某军利用担任规划局局长职务之便，在李某原承揽的广场项目审批方面提供帮助，2010年，钟某军利用担任某街道办事处党工委书记职务之便，将某街道辖区内还迁房续建项目工程发包给李某原，2011年将广场项目土地整理发包给李某原并帮助其获得该项目。

**【案件焦点】**

被告人李某原是否应当认定为单位行贿罪。

**【法院裁判要旨】**

天津市武清区人民法院经审理认为：被告人李某原为谋取不正当利益，给予国家工作人员财物，情节严重，其行为构成行贿罪。被告人李某原自愿认罪，依法可从轻处罚。综上，依照《中华人民共和国刑法》第三百八十九条第一款、第三百九十条第一款及《最高人民法院、最高人民检察院关于办理贪污贿赂刑事案件适用法律若干问题的解释》第八条第一款第一项之规定，判决如下：

被告人李某原犯行贿罪，判处有期徒刑七年。

宣判后，李某原提出上诉。

天津市第一中级人民法院经审理认为，本案证据显示：（1）本案行贿获得的三个项目及两个工程分别以某联公司和某典公司名义承接、实施，项目及工程的全部款项均实际进入某联公司和某典公司；（2）某联公司另一股东董某生与某典公司另一股东建材集团公司均证明，二者均为挂名股东，不参与两公司的经营和决策，对公司既不承担责任，亦不承担风险，李某原是某联公司和某典公司的实际控制人；（3）李某原供述称“某典公司我是实际控制人，没有专业会计，就是平时找人记个流水，公司的钱都是我说了算，自行车王国的工程收入最后都是我的收入，这些钱都是按照我自己的想法支配的，有的用于生产经营，有的用于个人消费。我个人的钱与某典公司的钱分不清，公司是我说了算，个人需要钱直接从公司拿，公司的钱就是我的钱”；（4）某联公司和某典公司均不能提供公司经营过程中的股东会记录或董事会记录，没有年度财务审计报告，不能提供财务管理规定及执行情况的材料。

分析以上证据可以明确：（1）两个公司没有独立的财产利益。行贿所得利益虽然在公司账目中，但公司的其他股东不参与公司利益分配，公司也没有财务管理制度，财务收支等均由李某原个人决定，公司也不能提供年度财务审计报告证明其财务的独立性；（2）两个公司没有独立的意志。公司的意志体现为决策权限的法定性和程序性，公司人格只有在法律和公司章程规定的程序中才存在。本案中，两公司均不能提供公司管理的股东会记录或董事会记录，不能提供公司财务管理制度及执行情况材料，实践中李某原个人的决策即代表了公司的决策；（3）两个公司不具备公司法要求的法人治理结构。公司运转没有按照公司章程规定的决策权、经营管理权、监督权分属股东会、董事会或执行董事、监事会的方式运行，公司没有规范的管理和控制体制，两公司的管理均由李某原个人意志决定。综上，可以认定金汇商联公司和金典公司均不具备独立的公司人格，行贿所得项目及工程利益实际归李某原个人支配，因此，本案系李某原个人犯行贿罪。

此外，经审理查明，上诉人李某原到案后，对同种犯罪事实没有全部如实交代，不符合自首的构成要件，不应认定为自首。

天津市第一中级人民法院依照《中华人民共和国刑事诉讼法》第二百三十六条第一款第一项之规定，作出如下裁定：

驳回上诉，维持原判。

## 【法官后语】

本案反映了行贿犯罪的一种典型情况，即涉案公司为实质意义的一人公司，名义上为多人股东有限责任公司，但实际仅有一名真正股东，其他股东均为挂名，不予投资、不涉经营、不担风险、不分利润。该公司股东为了公司的经营活动向有关国家工作人员行贿、谋取的经营项目以公司名义展开、款项往来经由公司对公账户的情形，应认定为单位行贿罪还是自然人犯罪即行贿罪，学理界尚有争论，实务中未达统一。厘清二者界限、准确适用法律，对于精准打击贿赂犯罪，推进“受贿行贿一起查”具有重要意义。笔者认为，应从以下几方面考量：

首先，从犯罪构成上看。在主体方面，构成单位行贿罪需要具备单位犯罪的主体资格。单位犯罪是建立在反映单位独立意志以及单位财产独立性基础上的，意志和财产的独立也是公司法人人格的核心内容。因此，一公司要成为犯罪主体，须具有与其所有者或管理者有效区隔的意志和财产。在客观方面，构成单位行贿罪需要满足行贿行为体现单位意志以及行贿目的为谋取单位利益两个要件，其隐含前提是单位具有独立的意志和利益。公司作为经济主体，其利益最终具化并实现为财产，利益的独立亦即财产的独立。可见，无论从犯罪主体还是客观行为的角度，具有独立的意志和财产是构成单位行贿罪的首要条件。

对于有限责任公司而言，单位意志表现为由公司决策机构按照法定程序、在法律与公司章程规定的职权范围内作出决定。但在一人公司中，公司的决策机构由真正股东一人组成或操控，公司意志在形成过程与结果上与股东的个人意志高度竞合，难以通过客观证据进行辨别，也容易被后补或伪造公司决议等手段所规避，此时强行区分公司意志与个人意志不但证明难度较高，并且意义不大。另外，刑法第三百九十三条第三款规定，因行贿取得的违法所得归个人所有的，依照行贿罪定罪处罚。意为在形式上符合单位行贿的情况下，应根据因行贿取得的利益归属区分单位行贿罪与行贿罪。因此，无论从可操作性还是法律规定上看，判断单位行贿罪与行贿罪的根本在于财产，即公司是否具有独立的财产，且行贿所得利益是否实质归属于公司。

一般来说，一家有限责任公司按照法律要求注册成立、以公司名义对外开展经营活动、有对公账户收支资金，应认为其具有独立的财产利益。但在一人公司中，公司的所有权与管理权均归于真正股东一人，使得公司与股东的财产极易出现形式上独立、实质上混同的情况，因此即使行贿所得利益形式上以公司名义获取，也需要进一步考察公司财产的独立性，以确定利益的真实归属。结合公司法规定和审判实践，对公司财产独立性的考察应围绕公司财产的使用、管理等方面展开，主要包括：(1) 股东能否任意支配、使用公司财产。有的公司资金虽然存放在公司名下的银行账户，但股东可以不经正规的请款手续或审批流程而全权决定支取并自由使用，如个人消费、投资，甚至偿还个人债务。此时公司对公账户本质上与股东个人账户没有区别。(2) 公司账簿是否如实记录资金使用情况。有的公司账簿虽记载了钱款收支明细，但事由不真实、票据不完整，仅为了计算金额、做平账面，无法真实反映公司的财务情况。这种不规范记账也为股东随意挪用公司财产留下了操作空间。(3) 公司的盈利是否依法依规进行分配。虽然一人公司中真正的股东仅有一人，但公司盈利的分配仍应按照法律和公司章程规定的程序和规则进行，不能由股东擅自处置，随意转化为个人财产。(4) 公司是否具备健全的财务管理制度并切实执行。例如，设置专门的会计、出纳等财务岗位，制作独立的财务报表，定期提交财务审计报告等。

需要注意的是，公司法对于一人公司的财产混同设置了举证责任倒置规则，即由一人公司股东负责举证证明公司财产独立于其个人财产。这是考虑到一人公司的特殊结构使其存在财产混同的高度可能，且公司决议、财务账目等内部资料均由股东一人掌握，透明度低，外人难以获取。虽然该规定系针对形式意义的一人公司，但实质意义的一人公司在股东地位上与之并无不同，因而实践中对财产混同证明责任的把握可以参考上述原则，一旦公诉机关证明了涉案公司仅有一名真实股东，那么对该公司财产混同的证明标准可适当降低，相应地由股东承担部分证明公司财产独立的责任。例如，股东无正当理由拒绝提供，或因丢失、销毁等原因无法提供公司账簿、财务审计报告等重要材料，则可推定公司财产存在混同。

有观点认为，此类案件需考察通过行贿取得的违法所得的具体用途，如果能够证明全部或大部分确实用于公司运营或再生产等经营活动，则应认定为行贿所得利益归于单位。笔者认为，公司经营是一个复杂且持续的行为，每一笔资金的来源与去向无法一一对应，因此对公司财产的性质应作整体判断，单独一笔款项的路径不足以证明或证伪；况且，对于与公司利益混同的股东来说，将资金投入公司经营也相当于为自己赚钱牟利。

其次，从行受贿关系的本质上看。此类案件中，受贿人与公司股东往往是基于私人关系而发展权钱交易、利益输送，受贿人看中的是彼此交情和股东个人的经济实力，本意是让股东通过工程项目赚到钱，进而从他手中拿到好处，而不关心由哪个公司具体实施，也不关心公司是否从中获利。就当事人的真实意图而言，将此种情形认定为股东个人行贿，更接近行受贿因果关系的原貌，也更符合民众的感性认知。

最后，从刑罚效果上看。其一，实践中，以公司承揽工程、承包项目为牟利事项的行受贿，由于利益标的大，所行贿赂的体量也大，通常数以万计、动辄上亿，对受贿人处以十年有期徒刑以上至死刑的刑罚，而相对方如以单位行贿罪认定，对股东至多判处五年有期徒刑，其间差距较大，容易使单位行贿罪成为行贿人逃避处罚的工具，不利于彰显实质公平，也与当前“受贿行贿一起查”的政策精神不符。其二，在与公司财产混同的情况下，股东掌握的公司资产的数量和去向往往比公司本身要多，并且很多涉案公司系为了承揽行贿的目标工程而临时成立，有的只是空壳公司，资产十分有限，因此对股东以行贿罪论处，也有利于追赃挽损。

编写人：天津市第一中级人民法院　张璇

49

# 公司人格否定制度在职务犯罪中的认定

## ——某房地产公司、林某单位行贿案

**【案件基本信息】**

1. 裁判书字号

广西壮族自治区柳城县人民法院（2021）桂 0222 刑初 240 号刑事判决书

2. 案由：单位行贿罪

**【基本案情】**

1. 由于被告单位某房地产公司没有资质承建某县某二标段工程项目，于是某房地产公司通过规避相关规定由其法定代表人及董事长即被告人林某挂靠某乙房地产公司进行投标该工程项目。某乙房地产公司与被告人林某未签订合作协议，而是口头约定管理费为合同签约价的 1.2%；后某乙房地产公司于 2010 年 9 月中标某县某第二标段工程项目，并于 2010 年 9 月 8 日与柳城某房地产公司签订《建设工程施工合同》，该项目合同签约价约人民币4264万元，实际上该项目是某房地产公司在组织管理、承建。

2015年至2016年，某县某二标段工程项目在施工过程中，部分施工地点因地基处于淤泥，无法按原设计方案用泥土进行回填，于是变更设计方案为使用风化渣进行回填，相应增加建设成本2000万余元。由于该变更设计方案因变更时未通过某县相关部门的审计，虽然进行了施工，但也因此未能获拨付相应增加工程量的工程款。为此，被告人林某找到时任某县国家机关工作人员余某某帮忙解决拨付工程款的问题。后经余某某协调和审批，某县人民政府先后拨付1500万元工程款。被挂靠单位收到工程款后扣除工程管理费，并将余款转至林某的个人账户。在某县人民政府先后拨付工程款期间即2017年2月春节前后的一天，为感谢时任某县国家机关工作人员的余某某帮忙解决了拨付某县某二标段增加工程量的工程款问题，林某代表某房地产公司亲自送给余某某现金100万元。后该笔钱款被余某某用于个人投资。该工程目前尚未结算。

2. 2019年3月，为获得某县某棚户区改造及配套项目（A、B地块住宅）项目，被告人林某找到时任某县国家机关工作人员的余某某，请求余某某提供帮助。余某某遂提供了帮助。同年7月，被告单位某房地产公司由于没有资质承建该工程，于是通过规避相关规定由其法定代表人及董事长即林某挂靠广西某房地产公司进行招投标，并中标某县某棚户区改造及配套项目（该项目工程约人民币1.24亿元），实际上该项目还是某房地产公司在组织管理、承建。广西某房地产公司与林某未签订书面合作协议，而是口头约定管理费为合同签约价的1%。广西某房地产公司表示对已收到该项目的部分工程款，其中提取工程管理费20万元后，其余工程款均由林某支配使用。该工程目前尚未完工，也没有结算。为感谢余某某的帮助，林某代表某房地产公司向余某某承诺按工程中标价2%—3%给予余某某感谢费。同年8月底，余某某让林某为其准备人民币300万元。同年9月9日，林某按照余某某的要求转账了人民币300万元到戴某某账户。为掩盖余某某收到林某送300万元的事情，戴某某按余某某的交待与林某办理虚假借款的手续，并在事发后分两次转账共计5.4万元到林某个人银行账户，作为“借款”300万元的利息。

3. 2019年的一天，被告人林某为了被告单位某房地产公司在今后承接工程、拨付工程款问题上继续得到余某某的关照，在某县某大酒店房间内送给余某某现金人民币5万元。

**【案件焦点】**

1. 被告单位某县某房地产公司是否构成犯罪；2. 被告单位法定代表人即被告人林某构成单位行贿还是个人行贿。

**【法院裁判要旨】**

广西壮族自治区柳州市柳城县人民法院经审理认为：被告单位某房地产公司为谋取不正当利益，给予国家工作人员钱款405万元，情节严重，其行为构成单位行贿罪；被告人林某身为某房地产公司的法定代表人及董事长，是某房地产公司的直接负责人，其行为构成单位行贿罪。公诉机关指控的罪名成立。某房地产公司、林某如实供述自己的罪行，并认罪认罚，依法可以从轻处罚、从宽处理。对于为了掩饰行贿受贿300万元的事实而假以借款之名，余某某通过戴某某给付林某所谓的5.4万元“利息”，是林某收到的违法钱款，依法予以追缴，上缴国库。

广西壮族自治区柳州市柳城县人民法院依照《中华人民共和国刑法》第三百九十三条、第五十二条、五十三条、第六十四条、第六十七条第三款，《中华人民共和国刑事诉讼法》第十五条、第二百零一条之规定，作出如下判决：

一、被告单位某县某房地产有限责任公司犯单位行贿罪，判处罚金人民币100万元；

二、被告人林某犯单位行贿罪，判处有期徒刑二年五个月，判处罚金人民币50万元；

三、对被告人林某收到的违法所得人民币五万四千元，予以追缴，上缴国库。

一审宣判后，被告单位、被告人未提起上诉，检察机关亦未提起抗诉，该判决已发生法律效力。

**【法官后语】**

本案中，出现了公司与法定代表人发生人格混同的现象，涉及公司人格否定制度在刑事职务犯罪中如何应用的问题。这也是本案判断被告单位某房地产公司是否构成犯罪，其法定代表人即被告人林某是构成单位行贿还是个人行贿的关键。针对上述问题，存在两种争议观点。

一种观点认为，单位犯罪制度上对于单位的要求即合法性原则（单位的成立必须符合法律的规定，依法成立）和责任性原则（单位能够以自己独立的资产对外承担责任）。公司在成立之时，具有符合刑法意义上构成单位犯罪的要件，所以应以单位行贿罪追究某房地产公司及直接负责人林某的刑事责任。

另一种观点认为，应该按照实际利益的最终归属来判断是否属于滥用公司权利谋取私利，进而判断犯罪行为是否属于个人行为。本案中，某房地产公司实际由林某一个人控制，所产生的收益都直接进入林某个人的账户，公司再以向林某借款的形式维持运行。公司实际全由林某个人意志支配，实施犯罪行为最终的利益全部归属林某个人，林某向余某某行贿的行为仍应当视为其个人的行贿行为，应以行贿罪追究林某的刑事责任。

针对以上不同的观点，可先从公司人格否定制度背后的理论基础进行研讨。公司人格否定制度是民法意义的概念，应用刑法时，学理上一般称为单位犯罪主体人格否认。通常是指为阻止单位犯罪主体独立人格的滥用，维护单位犯罪的基本理论与罪责刑相适应的刑法基本原则。就具体刑事法律关系中的特定事实，否认单位犯罪主体的独立人格，从而直接追究单位背后的犯罪操纵者包括自然人与单位的刑事责任，以实现刑法公平、正义之价值目标的一种法律制度。

单位犯罪主体人格否认主要特征是：第一，单位犯罪主体人格的否认以单位具备独立人格为前提；第二，单位犯罪主体人格否认是在具体的刑事法律关系中否认单位的独立人格；第三，单位犯罪主体人格否认的后果是由单位背后的犯罪操纵者承担刑事责任。

一般情况下，单位犯罪主体人格否认考虑以下情况：第一，为实施犯罪而设立单位或单位设立后以实施犯罪为主要活动；第二，单位成员为谋取私利而盗用单位名义实施犯罪；第三，单位资本显著不足的情况较为严重。第四，单位人格形骸化。

回到本案中的两个争议的焦点，其一，单位最终利益归属的问题；其二，公司法人人格是否已被“形骸化”。公司人格“形骸化”主要表现为：一是财产混同，即公司的财产不能与该公司股东的财产作清楚的区分。本案当中，林某个人和公司的财务是清楚的，只是走账和运行的模式存在问题；二是业务混同，即公司与股东从事相同的业务活动，且业务的进行不加区分；三是组织机构混同，即公司与股东在组织机构上存在严重的交叉、重叠。在公司人格形骸化的场合下，如果公司构成犯罪的，应否认公司独立人格的存在，而直接追究股东的刑事责任。

本案的事实和证据，无法认定单位成员为谋取私利而盗用单位名义实施犯罪，在涉案两个项目工程建设过程中，虽然两个项目的工程款都未进到某房地产公司。但为了维持某房地产公司日常运转和发放职工工资、缴纳社保等，林某通过虚假增加购买建设工程材料款数额，再通过材料商将部分增加的款项转进自己以及其他个人账户，再以借款的形式“借”给某房地产公司，以此解决了某房地产公司日常运转和发放职工工资、缴纳社保等问题，维持公司的日常运行。两个工程至今尚未结算，故工程盈利并不清楚，虽已经结算款项并未直接进入某房地产公司。但可以说在两个工程建设过程中，某房地产公司是得到了利益，资金以别的形式回流公司的账户中，解决职工工资、缴纳社保等问题。

本案中，证据不足以证实利益最终归属于林某个人，也无法直接判断其属于谋取私利。以此，根据现有的证据并不能直接因公司存在人格混同的现象，但未慎重考量是否已达到单位犯罪主体人格否认严重层面。而将公司人格否定制度在本案应用，直接认定构成个人行贿，显然有所不当。

法人人格滥用是单位犯罪的普遍现象。在单位犯罪中，实行双罚制与单罚制并行的模式，相较于自然人犯罪，可能有所差异。在民事范畴内，否认法人人格，仅意味着不承认股东有限责任，法人人格仍然存在，股东应当与法人一起对法人债务承担无限连带责任，其主要作用是对股东和法人之间民事责任的一种规制和分配。在单位犯罪的情况下，刑事责任与民事责任在责任承担上的一个重大区别，刑事责任则重在惩罚，因而严格贯彻罪责自负原则，只有实施了犯罪行为者才可能受到刑事制裁。民事的法人人格否定制度也仅产生连带责任效果，若在刑事领域中，在未达到单位犯罪主体人格否认的情节严重下，刑事责任较民事责任更严厉。通过横向与纵向的对比之后，应慎重适用法人人格否认制度，直接追究背后股东的个人责任，与罪刑罚相适应原则不符。

编写人：广西壮族自治区柳城县人民法院　韦文武　罗冠龙　谢杰宏

50

# 抄表员明知他人窃水而索要财物并帮助隐瞒的性质认定

——谢某林盗窃、对非国家工作人员行贿，
吉某勇非国家工作人员受贿案

## 【案件基本信息】

1. 裁判书字号

江苏省泰州市中级人民法院（2021）苏12刑终94号刑事裁定书

2. 案由：盗窃罪、对非国家工作人员行贿罪、非国家工作人员受贿罪

## 【基本案情】

2019年7月，水务公司由设立时的外商投资企业变更为国有控股公司。被告人吉某勇自2001年入职水务公司，于2008年任抄表员。

被告人谢某林经营干洗店，前期水费由出租方统一收取。2012年6月，其申请独立安装水表并开户。为少缴水费，其雇用他人私自改造自来水水表，降低水表读数。时任抄表员的被告人吉某勇负责干洗店的抄表工作，在当月日常

抄表时发现干洗店的水表被改造过，存在问题，遂以不向公司汇报水表有问题为由向被告人谢某林索要贿赂，被告人谢某林同意，并于2012年6月，从其子账户转给被告人吉某勇人民币1000元；于2012年8月至2016年11月，每月转账给被告人吉某勇人民币4000元；自2016年12月起至2019年5月（2017年2月除外），根据被告人吉某勇的要求，每月给其转账人民币5500元。上述期间，被告人吉某勇收受被告人谢某林好处费合计人民币36.85万元。2012年6月至2019年8月，被告人谢某林窃取自来水价值人民币48万余元。

另查明，水务公司分别于2019年9月、11月给被告人谢某林更换水表。2019年9月20日换表时的水表读数为91881，2019年11月23日换表时的水表读数为3945。2019年12月至2020年8月，被告人谢某林经营的干洗店正常月均用水量为4818立方米。

**【案件焦点】**

对该案两被告的行为如何定性，是分别构成盗窃罪、对非国家工作人员行贿罪及非国家工作人员受贿罪，还是构成职务侵占罪的共同犯罪。

**【法院裁判要旨】**

江苏省泰州市海陵区人民法院经审理认为：被告人谢某林雇佣他人私自改装水表，目的就是少缴水费，以此方式窃水。被告人吉某勇负责谢某林户的水表抄报，在发现水表中套漏水，被人动了手脚的情况下，未按照公司抄表管理制度履行工作职责，而是通过向被告人谢某林索贿，帮助其谋取少缴水费的利益，被告人吉某勇的行为构成非国家工作人员受贿罪，被告人谢某林构成盗窃罪、对非国家工作人员行贿罪。

江苏省泰州市海陵区人民法院依照《中华人民共和国刑法》相关规定，作出如下判决：

一、被告人谢某林犯盗窃罪，判处有期徒刑五年，并处罚金人民币20万元；被告人谢某林犯对非国家工作人员行贿罪，判处有期徒刑一年一个月，并处罚金人民币10万元；决定执行有期徒刑五年三个月，并处罚金人民币30万元；

二、被告人吉某勇犯非国家工作人员受贿罪，判处有期徒刑一年一个月，缓刑一年六个月，并处罚金人民币 10 万元；

三、被告人吉某勇退出的涉案赃款人民币 368500 元依法予以没收，上缴国库。

谢某林持原审辩解提起上诉，江苏省泰州市中级人民法院经审理认为：谢某林以非法占有为目的，盗窃自来水，数额特别巨大，其行为已构成盗窃罪；为谋取不正当利益，给予公司、企业或者其他单位工作人员以财物，数额较大，其行为已构成对非国家工作人员行贿罪。上诉人谢某林一人犯数罪，依法数罪并罚。原审被告人吉某勇利用职务上的便利，索取他人财物，为他人谋取利益，数额较大，其行为已构成非国家工作人员受贿罪，依法均应惩处。原判结合在卷证据，认定事实清楚，且定性准确，量刑适当，对上诉理由不予支持。遂作出裁定：

驳回上诉，维持原判。

**【法官后语】**

本案两被告是否构成共同犯罪，作如下分析。首先，两被告人无事先共谋，且主观目的不同。本案中被告人吉某勇并不是窃水行为的发起人。结合本案证据，被告人谢某林在安装独立水表时，同意施工人员在水表上动手脚使读数变少，从而达到少缴水费的目的。在水表改造及开始窃水时，吉某勇对此并不知情，更不存在共同谋划。在此之后，吉某勇在抄水表时才发现了水表问题，并且明知了谢某林存在窃水行为。此时，吉某勇作为抄表员，违反公司规定，未履行“遇到水表异常情况时，须在抄表机中选择相关抄表情况，并拍照留存，上传到抄表系统……”的职责，反而利用职务之便，主观上予以放任，并以替他瞒报窃水事实为条件向谢某林索要财物，且在谢某林窃水量增加的情况下，继续索要更多财物，其主观目的是获取不当得利。谢某林在认为即使给吉某勇一定好处费，其仍有利可图的情况下，以向吉某勇贿赂，排除其实施盗窃的障碍，从而达到继续秘密窃取的目的。由此可见，两被告人在犯罪过程中虽有一定的“重叠”，但实际缺乏共同犯罪的相同主观故意。

其次，两被告人实施了不同的客观行为。本案中，两被告犯罪行为的结果虽然共同指向了水务公司的水费，但两被告实施的客观行为并不相同。谢某林窃取行为在先，其同意改造水表，并因此少缴水费，向抄表员贿赂替其掩盖，从而继续窃取更多水费；吉某勇在窃取已经完成后才知情，不履行岗位职责，并放任谢某林继续实施窃取行为，并以不揭发为条件索取财物。被告人吉某勇既没有教唆谢某林实施窃水，也没有指导、帮助具体如何实施盗窃；被告人谢某林亦未提议、共谋利用吉某勇职务便利实施盗窃。

最后，被告人吉某勇主要侵害了职务的廉洁性。本案中少缴的水费并非吉某勇利用职务行为侵占的单位资产。职务侵占罪是指公司、企业或其他单位的人员利用职务上的便利，将本单位财物非法占为已有，数额较大的行为。所谓利用职务上的便利，应当是指行为人利用本人在本单位所担任的职务范围内的权力，即利用自已主管、管理、经手本单位财物的便利，进一步理解，应当是对单位财务的支配或者控制的权利或便利。本案中，被告人吉某勇作为水务公司的抄表员，其并无主管、管理、经手本单位财物的便利，即对于收缴的水费并不具有可以基于职务或者业务占有的权限。根据水务公司的抄表管理制度，其仅有抄表中要做到发现水表问题上报，以及“不漏抄、不错抄……”的职权，其正是利用该职权，以瞒报为条件向谢某林索取好处费，系典型的利用职务便利收受不正当报酬的受贿行为。至于水务公司损失的水费，直接原因是谢某林私自改造水表从而人为减少读数造成，而非被告人吉某勇利用职务便利侵吞、窃取、骗取，谢某林的秘密窃取行为侵犯了水务公司的合法财产所有权，而吉某勇虽明知谢某林实施盗窃行为而未制止或上报，正是利用了职务便利为谢某林谋取了非法利益。

综上，成立共同犯罪应具有相同的主观故意，全部或部分共同的实行行为。本案中，两被告既缺乏共同的犯罪故意，也缺乏相同或部分相同的犯罪行为，其各自实施了不同构成要件的犯罪行为以获取各自的非法利益，不成立共同犯罪。故本案应以被告人各自的社会危害性和实施犯罪的行为方式分别定罪量刑，即分分别构成盗窃罪、对非国家工作人员行贿罪、非国家工作人员受贿罪。

编写人：江苏省泰州市中级人民法院　仝俊　张谦

# 三、渎职罪

51

## 玩忽职守罪中被告人客观行为违法性层次判断

——王某玩忽职守案

**【案件基本信息】**

1. 裁判书字号

天津市第二中级人民法院（2021）津02刑终字第130号刑事判决书

2. 案由：玩忽职守罪

**【基本案情】**

某海无线电厂系全民所有制企业，仅进行自有房屋的租赁业务。某克洗衣公司，某某卫洗衣公司均是由王某明个人实际经营的私营企业，两家公司名号混同使用。自2008年11月起至事故发生时，王某明先后以某克洗衣公司、某某卫公司名义租赁某海无线电厂厂房进行洗衣、熨烫等生产经营活动。王某系与某海无线电厂签订无固定期限劳动合同的职工，2011年12月王某被任命为该厂总务部主任，负责厂内安全管理、外租单位安全监管等工作。在2015年7月初至11月初，某某卫公司以燃料储存箱存储甲醇液体燃料的长达四个月时间内，王某轻信王某明所提“醇基燃料系清洁能源”说辞，未对某某卫公司所使用燃料的性质进一步调查核实。

2015 年 11 月 8 日 15 时许，某某卫公司的 1 名员工在甲醇蒸汽锅炉燃料储存箱内清理残留杂物过程中晕倒，后 3 人在进入箱内施救的过程中相继晕倒，4 人经抢救无效全部死亡。该事故造成王某明等 4 人甲醇中毒死亡，直接经济损失约为人民币 192.43 万元。

**【案件焦点】**

如何判断被告人王某客观行为的违法性。

**【法院裁判要旨】**

天津市河西区人民法院经审理认为：被告人王某犯玩忽职守罪，免予刑事处罚。宣判后，王某以自己不构成犯罪提出上诉。天津市第二中级人民法院经审理认为：

一、上诉人王某的主体身份不符合渎职罪的主体要件

其安全监管权责并非由法律授权或国家机关委托。上诉人王某作为该厂安全生产管理岗位的职工，其对外租单位生产安全的监管是该厂在经营活动中履行安全生产义务，并无行政管理职权，也不代表国家机关行使职权。其不是国家机关工作人员，或依法从事公务的其他人员。

二、上诉人王某在履行岗位职责过程中的失职，不是导致本案安全事故发生的主要或直接原因

4 名某某卫公司人员中毒死亡，直接和主要的原因是清理箱内残余物的人员未着防护用具就进行有限空间作业，以及救援的人员盲目施救。王某等安全检查不到位，与本案安全事故的发生关联性不强。

天津市第二中级人民法院依照《中华人民共和国刑事诉讼法》第二百条第二项、第二百三十六条第一款第二项之规定，判决如下：

一、撤销天津市河西区人民法院（2019）津 0103 刑初 639 号刑事判决；

二、上诉人（原审被告人）王某无罪。

## 【法官后语】

本案中一审法院对被告人王某作出了有罪不予刑事处罚的判决，但二审法院撤销原审法院的判决，认定上诉人无罪。本案的处理重点主要在于玩忽职守犯罪中如何对被告人的客观行为之违法性进行判断。二审法院从王某客观行为的义务来源认定和客观行为与危害结果的因果关系两个方面进行分析，在这两个方面上，应当存在一个先后顺序的层次判断过程，即先予认定行为之义务来源、在行为之义务来源符合法定时再进入第二层次的判断，也就是对于行为与结果之因果关系的判断。

一、玩忽职守罪中客观行为义务来源认定

上诉人王某是某海无线电厂这一全民所有制企业的总务部主任，一审法院认为依据《最高人民法院、最高人民检察院关于办理危害生产安全刑事案件适用法律若干问题的解释》的规定，王某身为企业负责安全监管的直接责任人员，在主体身份判断上具有玩忽职守犯罪所要求的身份资格。二审法院认为，上诉人王某作为某海无线电厂该厂安全生产管理岗位的职工对某某卫公司生产安全的监管，是基于该厂与某某卫公司的厂房租赁合同关系，其安全监管权责并非由法律授权或国家机关委托，其对外租单位生产安全的监管是该厂在经营活动中履行安全生产义务，并无行政管理职权。

玩忽职守罪是典型的身份犯罪，属于我国刑法第九章渎职犯罪之下，也就是说构成本罪首先需要具备在主体上符合法律规定的身份，根据《中华人民共和国刑法》第三百九十七条以及《全国人民代表大会常务委员会关于〈中华人民共和国刑法〉第九章渎职罪主体适用问题的解释》的规定，渎职犯罪的主体是国家机关工作人员，或依法从事公务的其他人员。前述人员在代表国家机关行使职权时，有渎职行为，构成犯罪的，依据刑法关于渎职罪的规定追究刑事责任。根据《最高人民法院、最高人民检察院关于办理危害生产安全刑事案件适用法律若干问题的解释》第十五条第二款的规定，公司、企业、事业单位的工作人员在依法或者受委托行使安全监督管理职责时滥用职权或者玩忽职守、构成犯罪的，应当依照《全国人民代表大会常务委员会关于〈中华人民共和国刑法〉第九章渎职罪主体适用问题的解释》的规定，适用渎职罪的规定追究刑事责任。亦即，在认定玩忽职守罪与非罪时，首先应当对主体资格进行确认，依据《最高人民法院、最高人民检察院关于办理危害生产安全刑事案件适用法律若干问题的解释》第十五条第二款对类似主体的认定重要的是对于如何界定客观行为属于或不属于依法或者受委托行使安全监督管理职责。解释中的规定相当于对主体客观行为之义务来源进行了界定，也就是说公司、企业、事业单位的工作人员若要符合本罪，那么客观行为的义务来源必须是有相关法律规定或者有委托行使。

值得注意的是，这里的相关法律规定指的是行政性法律或者其他法律明文的授权。后者的委托却并未指明委托来源，依据刑法解释方法中的体系解释，包括前述《全国人民代表大会常务委员会关于〈中华人民共和国刑法〉第九章渎职罪主体适用问题的解释》以及渎职类犯罪所保护的法益及相关法律规定来看，将这里的委托来源解释为国家机关或者是有法律授权行使公务职权的机关是合理的。回到本案中，二审法院认为上诉人王某的义务来源并非来自法律或者相关机构等的委托，是合同双方达成合意后，作为合同一方应当履行的义务。而并非法律或委托授权的义务。

二、玩忽职守罪中客观行为与危害结果的因果关系

玩忽职守罪作为结果犯，在第一层次的判断符合《最高人民法院、最高人民检察院关于办理危害生产安全刑事案件适用法律若干问题的解释》中“依法或者受委托行使安全监督管理职责”的情形时，对于行为人是否构成玩忽职守罪进入客观行为判断的第二层次，即判断客观行为与危害结果是否具有因果关系。也就是说，行为人的客观行为必须是导致危害结果发生的主要原因。

司法实践中坚持了我国传统刑法理论中所认可的因果关系理论，指的是危害行为与危害结果之间的一种引起与被引起的关系。对于玩忽职守罪中行为人的客观行为和产生的危害结果之间如何认定是否具有因果关系一直争论不休，这主要是由于行为人的玩忽职守行为与刑法规定的危害结果之间是一种间接因果关系，双方之间存在某些中介因素，玩忽职守行为正是借助这种中介因素的

作用间接性地导致了危害结果的发生。[①] 本案中二审法院认为，发生4人死亡以及巨额的经济损失，主要原因并非上诉人王某玩忽职守行为所导致的，当然也要指出王某的行为确实属于玩忽职守的行为，王某在案件发生后对某某卫洗衣公司进行了多次安全检查，但是其检查不到位，轻视该公司存储以甲醇为主体的醇基燃料的安全隐患，对该公司违规使用超标容器储存醇基燃料负有一定责任这样的行为，属于不正确履行职责的玩忽职守行为，但未到达应当承担刑事责任的地步。

必须指出的是，在涉玩忽职守犯罪案件中，行为人都存在一定的玩忽职守的行为，在这一层次的判断中应当对介入因素作去除假设处理。如果把介入因素去掉依旧会产生类似的危害结果，则可以直接认定客观行为同危害结果之间有着引起与被引起的因果关系。如果把介入因素去掉不会产生类似的危害结果时应当考虑介入因素的性质，是加速了危害结果的出现还是将行为指向的结果发生改变。如果是后一种情况则可以排除客观行为与危害结果之间存在因果关系。

编写人：天津市第二中级人民法院　张睿

52

# 徇私枉法罪定性及情节严重的认定问题

## ——莫某生徇私枉法、受贿案

**【案件基本信息】**

1. 裁判书字号

广西壮族自治区柳州市中级人民法院（2021）桂02刑终241号刑事裁定书

2. 案由：徇私枉法罪、受贿罪

---

① 任晶晶：《玩忽职守罪因果关系认定之三步拆解法》，载《人民检察》2015年第3期。

**【基本案情】**

一、徇私枉法事实

2012年8月19日，谭某敏在砍伐其承包的某县某村的林木过程中与当地村民发生纠纷后，即纠集他人持械将村民张某荣、谭某流等打伤，其中张某荣被砍伤臀部（后死亡），谭某流被伤右手手指的刑事案件，此案件后简称为"8·19"案件。谭某敏为了逃避法律制裁找到时任某县公安局的局长覃某、刑侦大队大队长唐某进、法医韦某经（以上三人均已被判刑），并经过以上几人的运作，修改了法医鉴定意见，在此之后某县公安局以谭某敏、罗某勇、陈某军、阳某兴涉嫌犯聚众斗殴罪、故意伤害罪移送某县人民检察院提请逮捕、审查起诉。特定关系人覃某杰（已判刑）找到被告人莫某生请托为谭某敏一案给予关照，并三次给了莫某生3.5万元，莫某生在明知上述罪犯的行为有可能涉及犯罪的情况下，仍然在参加科室、检委会讨论时违背事实，不如实汇报案件情况，遂得以通过全案不予起诉的方式，达到谭某敏等人不受追诉的目的。2020年9月29日，广西壮族自治区武宣县人民法院对谭某敏等人犯组织、领导、参加黑社会性质组织等罪一案宣判，其中因聚众斗殴罪，谭某敏被判处有期徒刑五年六个月，陈某军、罗某勇均被判处有期徒刑五年，阳某兴被判处有期徒刑三年六个月。

二、受贿事实

2011年至2018年12月，被告人莫某生担任某县人民检察院副检察长等职务期间，在办理相关刑事案件过程中，利用便利条件，为刑事案件当事人农某、黄某、覃某利、谢某德、廖某业、邱某文、罗某思、庞某锋、叶某春、张某、洪某立等谋取得以从轻、判处缓刑、撤案或不起诉处理、不抗诉等不正当利益，在某医院附近、某县政协附近、某县大桥头路边、某县某小区、某县咖啡馆附近、某县政务中心附近等地多次收受他人财物共计38万元。其中，分别收受唐某进1万元、黄某3万元、覃某生4万元、邱某彩3万元、廖某坚1万元、梁某2万元、覃某高1万元、庞某东2万元、叶某春20万元、韦某标1万元。

综上所述，被告人莫某生利用职务便利，徇私枉法接受好处费3.5万元；

并为他人谋取不正当利益，收受现金 38 万元。

**【案件焦点】**

关于徇私枉法罪定性及情节严重的认定问题。

**【法院裁判要旨】**

广西壮族自治区柳州市鱼峰区人民法院经审理认为：被告人莫某生身为司法工作人员，明知谭某敏等人的行为可能涉及犯罪的情况下而故意包庇，不使他们受刑事追诉，为黑社会组织犯罪嫌疑人提供保护，且情节严重，已构成徇私枉法罪。公诉机关指控莫某生犯徇私枉法罪成立。莫某生作为国家机关工作人员，利用职务上的便利，非法收受他人财物，为他人谋取利益，且数额巨大，其行为构成受贿罪。公诉机关指控莫某生犯受贿罪成立。莫某生一人犯数罪，依法应当实行数罪并罚。莫某生经电话通知到案后，能主动如实供述自己的罪行，是自首，依法可以从轻或者减轻处罚；莫某生归案后能积极退赃，依法可以从轻处罚。综上，根据莫某生犯罪的事实、犯罪的性质、情节和对于社会的危害程度，本院决定对莫某生徇私枉法罪适用从轻处罚，对受贿罪适用减轻处罚。

广西壮族自治区柳州市鱼峰区人民法院依照《中华人民共和国刑法》第十二条第一款，第三百九十九条，第三百八十五条第一款，第三百八十六条，第三百八十三条第一款第二项、第二款、第三款，第三百八十八条，第九十三条第一款，第六十七条第一款，第六十九条第一款、第三款，第六十一条，第六十二条，第六十三条，第五十二条，第五十三条，第六十四条；《中华人民共和国监察法》第四十四条第三款；《最高人民法院、最高人民检察院关于办理贪污贿赂刑事案件适用法律若干问题的解释》第二条第一款，第十五条第一款，第十八条，第十九条第一款之规定，作出如下判决：

一、被告人莫某生犯徇私枉法罪判处有期徒刑五年六个月；犯受贿罪，判处有期徒刑二年六个月，并处罚金人民币 20 万元；数罪并罚，决定执行有期徒刑七年，并处罚金人民币 20 万元；

二、对暂扣于柳州市鱼峰区人民检察院的被告人莫某生违法所得人民币41.5万元，依法予以没收，上缴国库。

莫某生不服提出上诉称：其行为构成玩忽职守罪、其未交代肖某升在检委会上少汇报或者不汇报谭某流轻伤问题，即使构成徇私枉法罪，也不属于情节严重情形等意见。广西壮族自治区柳州市中级人民法院经审理认为：关于莫某生所提其行为构成玩忽职守罪；即使构成徇私枉法罪，也不属于情节严重情形的相关上诉意见。经查，首先，关于本案的定性问题，一审根据莫某生具体犯罪事实和在案证据，结合法律规定，充分论述了对其应当以徇私枉法罪定罪处罚。相同部分，本院不再赘述。另查明，覃某杰、肖某升的证言、莫某生的供述及相关书证证明，谭某敏等在“8·19”聚众斗殴事件案发后，莫某生、肖某升分别接受覃某杰的请托，后二人对帮助谭某敏逃脱罪责在主观上已经达成默契，肖某升亦在莫某生的授意、指示下少汇报、尽量不详细汇报被害人伤情构成轻伤的鉴定报告等材料，故意隐瞒案情，莫某生发表案件作存疑不起诉处理的相关意见，最终帮助黑社会组织人员谭某敏等人不受追诉。莫某生徇私枉法，主观上有包庇他人的故意，客观上实施了帮助他人不被追诉的行为，一审以徇私枉法罪定性准确，本院予以确认。莫某生所提其构成玩忽职守罪的意见不成立，本院不予采纳。其次，莫某生作为司法工作人员，接受他人请托并收受财物，明知有罪证据存在而故意隐瞒，致使包庇的对象谭某敏等人长期逃脱法律的制裁，直至2020年9月谭某敏等在组织、领导、参加黑社会性质组织案中，其聚众斗殴犯罪行为才被依法定罪量刑。莫某生的徇私枉法行为已然严重损害了司法公信力，造成恶劣的社会影响。因此，从莫某生徇私枉法所包庇的对象、行为手段，以及造成的后果来看，其行为应当属于徇私枉法“情节严重”。莫某生此节上诉意见不成立，本院不予采纳。故上诉理由，不能成立，应予驳回。

广西壮族自治区柳州市中级人民法院依照《中华人民共和国刑事诉讼法》第二百三十六条第一款第一项之规定，作出如下裁定：

驳回上诉，维持原判。

【法官后语】

一、关于罪名认定问题

徇私枉法罪客观行为表现为在刑事诉讼活动中“徇私枉法、徇情枉法”，具体而言，有三种行为方式：(1)“对明知无罪的人而使他受追诉”，是指在刑事诉讼过程中，司法工作人员在明知他人没有犯罪的情况下，却因徇私情对不该立案的立案，不该起诉的起诉，不该审判的审判。(2)“对明知是有罪的人而故意包庇使他不受追诉”，是指在刑事诉讼中，司法工作人员明知他人犯有罪行，却由于徇私情而不予追诉。(3)“在刑事审判活动中故意违背事实和法律作枉法裁判”，是指司法工作人员利用掌握刑事审判的便利条件，故意歪曲案情真相，作出违背事实和违反法律的判决、裁定，包括在刑事案件中明知是无罪而故意判有罪，明知是有罪而故意判无罪，也包括故意轻罪重判、重罪轻判等。这种行为具体表现为收集制造假的证据材料，篡改、销毁足以证明事实真相的证据材料，曲解或者滥用法律条文，违反诉讼程序等。

玩忽职守罪是指国家机关工作人员严重不负责任，不履行或者不认真履行其职责，致使公共财产、国家和人民利益遭受重大损失的犯罪。玩忽职守罪客观方面表现为不履行、不正确履行或者放弃履行职责，致使公共财产、国家和人民利益遭受重大损失的行为。玩忽职守的行为，必须是违反国家的工作纪律和规章制度的行为，通常表现是工作马虎草率，极端不负责任；或是放弃职守，对自己应当负责的工作撒手不管等。

上述两个罪名最大的区别，徇私枉法罪是积极追求型、作为型犯罪，玩忽职守罪是放任型、不作为型犯罪。再回归到本案，被告人莫某生辩护人提出，莫某生对谭某敏案所作的“不起诉”意见，并不是在明知有罪的前提下的包庇行为，只是一种为他人谋取利益的顺水推舟行为。本案中，莫某生自己供述，其明知存在不同的鉴定意见，而且也指示承办人在汇报时不讲或者少讲对谭某敏不利的鉴定意见，该供述与承办人肖某升的证词相互印证。肖某升亦在莫某生的授意、指示下少汇报、尽量不详细汇报被害人伤情构成轻伤的鉴定报告等材料，故意隐瞒案情，莫某生发表案件作存疑不起诉处理的相关意见，最终使谭某敏等不受追诉。莫某生作为特殊主体，即是司法机关的工作人员，在知道罪犯谭某敏等的行为已触犯了刑法，且在明知有有罪证据的情况下，故意隐瞒，使谭某敏等得以免予起诉，其行为主观上有包庇他人的故意，客观上实施了帮助他人不被追诉的行为，符合徇私枉法罪的行为特征。

二、关于被告人莫某生犯徇私枉法罪是否构成情节严重的问题

实践中，判断徇私枉法行为是否属"情节严重"，应以徇私枉法罪构成要件为基础，综合考虑徇私枉法行为的主观恶性（包括动机和目的）、手段、后果等要素进行认定。一般而言，行为人出于徇私情、私利而违背事实和法律作出错误行为，主观故意明显，造成严重后果的，应当认定为"情节严重"。

本案中莫某生作为司法工作人员，由于其故意包庇行为，使谭某敏等长期不受追诉，长期逃脱法律的制裁，直至2020年9月谭某敏等在组织、领导、参加黑社会性质组织案中，其聚众斗殴犯罪行为才被依法定罪量刑，谭某敏等因为该起案件均被判处了有期徒刑三年以上的刑罚。该行为严重损害了司法公信力，造成恶劣的社会影响，因此莫某生徇私枉法的行为属于情节严重，依法应处五年以上十年以下有期徒刑，本案认定为情节严重符合当前法律政策。

**编写人：广西壮族自治区柳州市鱼峰区人民法院　侯宇虹**

*53*

# 执行判决、裁定滥用职权罪的"重大损失"认定

## ——黄某国执行判决、裁定滥用职权案

**【案件基本信息】**

1. 裁判书字号

广西壮族自治区崇左市中级人民法院（2021）桂14刑终168号刑事裁定书

2. 案由：执行判决、裁定滥用职权罪

【基本案情】

1. 2016年至2019年，黄某国利用担任某法院执行庭员额法官的职务便利，在办理涉及陈某利益的执行案件过程中，在案件执行进度方面给陈某提供帮助，为此5次收受陈某送给的好处费，合计人民币10万元。2019年2月2日晚，黄某国在“李某被执行案（申请执行人系陈某）”的办案过程中，未经主办法官同意亦未请示院领导，自行带法警到派出所将李某从派出所带回某法院，对李某与陈某债务纠纷进行调解，并于2月3日促成双方达成还款协议。当晚黄某国在未办理拘传或拘留手续的情况下，指示法警对李某使用手铐约束并进行看守，限制其不得离开某法院直到达成协议。陈某为此送给被告人黄某国人民币3000元现金。

2. 2016年6月4日，林某与刘某斌签订房屋买卖合同，刘某斌将其所有的×号房出售给林某，交易金额95万元。合同签订后，林某支付给刘某斌45万元，又通过黄某斌垫资45万元给刘某斌。签订合同后不久，刘某斌将该房钥匙交给林某。2016年10月9日，陈某申请执行其与刘某斌的（2016）桂0102民初1676号民间借贷纠纷案民事判决。作为执行法官的黄某国，在处置被执行财产刘某斌名下×号房过程中，未履行查明拍卖财产现状、权利负担职责，虚构拍卖房产拖欠物业费、存在抵押等事实，导致拍卖房产两次流拍。2017年1月17日，黄某国、陈某通过以陈某假冒刘某斌签字的方式，伪造了刘某斌同意×号房抵债的询问笔录。同日由某法院合议庭作出执行裁定，裁定将刘某斌名下×号房作价750810元交付陈某抵偿刘某斌欠款750810元，致后者损失95万元。2019年4月19日，法院裁定撤销原执行裁定书，但是该房仍在陈某名下，且陈某于2018年8月3日以该套房产设定抵押向某银行南宁分行贷款40万元。

3. 2015年7月，陈某与孙某郑办理了房产抵押手续，孙某郑将其名下××号房抵押给陈某，向陈某借款76万元，但陈某未向孙某郑支付76万元。2016年1月14日，陈某就该笔借款向某法院提起诉讼，某法院判决驳回陈某的诉讼请求。之后陈某另案再次起诉孙某郑，要求偿还借款21万元及违约金、逾期利息等。2017年1月22日，兴宁区法院作出（2016）桂0102民初2608号民事判决书（以下简称 2608 号民事判决书），判决孙某郑偿还陈某借款本金 21 万元、支付违约金 1.5 万元及逾期利息。陈某随后申请执行标的 228066 元。黄某国负责办理该案。其明知 2608 号民事判决书没有确认优先债权，陈某提供的被执行人孙某郑的 76 万元他项权证明与该案债权无关，却以优先债权执行法院名义商请南宁市良庆区人民法院（以下简称良庆法院），将该院首先查封的××号房移送某法院处置。良庆法院回函将××号房移送某法院执行，并附首封申请人邓某科的申请执行书等材料，邓某科申请执行标的 956966.6 元。黄某国对××号房进行司法拍卖，陈某以最高价 1608510 元竞拍成功。该房的第一抵押权属于某银行南宁市桃源支行，数额为 838239.11 元；该房第二抵押权人是陈某，数额为 76 万元。黄某国在第一、第二抵押权人均未提交分配申请书及执行依据，明知首封债权人为邓某科的情况下，未制作分配方案，直接让陈某抵扣 76 万元，并让陈某支付 838239.11 元给某银行南宁市桃源支行，后于 2017 年 8 月 21 日作出（2017）桂 0102 执 1135-3 号执行裁定，裁定××号房归陈某所有。目前该××号房登记在陈某名下，陈某于 2018 年 8 月 3 日以该套房产设定最高额抵押向中信银行南宁分行贷款 145 万元。至今邓某科对孙某郑仍享有 90 余万元债权未实现。黄某国在办理该执行案后，收受陈某给予的钱款共 2 万元。

**【案件焦点】**

被告人黄某国行为后果是否构成执行判决、裁定滥用职权罪的重大损失。

**【法院裁判要旨】**

广西壮族自治区扶绥县人民法院经审理认为：（1）关于受贿罪。被告人黄某国利用职务便利为他人谋取利益、非法收受他人贿赂，数额较大，行为已构成受贿罪。（2）关于执行判决、裁定滥用职权罪。黄某国多次违反执行工作规定、虚构事实行使职权，导致刘某斌不能履行与林某的房屋买卖合同，受林某起诉并已被判决返还林某购房订金 1 万元、购房款 44 万元、违约金 15 万元，并将要返还垫资人出资的 45 万元；导致邓某科至少 542204.89 元债权未得受偿。根据 2006 年 7 月 26 日起施行的《最高人民检察院关于渎职侵权犯罪案件立案标准的规定》，黄某国在上述案件执行中的滥用职权行为分别造成个人财产直接经济损失远超10万元，符合造成个人利益损失“重大标准”，行为构成执行判决、裁定滥用职权罪。（3）非法拘禁罪。李某因涉嫌诈骗被公安机关立案传唤，但未被采取强制措施，在被公安机关移交给黄某国时仍有人身自由，黄某国在未履行法定手续情况下将李某扣押在法院，行为非法剥夺李某人身自由且主观上具有非法拘禁故意，构成非法拘禁罪。

根据被告人的犯罪事实、犯罪性质、情节以及对社会的危害程度，依照《中华人民共和国刑法》第三百八十五条，第三百八十六条，第三百八十三条，第三百九十九条第三款、第四款，第二百三十八条第一款、第四款，第六十九条，第六十七条第三款，第五十二条，第五十三条，第六十四条，第六十一条；《最高人民法院、最高人民检察院关于办理贪污贿赂刑事案件适用法律若干问题的解释》第一条第一款、第十九条；《最高人民法院、最高人民检察院关于办理职务犯罪案件认定自首、立功等量刑情节若干问题的意见》第一条第一款、第三款之规定，判决如下：

一、被告人黄某国犯执行判决、裁定滥用职权罪，判处有期徒刑二年；犯受贿罪，判处有期徒刑一年，并处罚金人民币10万元；犯非法拘禁罪，判处有期徒刑八个月；总和刑期三年八个月，并处罚金人民币10万元；决定执行有期徒刑三年二个月，并处罚金人民币10万元；

二、被告人黄某国退出的违法所得人民币103000元，予以没收，上缴国库。

黄某国不服一审判决，向广西壮族自治区崇左市中级人民法院提起上诉。广西壮族自治区崇左市中级人民法院经审理认为：黄某国的严重滥用职权行为导致刘某斌原本以95万元价格出售给林某的房产以750810元的价格抵给陈某，刘某斌为此受到的直接损失不低于19万元，且还不包括原买受人林某为购买该房产举债需要支付的利息，打官司等需要支付的各项费用。在孙某郑案件中，虽在案证据无法确认当事人或者其他人的利益损失的准确数额，但造成直接或间接的损失客观存在。黄某国为获取非法利益，徇私情、私利，滥用职权，不履行法定执行职责，故意违反法定程序，对应当采信的证据不予采信，枉法裁判，致使当事人或者其他人的利益遭受重大损失，其行为极大损害了司法权威和公信力，符合执行判决、裁定滥用职权罪的构成特征。一审法院认定黄某国的行为造成当事人或者其他人的经济损失远超10万元的数额正确，黄某国及其辩护人提出黄某国不构成执行判决、裁定滥用职权罪的辩解和辩护意见不成立，不予采纳。原判全案定罪准确，量刑适当，适用法律正确，审判程序合法。

广西壮族自治区崇左市中级人民法院依照《中华人民共和国刑事诉讼法》第二百三十六条第一款第一项、第二百四十四条之规定，作出如下裁定：

驳回上诉，维持原判。

## 【法官后语】

本案被告人黄某国受贿、非法拘禁的罪行事实清楚、法律适用简单明确，争议焦点主要集中在其行为是否构成执行判决、裁定滥用职权罪。被告方在一审、二审中均以无证据证明其行为造成损失及损失额度达到相应标准作为辩护意见，故如何界定并适用执行判决、裁定滥用职权罪的“重大损失”标准，关系案件正确处理。

一、“重大损失”认定并不一定要求明确经济损失数额

刑法第三百九十条第三款规定，在执行判决、裁定活动中，严重不负责任或者滥用职权，不依法采取诉讼保全措施、不履行法定执行职责，或者违法采取诉讼保全措施、强制执行措施，致使当事人或者其他人的利益遭受重大损失的，处五年以下有期徒刑或者拘役。造成他人利益“重大损失”是执行判决、裁定滥用职权罪成立的结果要件。

回到本案，在刘某斌执行案中，黄某国有意造成刘某斌房产流拍并使该房作价750810元抵偿陈某债权，该价与刘某斌、林某房屋买卖合同95万标价相差较大，造成刘某斌财产直接损失19万，此项经济损失已满足执行判决、裁定滥用职权罪的“重大损失”要求。此外，林某为购买××号房支付的借款利息和打官司费用、刘某斌不能交房承担的违约金、孙某郑案中邓某科未能实现的债权等，都属于间接经济损失，但受在案证据限制，不能明确具体损失数额。根

据“存疑有利于被告人”原则，上述间接经济损失不计入经济损失范畴，不作为定罪量刑依据。因此，因在案证据导致被告人滥权行为造成的整体损失数额不明确情况下，法院可以将已查明的直接经济损失数额作为定罪量刑依据，不违背罪刑相适应原则，也符合刑法谦抑性要求。

二、“重大损失”可以综合多个后果情节认定

执行判决、裁定滥用职权罪的“重大损失”后果不限于经济损失。事实上，执行案件当事人或其他人的生命健康、人格名誉、生活事业等都可以成为被告人滥用职权行为损害利益的载体。即使被告人行为未造成经济损失，也可能因造成其他方面利益损失构成犯罪。

以本案论，刘某斌因本人房产被黄某国违规转移到陈某名下导致被起诉和刑事立案；林某因刘某斌房产不能过户，先后向法院提起执行异议、复议、民事诉讼，造成大量司法资源浪费，二人生活均受到较大影响。孙某郑执行案中，良庆法院被黄某国误导，将法院首封的房产移交某法院处置，使首封债权人邓某科执行权益落空，社会影响恶劣。黄某国的滥权行为严重扰乱司法秩序，制造司法混乱、损害司法威信。即使经济损失没有达到“重大损失”要求，结合行为造成的恶劣社会后果，也可以认为符合“其他致使当事人或其他人的利益遭受重大损失的情形”，予以定罪处罚。其他类型的“重大损失”情节，既可以单独，也可以与经济损失数额一起，作为定罪量刑的依据。因此，被告方仅以“没有确定损失数额”出罪的主张缺少根据。

编写人：广西壮族自治区崇左市中级人民法院　郑锦墨

ISBN 978-7-5216-3288-0

**图书在版编目（CIP）数据**

中国法院2023年度案例．刑事案例．四／国家法官学院，最高人民法院司法案例研究院编．—北京：中国法制出版社，2023.5

ISBN 978-7-5216-3288-0

Ⅰ.①中… Ⅱ.①国…②最… Ⅲ.①刑事犯罪-案例-汇编-中国 Ⅳ.①D920.5

中国国家版本馆CIP数据核字（2023）第026394号

策划编辑：李小草　韩璐玮（hanluwei666@163.com）
责任编辑：白天园　　封面设计：李宁

**中国法院2023年度案例．刑事案例．四**

ZHONGGUO FAYUAN 2023 NIANDU ANLI. XINGSHI ANLI. SI

编者/国家法官学院，最高人民法院司法案例研究院
经销/新华书店
印刷/三河市紫恒印装有限公司
开本/730毫米×1030毫米　16开　　印张/15　字数/220千
版次/2023年5月第1版　　2023年5月第1次印刷

中国法制出版社出版
书号ISBN 978-7-5216-3288-0　　定价：69.00元

北京市西城区西便门西里甲16号西便门办公区
邮政编码：100053　　传真：010-63141600
**网址：http：//www.zgfzs.com　　编辑部电话：010-63141792**
**市场营销部电话：010-63141612　　印务部电话：010-63141606**

（如有印装质量问题，请与本社印务部联系。）